JHO 100시간 영어

학습법

100시간이면
당신의 영어 운명이
바뀐다

새잎

목차

들어가며   12

1장. 이 책을 볼 필요가 없는 사람들

2장. 40대 왕초보 140시간에 영어로 말하고 영어 뉴스를 듣다

중학교 1학년 영어 실력	15
고정관념 : 토막 내기 식의 영어 학습	19
1일째 : 왕초보 영어 학습 시작	25
3일째 : 영어 공부가 재미있어요	26
8일째 : 영어 발음 익히기 원어민식 영어 정독하기	28
14일째 : 영어를 영어 그대로 받아들이다	34
17일째 : 원어민의 소리를 다 듣고 이해하다	35
25일째 : 영어 입이 터지다	37
28일, 110시간째 : 영어 뉴스를 듣다	39
32일째 : 왕초보! 토익 리딩 시간이 남다	40
K의 공개 학습 후기	46

3장. 첫 번째 영어 정복

1. 거의 모든 시행착오   52

    꿈을 포기하다   52
    20대 본격적인 영어 공부 시작   52

첫 번째 시행착오 : 상황별 영어 학습	54
두 번째 시행착오 : 패턴별 학습	55
세 번째 시행착오 : 통째로 외워라	59
첫 번째 각성 : 듣지 못하면 대화할 수 없다	68
네 번째 시행착오 : 원고 없이 다양한 뉴스를 들어라	75
다섯 번째 시행착오 : 연음과 약음에 집중하라	77
여섯 번째 시행착오 : 들릴 때까지 오직 들을 뿐	78
일곱 번째 시행착오 : 쓰기를 통해 듣기를 익혀라	79

2. 영어를 포기하다   84

1년 2,000시간 동안 무엇을 한 것인가?	84
하늘이시여! 천재도 아닌 나를 왜 영어와 만나게 하셨나이까?	86

3. 드디어 방법을 찾다   86

내 안에서 울리는 소리	86
열심히 하였으나 제대로 한 적이 없었다	87
마지막 4주	89
잊혀진 학습법 : 소리 내어 읽기 오리지널 학습법	90
모든 언어에 공통된 습득 원리	92
쉐도잉 학습법 : 안 들리는데 어떻게 따라 할 것인가?	94
두 번째 각성 : 있는 대로 보는 것이 아니라 보는 대로 있는 것이다	96
미국인도 영어가 안 들린다	97
영어 문장 이해력	99
세 번째 각성 : 듣는 것은 귀가 아니라 두뇌다	101

4. 환상적인 영어 임계점　　　　　　　　　　　102

　　영어 임계점　　　　　　　　　　　　　　　102
　　영어는 재미있다　　　　　　　　　　　　　103
　　입이 터지고 귀가 터지고 영어로 꿈을 꾸고　　105
　　다양한 실험　　　　　　　　　　　　　　　106
　　영어 정복 이후의 문제점　　　　　　　　　107
　　2% 부족한 두 가지　　　　　　　　　　　　108

5. 영어에 왕도는 없다는 말의 진실　　　　　　109

　　수재들은 알고 있었다　　　　　　　　　　　109
　　너무 쉬워서 안 믿는다　　　　　　　　　　110
　　그냥 되는 것이라서 세상은 모른다　　　　　111
　　영어에 왕도는 없다는 말의 진실　　　　　　112
　　이 학습법을 아는 유일한 사람　　　　　　　112
　　모든 언어에 공통된 습득 원리　　　　　　　113
　　한국인을 위한 영어 습득 원리　　　　　　　113

4장. 두 번째 영어 정복

　　인생 3막의 시작　　　　　　　　　　　　　114
　　20년 만의 영어 공부 : 중학교 1학년 영어 실력　115
　　발음이라는 복병　　　　　　　　　　　　　116
　　영어 발음 함정 그 기나긴 터널의 시작　　　118
　　또 한 번의 포기　　　　　　　　　　　　　120
　　세상에 대한 선포　　　　　　　　　　　　　120
　　영어 왕초보 130시간 만에 영어 귀를 뚫다　　122

거위의 배를 가르다	125
슬럼프	126
뼈에 사무친 교훈	127
끝이 없는 수렁	128
완벽한 딜레마	130
발음에 대한 연구	131
상상을 초월한 어리석음	133
영어 발음 그 허무한 결론	137
영어 임계점 완벽 돌파	140
환상적인 영어 임계점	144
중학교 1학년 수준만 되도	147
영어 정복자	148
영어 선생이 되다	149

5장. 한국 영어의 발자취

최초의 영어 학습법	154
소리 내어 읽기 학습법	157
기적의 스피킹 비법?	159
듣기 집중 훈련법	162
쉐도잉 학습법	163

6장. 영어가 쉬워지는 법

1. 영어가 어려워진 이유 ... 166
    오직 시험 점수 ... 166
    전문가가 드물다 ... 169
    영어를 잘하는 사람들 ... 170

2. 엉터리 고정관념 ... 171
    1) 영어 실력은 계단식으로 상승한다 ... 171
    2) 사라지지 않는 망령 : 영어 문법 ... 173
    3) 해석을 잘해야 한다 ... 181
    4) 영어는 원어민에게 배워야 한다 ... 183
    5) 영어 발음 ... 186
    6) 영영 사전을 보아라 ... 190
    7) 영어는 외국에 가야만 정복할 수 있다 ... 192

3. 영어가 어려운 진짜 이유 ... 195
    1) 영어는 잘 들리지 않는다 ... 195
    2) 영어는 발음하기가 어렵다 ... 196
    3) 영어는 해석이 잘 안 된다 ... 196
    4) 스피킹이 안 된다 ... 197

4. 영어가 쉬워지는 방법 ... 198
    1) 소리에만 집중하여 듣는다 ... 198
    2) 효율적인 발음을 배운다 ... 198
    3) 영어 그대로 이해한다 ... 198

4) 유일한 스피킹 비법	199
5) 간단하고 상식적인 결론	201

5. "애갸…. 영어가 겨우 이거야?"	202
6. 수능, 토익, 토플 시험 문제는 바보들의 문제	203

7장. 100시간 영어 학습법

1. 10시간이면 알 수 있다	205
2. 구체적 방법	208
1) 정확한 영어 발음	208
발음기호	208
악센트와 발음	210
2) 1시간 분량의 영어 교재	212
교재의 수준	212
교재의 성격	213
3) 제대로 된 소리 내어 읽기	213
4) 소리에만 집중해서 듣는다	216
안 들려도 이해하는 기적	216
들으면 들린다	217
듣기 비법 1 : 가까카 듣기	218
듣기 비법 2 : 한 놈만 팬다	220
듣기 비법 3 : 때린 곳만 때린다	221
듣기 비법 4 : 들리는 것을 듣는다	225
듣기 비법 5 : 듣기만 해서는 다 들을 수 없다	227
듣기 비법 6 : 다다보 다다느	233

5) 요약정리　　　　　　　　　　　　　　　　　235
　　6) 10시간이면 만만해지기 시작한다　　　　　　237

3. 미칠 것 같은 세상　　　　　　　　　　　　　237
　　80%만 들려도　　　　　　　　　　　　　　　237
　　하늘과 땅　　　　　　　　　　　　　　　　　238
　　들려도 들리는 것이 아니다　　　　　　　　　239
　　미칠 것 같은 세상　　　　　　　　　　　　　242

4. 100% 귀뚫린 세계　　　　　　　　　　　　243
　　100% 귀뚫기 1단계　　　　　　　　　　　　243
　　100% 귀뚫기 2단계　　　　　　　　　　　　249
　　100% 귀뚫기 3단계　　　　　　　　　　　　256
　　그래도 안 들리는 소리　　　　　　　　　　　261
　　언어의 알파와 오메가　　　　　　　　　　　264

5. 영어 그대로 이해하기　　　　　　　　　　　267
6. 영어 쏟아내기　　　　　　　　　　　　　　268
　　스피킹과 작문　　　　　　　　　　　　　　　268
　　말하고 나서 쓰자　　　　　　　　　　　　　270
　　토막 살언은 이제 그만　　　　　　　　　　　271

7. 리딩으로 날아오르자　　　　　　　　　　　272
　　리딩이 필요한 이유　　　　　　　　　　　　272
　　고수들의 숨겨진 리딩 비법　　　　　　　　　275

정독	276
가능한 빠르게 읽기	276
펜에 의지하여	278
단어 암기법	278
고수들의 비전 : 프로그램적 리딩 기법	280
세트는 끝내야 한다	281
이해가 안 되면 힘들다	282
목표가 없는 삶은 고달프다	283
빛의 속도로 달려보자	283
경차냐 명차냐?	284
독해로 듣기를 테스트한다?	286
독해로 스피킹을 테스트한다?	287
한국어 실력이 영어 실력이다	288
한국어를 바탕으로 한 영어 습득 비법	289

8. 부작용 : 영어 폐인을 조심하자 — 290
    왜 인간은 언어에 미쳐가며 배우는 것일까? — 290

나가며 — 294

들어가며

별로 어렵지 않은 영어가 유독 한국과 일본에서만 어려워진 지 반세기가 넘었다. 내 눈에는 '영어를 어떻게 하면 좀 더 어렵게 배우게 할까?'가 한국의 영어 학습법 주장자들의 연구 목적인 것처럼 보인다. 어려운 영어 문장의 한국어 번역과 어려운 영어 단어와 원어민도 잘 틀리는 까다로운 영어 문법 문제로 학생을 뽑던 명문대 본고사 주관식 영어 입시 문제 때문에 60여 년 전부터 정착된 암기와 시험 위주 학습 방법의 틀 속에서 벗어나지 못하기 때문이다.

별로 어렵지 않은 언어인 영어를 배우기 위해 생겨난 것이 아니라 과거에 어려웠던 영어 시험을 잘 보기 위해서 생겨난 최초의 암기와 시험 위주의 영어 학습법이 "영어는 원래 어렵다"는 고정관념을 우리의 유전인자에 각인시켜버리고 그 이후의 모든 영어 학습법의 기본 틀과 방향을 결정 지어버렸다.

암기 천재나 언어 수재, 혹은 불굴의 인내력을 가진 영웅들만이 따라 할 수 있는 수많은 영어 학습법들…. 영어 학습법이 상식적이면 오히려 이상하게 보이고 어렵고 힘들거나 뭔가 기상천외해야만 관심을 받게 만들고 있는, '영어는 어렵다'는 고정관념에 사로잡힌 수많은 영어 학습법들….

그 수많은 영어 학습법들의 결과로 생겨난, 일관성도 없고 실질적인 근거도 없는 영어 학습에 관한 수많은 엉터리 고정관념들…. 그 고정관념의 포로가 되어 생겨난 비효율적인 영어 학습 습관들…. 이러한 한국의 영어 상황이 나를 계획에 없던 영어 교육 분야로 인도하였다.

나는 실험적인 새로운 시도를 하는 것이 아니다. 순수 국내파로서 직접 두 번의 영어 정복 경험을 바탕으로 너무 오래되어 오히려 잊혀져버린 언어 습득의 원리를 20년에 걸친 연구를 통하여 이론적으로 정리하였다. 5년이 다 되어가는 일관된 강의 성과들로 완벽히 검증까지 끝난, '영어는 재미있고 별로 어렵지 않다!'는 희망의 메시지를 나의 모국에 전하고 싶어서 이 책을 썼다.

이 책에서 주장하는 내용이 정말이냐는 논쟁에 나는 별로 관심이 없다. 이 학습법만이 정답이라고 목 놓아 외칠 생각도 전혀 없다. 고정관념에 사로잡힌 고집불통의 사람들은 믿지 않겠지만 열린 마음을 가진 사람들에게는 너무나 상식적인, 그러나 그 효과는 기적 같은 영어 학습 결과들을 현실에서 계속해서 만들어나갈 것이니 '온 국민이 영어로부터 독립하는 그날'까지 관심을 가지고 지켜보아 달라는 부탁만 드리고 싶다.

'필요한 것은 초등학교 때 다 배웠다. 나머지는 세상에서 배웠다'는 말이 나이를 먹을수록 하나의 진리처럼 느껴진다. 이 책에서 주장하는 원리도 학교와 세상에서 배운 것이다. 얻은 것을 얻은 곳에 돌려드린다. 영어 임계점 후원회와 임춘단, 하은정, 전혜수, 그리고 이 땅의 진정한 스승들과 이 세상에 이 책을 바친다.

JHO 드림

1장
이 책을 볼 필요가 없는 사람들

- 암기 천재
- 언어 수재
- 불굴의 인내력을 가진 영웅
- 한국어도 다 익히지 못한 사람
- 시험 영어와 영어 회화를 따로 공부해야 한다고 굳게 믿는 사람
- 반드시 외국에 가야 영어를 정복할 수 있다고 확신하는 사람

이 책은 위의 여섯 가지 중 한 가지에도 해당하지 않는 평범한 한 사람이 국내에서 시험 영어와 영어 회화를 정복하고자 애쓰는 수많은 보통사람들을 위해 쓴 책이기 때문이다.

2장
40대 왕초보 140시간에 영어로 말하고 영어 뉴스를 듣다

"예? 제가 푼 문제가 토익 문제라고요?"

K는 믿기지 않는 듯이 눈을 동그랗게 크게 뜨며 반문하였다. K는 자신이 제한 시간 내에 다 풀고 시간이 남은 독해 문제가 토익 기출 문제라는 사실을 알고 무척이나 놀란 모양이었다.

중학교 1학년 영어 실력

왕초보…. 중학교 1학년 영어 실력…. 맨 처음 스터디를 시작할 때 중년인 K의 레벨 테스트 결과였다. 단어가 왕초보 수준이니 독해, 리스닝, 스피킹 실력도 왕초보인 것은 당연했다. 오랜 기간 영어를 접하지 않아서 리딩은 거의 영어를 처음 배우는 수준이었다. 중학교 1학년 단어나 숙어도 모르는 경우가 적지 않았다.

본인은 영어에 한이 맺혔다고 말하였지만 반드시 치러야 하는 영어 시험이 있는 것도 아니었다. 또 업무에 직접적으로 영어가 필요하다거나 해외에 장기 출장 갈 일이 있는 것도 아니며 영어 학습에 전념할 수 있는 기간도 4주 정도뿐이라고 하였다. 그리고 기초 실력이 낮아 영어 실력 향상에 큰 기대를 하지는 않으며 한 번 원 없이 영어를 공부하는 것만으로도 만족할 수 있을 것 같다고 하였다. 실력 향상은 별로 기대하지 않고 그냥 공부하는 것만으로 만족할 수 있다? 갑자기 머리가 아파져 왔다.

그 수준에서도 100여 시간 정도면 억지로 하는 영어 공부를 영원히 끝내고 비교적 쉬운 영어 뉴스나 대담을 듣고 어느 정도 이해하며, 쉬운 영어 원서를 읽고, 원어민과 몇 분 정도 대화할 수 있는 스피킹 능력을 갖추어 혼자서 영어를 즐기며 재미있게 계속 학습해 나갈 수 있는 수준까지 도달하게 할 자신은 있었다. 다만, 기초가 너무 약한 관계로 단기에 실력을 어느 정도 완성하려면 초기에 강도 높은 학습을 하여야 하므로 본인의 학습 동기가 충분한지가 관건이었다. 만약에 취미나 단순히 한풀이 차원의 동기로 학습한다면 시간 낭비로 끝날 가능성이 높기 때문이다.

좀 더 대화를 나누어 본 결과 생각보다는 학습 의지가 강한 것을 확인할 수 있었고 지금 당장 업무에 영어가 직접적으로는 필요한 것은 아니지만 영어 실력이 늘어나면 자신의 업무 영역을 더 넓힐 수도 있는 상황이었다. 그리고 아주 오랜 기간 영어를 학습하지 않아서 기존의 영어 학습법들에 거의 오염 되어 있지 않은 것은 오히려 장점이었다.

'그렇다면…' 한동안 고민하다 두 단계로 나누어서 지도하기로 결정하였다. 시간이 많지 않아 영어 리딩 능력만이라도 향상되면 좋겠다는 K의 의사를 반영하여 우선 본인이 가장 필요로 하는 리딩에 중점을 두어 단어 실력을 단기에 향상시키기로 하였다. 그리고 단어 실력이 조금 향상된 뒤에 발음 지도를 한 후 리스닝과 스피킹 능력을 향상시키기로 하였다.

발음 지도는 일단 뒤로 미루고 기초 단어 실력 단기 향상과 리딩 능력 강화에 중점을 두고 부수적으로 스피킹과 리스닝을 염두에 둔 프로그램으로 지도하기로 결정한 후, "꾸준히 따라만 오면 100시간대에 뉴스 청취가 가능하고, 사전 원고 작성 없이도 3분 스피치 정도는 할 수 있으며, 한국어 문장을 읽는 것과 비슷한 속도로 영어 문장을 빠르게 읽고 정확히 이해하는 것이 가능하다"고 목표 수준을 구체적으로 분명하게 정해 주었다. 그러자 K는 믿기지 않는 표정으로 "그렇게만 된다면 정말 소원이 없겠어요"라고 말했다. 나는 "중간에 포기하지만 않으시면 그 소원을 반드시 이루어 드리겠습니다"라고 빙그레 웃었다.

하루에 1~2시간 정도 학습하는 경우에는 100시간대에 위의 목표를 모두 달성하는 것이 쉽지 않다. 그러나 K는 매일 5시간 이상 학습 약속을 반드시 지키겠다고 하여 높은 목표를 설정해 주었다. 똑같은 100시간이라도 100일에 100시간보다 한 달에 100시간이 몰입도와 집중도가 훨씬 크기 때문에 그 약속을 지킨다면 하루 1시간씩 100시간 학습하는 것보다 두 배쯤 나은 결과를 낼 수 있기 때문이었다.

단어 실력이 너무 낮아 기초 단어 실력을 빠른 속도로 향상시키지 않으면 I am a boy. This is a book. 같은 수준의 문장 외에는 읽거나 들을 수 없기 때문에 전체적인 프로그램은 기초 단어 실력 향상에 가장 중점을 두었다. 중학교 교과서에나 등장하는 아주 기초적인 문장을 벗어나 현실의 영어 문장을 읽고 들을 수 있으려면 아무리 적어도 2,000단어 이상의 실력이 필요한데 단어장을 달달달 외우는 기존 방식으로 학습한다면 500개 정도의 단어만 외우다가 그마저도 다 익히지 못한 채 4주가 지나갈 것이다.

중년의 나이에 오랜만에 영어 학습을 시작했고 모르는 단어들을 빠른 속도로 익히고 리딩 능력을 강화하는 것만으로도 초기에는 상당한 중압감을 느낄 수밖에 없다. 거기에 발음기호를 익히고 발음까지 교정한다는 것은 학습을 포기하게 만드는 거나 다름이 없기 때문에 어쩔 수 없이 초기에는 발음을 어느 정도 희생한 프로그램으로 지도해 나갔다. 다른 팀원들과 달리 K에게는 발음에 자신이 없어도 발음이 조금 틀려도 과감하게 프로그램대로 진도를 계속 나가라고 주문하였다.

기초 실력은 낮고 시간은 한정되어 있었다. 그나마 4주 정도 지나면 다시 직장에 복귀하여 하루에 1시간 학습하는 것도 쉽지 않으므로 일정 수준 이상의 영어 실력을 쌓아 놓아야 했다. 그렇지 않으면 바쁜 직장 생활 속에서 시간이 조금만 흐르면 영어 실력이 다시 원위치가 될 가능성이 높았다. 따라서 단기에 영어 기초 실력을 탄탄히 쌓아 혼자서도 재미있게 영어 학습을 계속해 나갈 수 있는 자생력을 갖추어 주는 것이 가장 중요했다.

그래서 K는 다른 스터디 멤버들과 다르게 세심하게 관찰하되 대범하게 지도하여 사소한 부분은 과감하게 포기하고 가능한 혼자서 자기가 주도하여 학습하는 습관을 몸에 익히도록 하는 것이 가장 중요한 지도 목표가 되었다. 그래서 초기에는 큰 문제가 없으면 지도를 최소화하고 계속해서

애정을 가지고 크게 어긋나지 않는지 다만 지켜보기만 했다.

지도하는 사람의 입장에서 가르치고 지적하는 것보다 크게 어긋나지 않는지 살피면서 지켜보기만 한다는 것은 상당한 자제심과 인내가 필요한 일이다. 따라서 K는 지금까지 지도한 제자들 중에서 가장 힘든 제자였다. 지적하지 않고 가능하면 지켜보기만 한다는 것은 인격을 수양하는 과정이기도 했다. 중간중간 수없이 가르치고 지적하려는 내 안의 마음과 싸워야 했다.

고정관념 : 토막 내기 식의 영어 학습

K는 독해 능력만이라도 늘면 좋겠다는 말을 하였다. 나는 이런 종류의 희망 사항을 들을 때마다 답답한 마음이 든다. 너무 오래된 고정관념이고 하도 많이 들어서 익숙해질 때도 됐으련만 절망에 가까운 고정관념의 두꺼운 벽을 느낄 때마다 안타까운 마음이 드는 것은 어쩔 수가 없다. 오로지 시험 목적으로만 영어를 학습하는 경우에는 그래도 이해가 된다. 중요한 시험이 코앞에 있을 때는 나도 조금은 요령에 치우쳐 지도한 경우도 있었다. 그러나 한 번의 시험으로 끝나지 않는 경우 그러한 요령은 오히려 장기적으로 독이 되는 경우가 많다. 그래서 차근차근 제대로 배우자고 설득해도 상대방은 잘 받아들이려 하지 않는다.

운전면허 시험을 보는 사람이 이번에는 기능 시험만 있으니 기능 시험 요령만 배운다면 주행 시험을 대비할 때는 운전의 기초부터 다시 몸에 익혀야 한다. 그래서 최종 시험을 통과하는 데 더 많은 시간과 노력이 필요하게 된다. 그러나 당장 눈앞에 닥친 기능 시험 때문에 마음이 급한 사람에게 이런 설득은 잘 통하지 않는다. 바로 눈앞의 시험을 통과하는 것이 중요하기 때문이다. 오직 시험만을 목적으로 영어를 공부하는 경우에는 나도 이해가 가기 때문에 어느 정도 설득해 보다가 안 되면 그들의 요구에 따라간다.

그러나 시험뿐만 아니라 시험에 합격하면 바로 운전해야 하는 사람은 시험이 끝나면 돈과 시간을 더 들여서 도로 운전 연수를 또 받아야 한다. 그러니 잠시 시험을 잊고 운전의 기초 습관부터 몸에 익히고 어느 정도 능숙해지면 그때 몇 가지 시험 요령을 간단히 익힌 다음 시험을 통과하고 바로 운전하는 것이 돈과 시간을 절약하는 길이다. 그렇게 운전을 배우면 요령이 아니라 운전의 원리에 집중하여 배우고 익히기 때문에 스트레스도 적고 운전 연습이 재미있으며 처음에 조금만 집중하면 실력도 금방 늘게 된다.

하지만 이런 이야기가 통하는 경우는 많지 않다. 설사 시험이 필요 없다 하더라도 중학교, 고등학교를 거치는 동안 오로지 시험만을 목적으로 공부하던 습관이 몸에 배어 있다. 또 원래 영어는 어려우니까 그렇게 하나씩 공부해야 한다는 고정관념도 너무 강하여 내가 강하게 설득하면 상대방이 화를 내는 경우도 있었다. 또 어떤 사람들은 내가 하나씩 지도할 능력이 없어서 그렇다고 오해하는 경우도 있었다.

한 가지씩 떼어 내어 가르치는 사람은 종합적으로 가르치는 능력이 없을 수도 있지만 종합적으로 가르칠 수 있는 사람이 한 가지씩 가르치는 것은 식은 죽 먹기이며 단기간에 학생들의 학교 영어 성적을 올리는 것도 아주 쉽다.

학교 기출문제 4회분만 있으면 아예 시험 문제 유형을 어느 정도 예상할 수 있다. 문제집을 베끼지 않았어도 마찬가지이다. 나무만 보고 문제를 만드는 사람의 문제 스타일은 산과 숲과 나무까지도 보이는 사람에게는 그 유형이 훤히 다 보인다. 주가 차트의 월봉과 주봉을 능숙하게 볼 수 있는 사람 눈에 일봉의 한계가 다 보이는 것과 마찬가지 이치이다.

아주 어린 아이는 아예 모국어 능력도 없기 때문에 언어적인 프로그램이 두뇌에 전혀 장착되어 있지 않다. 따라서 듣기를 배워야 말하기를 할 수 있고, 듣고 말하는 소리 언어 능력을 갖추어야 문자 언어를 배울 수 있기 때문에 어쩔 수 없이 그렇게 단계적으로 배울 수밖에 없다. 하지만 모국어 능력이 완성된 사람은 언어적인 프로그램이 두뇌에 이미 완벽히 장착되어 있기 때문에 굳이 그렇게 따로국밥 식으로 배울 필요가 없다.

모국어 습득이 처음 집을 짓는 건축이라면 외국어 습득은 두뇌에 이미 장착된 모국어의 언어적 프로그램을 활용하는 리모델링에 해당한다. 따라서 모국어 습득이 끝나고 모국어가 어느 정도 완성된 사람은 젖먹이 흉내를 내며 들릴 때까지 오로지 듣기만 한다든가 소리 언어를 완벽하게 완성한 다음에나 문자 언어를 배우는 식으로 엄격하게 단계별로 언어를 습득할 필요는 없다. 다만 모국어가 완성되지 않는 어린 나이에 외국어를 배우는 것은 기초 프로그램이 아직 제대로 장착되지 않은 상태에서 응용프로그램을 작동시키는 것과 같으므로 컴퓨터에 버그가 나듯이 부작용이 있을 수 있어서 지도하는 사람의 세심한 배려가 필요하다.

그런데 성인이 되어서 영어를 배울 때도 어린아이 흉내를 내며 그 방식을 그대로 따라 하려는 사람들이 너무 많다. 시중에 언어 습득 원리도 모르는 권위 있다는 사람들이 제대로 된 연구도 하지 않고, 문제의 본질을 꿰뚫어 보지도 못하면서 목소리만 높여 외치는 경우가 너무 많은데 그러한 주장들에 완벽히 세뇌된 탓이다.

듣고 말하고 읽고 쓰기를 어느 정도 단계를 나누어서 하되 알파벳을 떼었다면 듣고 말하고 읽고 쓰는 것을 분리하지 않고 함께 하면 시너지 효과도 크고 두뇌의 효율성도 높일 수 있으며 무엇보다도 그래야 언어를 학습하는 것이 재미있어진다. 집을 지을 때도 기초 공사만 끝나면 한쪽에서는 벽돌을 쌓고, 한쪽에서는 보일러를 깔고, 밖에서는 담장을 쌓거나 정원을 만들고, 그 위에서는 2층을 짓는 작업이 동시에 이루어진다. '리딩만 늘린다', '단어만 늘린다'는 식의 학습은 벽돌을 다 쌓을 때까지 바닥과 보일러, 담장 등을 담당하는 두뇌는 그냥 놀고 있으라는 이야기이다.

그런데 재미있는 것은 만약 그렇게 한다면 현실에서는 벽을 다 쌓은 다음에 좁은 문으로 바닥 자재가 들락거려야 하기 때문에 너무 불편한 경우가 발생한다. 시골에서 동네 사람들끼리 모여 조그만 헛간을 지을 때, 먼저 벽을 다 쌓고 문을 내고 헛간 바닥을 손질하다가 너무 불편해서 이미 쌓은 한쪽 벽을 허물고 바닥공사를 마친 후 다시 벽을 쌓는 것을 본 적이 있다. 뭐가 안 좋으면 뭐가 고생한다고 하더니 본인들은 짜증을 내는데 그 모양을 보고 혼자 몰래 웃음을 참느라 애를 썼다.

잘 안 들려도 집중해서 들어보고, 말할 수 없으면 글을 보고 정확히 소리 내어 읽어야 한다. 모르는 단어는 소리 내어 발음하고 써 보기도 하며 문장을 읽으면서 문장 속에서 단어를 익혀야 한다. 이처럼 종합적으로 학습해야 시너지 효과가 발생하여 전반적인 언어 능력이 빠르게 향상되어 언어를 배우는 과정이 재미있어진다. 그러나 이러한 설득이 잘 통하지 않으니 나만 답답한 것이다.

우리의 두뇌는 단 한 개의 뇌세포로 이루어진 것이 아니라 약 천억 개에 달하는 신경세포인 뉴런으로 구성되어 있다. 이러한 신경세포들인 뉴런 사이의 시냅스에서는 많은 종류의 화학물질들이 분비되고 있다. 그러한 화학물질들에 의해 서로 신호를 주고받는 우리의 두뇌 세포들은 종합적이고 지속적인 자극을 통하여 기능과 능력이 변화될 수 있다. 즉 가소성 원리에 의하여 우리 두뇌의 특정 영역의 역할을 빠르게 변화시키고 길들일 수 있다.

조금 어려운 단어들이 등장했지만 쉽게 말하면 단순한 자극보다 반복적이고 종합적인 강력한 자극으로 우리의 두뇌를 더 쉽게 변화시키고 길들일 수 있는 것이다. 기본적으로 우리의 두뇌는 멀티적인 작업이 가능하고 멀티적인 자극으로 더 빨리 변화시키고 길들일 수 있다. 그렇다고 초보자가 동시에 듣고 읽고 쓰고 말하는 것은 바람직하지 않고 집중해서 들어 보고, 잘 안 들리면 집중해서 소리 내어 읽어보고 써보고 하며 순차적으로 집중적이며 종합적인 자극을 주어야 한다.

그렇기 때문에 나는 독해 능력 향상만을 위해서도 소리 내어 읽기를 병행하여 지도하고, 스피킹 능력의 향상을 위해서도 듣기나 리딩을 지도하고, 문법 능력의 향상을 위해서도 리딩이나 소리 내어 읽기를 지도한다. 그러면 학습자는 문법이나 리딩 실력만 늘리면 되는데 왜 회화 공부를 시키느냐며 불만을 토로하기도 한다.

그래서 별수 없이 처음에는 그들이 요구하는 대로 따로국밥 식으로 지도하다가 중간에 살금살금 들키지 않도록 종합적인 학습을 끼워팔기 하는 수밖에 없었다. 그러다 들키면 도둑질하다 들킨 사람과 별 차이가 없는 이상한(?) 경험을 한 적도 많았다. 그러나 나의 학습법에 대한 믿음이 강한 경우에는 그럴 필요 없이 그냥 종합적인 방식으로 지도하였고, 강의가 계속될수록 나의 지도 방법에 대하여 사전에 알고 오는 사람이 늘어나서 지도하는 대로 적극적으로 따라오는 수강생들이 점점 많아졌다.

그런데 K는 영어에 대한 고정관념이 강한 일반적인 학습자였고 강의 초기에 참가했는데도 내가 지도하는 대로 믿고 잘 따라와 줘서 좋은 결과를 낼 수 있었다. 오랜 기간 꾸준히 영어를 학습해본 적이 없어서 비효율적인 영어 학습법들에 오염되지 않은 것도 한 원인이었지만 '믿지 않으면 따르지 않고 선택한 이상 믿고 따른다'는 원칙을 현실에서 정확히 실천하며 사시는 분이라서 가능했던 것 같다.

1일째 : 왕초보 영어 학습 시작

먼저 '잘 안 들리더라도 오디오를 집중해서 듣고 정확한 발음으로 소리 내어 읽는다'는 이 학습법의 기본을 따르되 정확한 발음은 일정 기간 희생하기로 하였다. 발음기호를 완벽히 알고 있지도 않았고 학습 초기에 과도한 학습 부담을 주지 않으려 했기 때문에 발음 지도는 2주 차에 하기로 계획을 세웠다. 영어에 대한 감을 먼저 익히고 기초 영어 문장 이해력을 닦고 중학교 1학년, 2학년 수준의 기초 단어를 학습하는 것이 급선무였기 때문이다.

그런데 나의 예상보다 K가 모르는 발음기호들이 많았다. 그래서 처음 영어를 배우는 사람이 발음기호를 배우듯이 일단 한국어로 표기된 발음기호로 발음기호 자체만이라도 익히도록 하였다. 문장과 분리하여 단어만 따로 외운다든가 단어장을 따로 만드는 것은 엄격히 금지하였다. 먼저 단어를 가볍게 익히고 문장을 읽고 다시 단어를 가볍게 익히고 문장을 읽는 방식으로 반복을 통하여 문장 속에서 살아 숨 쉬는 단어를 자연스럽게 익히도록 하였다.

이런 방식으로 단어를 익히면 암기에 매달리지 않아도 일정 기간이 경과하면 훨씬 많은 단어를 손쉽게 익힐 수 있고, 단어를 문장 속에서 익히기 때문에 기본 교재가 영영사전과 같은 역할을 한다. 그래서 영영사전을 보아야 되느니 말아야 되느니 하는 고민은 할 필요도 없다. 이것이 모든 지구인들이 모국어 단어를 익혀 나가는 방식이다. 우리가 암기에 매달려 한국어 단어장을 외운 적이 단 한 번도 없는데 몇만 단어를 익히고 사용하는 것은 바로 이러한 자연스러운 방식으로 단어를 익혔기 때문이다.

물론 이런 방식으로 학습하기 위해서는 영어 학습 교재가 이런 학습법에 맞도록 처음부터 잘 기획되어야 한다. 그러나 불행하게도 현재까지 영어를 언어로서 힘들이지 않고 자연스럽게 익힐 수 있도록 만들어진 교재는 없다. 오직 전통적인 방식의 교재나 수험 목적의 교재만 있을 뿐이다.

이 글을 쓰는 지금은 이런 목적으로 자체 제작한 교재를 다듬어 출판을 눈앞에 두고 있고 스터디에서도 사용하고 있어서 학습자들이 빠른 시간에 단어 실력을 높여 가며 독해 능력도 키워 가고 있다. 하지만 스터디 초기에는 기존의 교재들을 사용하였기 때문에 지금에 비하면 훨씬 효율이 떨어져서 처음에는 상당히 고통스러운 학습 과정을 겪을 수밖에 없었다. 그런데도 열심히 학습하여 좋은 성과를 낸 K가 고마울 따름이다.

3일째 : 영어 공부가 재미있어요

스터디를 시작한 지 3일째 되는 날, 오랜만에 공부하려니 힘들지 않느냐고 K에게 질문하였다. 그러자 K는 골치 아픈 문법 공부도 하지 않고 달달 암기하는 것도 없어서 힘들지 않고 재미있다면서 밝게 웃었다. 나는 제자들이 "소리가 들려요", "입이 터졌어요", "한국어처럼 쭉쭉 읽어 나가도 그냥 이해가 되요"라고 하는 것보다 "영어가 재미있어요"라고 하는 것이 가장 반갑다. 내가 제대로 지도하고 있고 제자도 제대로 받아들이고 있다는 증거이며, 재미있게 학습하면 실력은 당연히 금방 향상되기 때문이다.

우리 같은 보통 사람이 아무리 노력해도 쫓아갈 수 없는 사람을 영웅이나 천재라고 부른다. 그런데 그런 천재나 영웅들도 따라갈 수 없는 사람이 있으니 바로 재미로 하는 사람이다. 재미는 타고난 능력과 재주를 뛰어넘는 강력한 집중력을 우리에게 선사하기 때문에 상식을 벗어난 결과를 보여준다.

우리가 언어 습득에 관하여 어린아이에게 배워야 하는 것은 바로 이런 것들이 아닌가 싶다. 언어 장애인이 아니면 언어를 배우는 데 애를 먹는 아이들을 본 적이 있는가? 어린아이들은 젖먹이 때를 제외하고 정말 재미있게 언어를 배우고 익히고 사용한다. 미운 일곱 살쯤 되면 엄마는 아이의 입에 자물쇠를 채우고 싶을 정도로 쉬지 않고 재잘대며 신나게 언어를 배우고 익히고 사용한다.

언어 습득은 애를 쓰며 하는 공부가 아니며 애쓰며 공부해서는 결코 언어를 배울 수 없다. 어른들이 아이들에게 잔소리를 많이 하지만 어린아이보다 못할 때가 많고 오히려 어린아이에게 배울 때도 많다. 어른들은 좌우지간 복잡하고 따지기를 좋아한다. 오죽하면 예수님께서 너희들이 어린아이와 같지 못하면 결코 천국에 가지 못할 것이라고 하였겠는가.

어린아이와 같지 못하면 천국에 가지 못할 것이라는 말을 언어 습득 분야에 맞게 약간 바꿔서 인용한다면 오직 어린아이의 마음을 가진 자만 언어 천국에 들어갈 수 있다. 영어를 복잡하게 따지지 않고 새로운 것을 배우는 그 자체를 즐기는 어린아이의 마음으로 놀이처럼 배운다면 훨씬 빠르고 재미있게 배울 수 있다.

언어를 배워가는 과정은 노래를 배우거나 춤을 배우는 것과 유사하다. 따라서 그저 노래를 익힌다는 마음으로 가볍게 배운다면 훨씬 쉽고 재미있게 익힐 수 있다. 그런데 오랜 시험공부 습관 때문에 수학이나 철학 공부하듯이 복잡하게 따져가며 배우려 하니까 어렵고 힘들며 시험만 끝나면 영원히 반납하고 마는 것이다.

8일째 : 영어 발음 익히기 원어민식 영어 정독하기

그렇게 일주일이 지나자 어느 정도 단어 실력이 향상되었고 영어 문장을 한국어로 해석하지 않고 영어 그대로 이해하는 영어 문장 이해력의 기초가 잡혔다. 그래서 더 이상 늦기 전에 발음 지도를 시작하였다. 아직 발음기호도 전부 익히지 못한 상태에서 특별한 발음 지도 없이 소리 내어 읽기를 병행하였기 때문에 발음에서 많은 문제점이 발견되었다.

이 상태를 방치하면 소리 영어는 물론이고 문자 영어에서도 치명적인 문제가 발생한다. 잘못된 발음으로 오랫동안 소리 내어 읽기를 하게 되면 일반적으로 알려진 상식처럼 소리 영어에만 나쁜 영향을 미치는데 그치는 것이 아니다. 잘못된 발음은 문자 영어에도 치명적인 악영향을 미친다. 세상에 알려진 상식 중에 틀린 경우가 생각보다 많은데 이것도 그 한 예이다.

그래서 발음기호를 완전히 익히도록 하고 정확한 발음 훈련을 시켰으며 일부 발음은 낮은 수준으로 교정도 하였다. 발음에서 문제점들이 해결되기까지 소리 내어 읽기를 잠정 중단시키고 발음 연습과 눈으로만 읽기 그리고 이미 듣고 읽었던 챕터만 반복해서 듣도록 하였다. 일정에 쫓겨서 단기에 집중적으로 지도하였기 때문에 힘들었을 텐데도 물을 때마다 K는 "전혀 힘들지 않아요"라고 밝게 웃어주니 고마운 마음이 절로 일어났다. 일주일 정도 지나 어느 정도 발음이 정착되자 다시 듣고 소리 내어 읽기의 기본 학습을 하도록 하였다.

영어 문장 이해력이 조금은 쌓였기 때문에 익숙해진 발음은 소리 내어 좀 더 빠르게 읽도록 하였고 원어민의 독서속도에 가깝게 빠르고 정확하게 이해하며 읽도록 원어민식 리딩 지도도 병행하였다. 리딩 지도를 할 때 빠르게 읽기란 시중에 유행하는 속독이 아니라 원어민의 정독 속도에 가깝게 읽도록 노력하는 학습이며 속도보다 한국어로 번역하거나 한국어로 해석하는 습관을 끊는 것이 더 큰 목적이다. 그리고 속도와 상관없이 100% 이해하는 과정을 반드시 포함시킨다. 최악의 경우 한국어 해석이나 문법 설명을 해서라도 정확히 100% 이해하는 과정을 반드시 포함시킨다.

결국에는 영어 문장을 영어 그대로 100% 이해하게 되어, 소리 내지 않고 눈으로 읽는 것만으로도 단어, 문법, 작문, 리스닝 그리고 스피킹 실력까지 늘게 하는 것이 최종 목표이다. 그러므로 학습자 수준에서 어렵지 않은 문장을 반복하여 리딩하도록 지도한다. 반복하지 않고 한 번만 읽고 끝내면 실력의 증가도 너무 더디고 큰 의미도 없다.

반복하여 읽는데도 지겹지 않은 이유는 스토리가 탄탄하고 학습자의 수준에 맞는 문장만을 고르기 때문이다. 학습자의 수준에 따라 단어 부담이 없는, 쉬운 문장 수준에서부터 시작하여 점차 그 수준을 높여가며 읽어 나가고, 읽을 때마다 이해도와 리딩 시간을 기록하게 한다. 스토리가 탄탄한 긴 문장을 읽으니 반복에 따른 지겨움이 적다. 비슷한 수준의 단어가 반복하여 등장하는 문장을 읽으니 단어를 죽어라 암기할 필요 없이 문장의 흐름 속에서 자연스럽게 단어 실력이 향상된다. 그리고 읽을수록 더 정확하게 이해하고 더 빨리 읽을 수 있게 되니까 스스로 실력의 증가를 느끼며 반복하기 때문에 지루하지 않고 재미있게 할 수 있다. 또한 스스로 리딩 시간과 이해도를 기록하고 그 기록을 계속해서 경신해 나가기 때문에 재미있는 오락 게임을 하는 것 같은 느낌마저 든다.

언어 습득 뿐만 아니라 태권도나 피아노 등 모든 학습과 훈련에서 학습자가 의욕과 흥미를 느끼고 재미있게 할 수 있는 가장 확실한 방법은 오락에서 레벨업 해나가는 것처럼 학습자 스스로 자신의 실력이 빠르게 향상하는 것을 느끼며 배워 나가는 것이다. 빠른 실력의 향상이야 말로 모든 종류의 학습에서 느낄 수 있는 가장 큰 재미이다.

시중에 유행하는 속독은 자신의 단어 실력보다 높은 수준의 교재를 대충 이해하며 빠르게 읽는 것이다. 이는 기본적으로 시험 공부 방법이며 반복하여 읽거나 100% 이해하며 읽는 정독을 별로 강조하지도 않는다. 따라서 시중에 유행하는 속독은 문장과 분리된 단어 암기에 엄청난 에너지를 쏟아부어야 하고 모르는 단어가 많은 문장을 읽는 데서 오는 스트레스와 이해가 잘 안 되는 문장을 오랜 기간 참고 인내하며 읽어야 하는 인내력 훈련 과정을 반드시 견뎌내야 한다.

그리고 반복을 이야기하는 사람들도 2독 정도만 강조하는데 그렇게 힘들게 읽은 책을 다시 읽는다는 것이 악몽처럼 끔찍해서 대부분의 학습자는 2회독도 하지 않고 끝내버린다. 따라서 100% 이해하는 능력이 생기기 어렵고 대충 이해하며 빠르게 읽는 능력만 생겨난다. 이런 방식으로 오래 학습하면 영어 문장을 100% 이해하는 능력을 키우는 것은 거의 불가능하게 된다. 따라서 읽는 것만으로도 쓰기, 듣기, 말하기 능력까지 향상시키는 기본적인 언어적 연결고리가 생겨나지 않으며 조금만 학습을 중단하면 어설프게 늘어난 실력마저 곧 사라져 버린다. 또한 시험에서도 문장의 내용을 정확히 이해해야만 풀 수 있는 문제들을 만나면 오랫동안 힘들게 인내하며 키워온 속독 능력은 아무런 도움도 되지 않는다. 그런 종류의 속독 능력만 갖추고 있으면 수능 시험에서 영어 능력 외에 언어적 사고력을 묻는 독해 문제의 정답을 찾지 못해 1등급을 받기 어렵고, 토익의 함정 문제는 대부분 틀리게 된다. 결국 시험에서도 한계가 드러나 그 힘든 고생에 비하면 생각보다 얻는 것도 적다.

그런데 왜 이런 방식의 속독을 지도할까? 한국 영어 학습자들 대부분은 시험을 목적으로 맨 처음 영어를 접하는데 그것은 강사도 마찬가지이다. 대부분의 강사는 그저 배운 대로 가르치는 것뿐이다. 얼마나 정확히 빠르게 이해하는가는 중요하지 않고 대충이라도 이해하여 시험 시간 내에 문제를 풀어내는 능력을 키우는 데에만 집중하여 가르치기 때문이다.

우리가 한국어 책을 읽다가 잘 이해가 안 되는 어려운 문장을 만나면 그 문장의 앞뒤를 다시 읽고 이해가 안 되는 문장을 한두 번 더 음미하며 읽음으로써 문장의 내용을 정확히 이해한다. 영어 문장도 이렇게 해결하여야 하는데 이런 원어민적인 정독 능력은 닦지 않고 오직 속독 능력만 키우면, 조금만 까다로운 문장을 접하게 되면 정확히 이해할 방법이 없다. 그래서 어려운 문장을 만나면 문법에 의존할 수밖에 없고 결국 영어 문법책을 사서 문법 공부를 따로 해야만 한다.

그런데 문법적으로 따지고 문장을 쪼개고 분석하면서 한국어로 해석하는 연습만 해서는 리딩 속도가 너무 느려서 아무리 열심히 공부해도 시험 때마다 항상 시간에 쫓기게 된다. 뿐만 아니라 문법을 잘 지키는 교과서를 벗어나 문법을 엄격하게 지키지 않는 현실의 수많은 영어 문장들을 만나면 이리저리 아무리 분석해 보아도 이해할 수 없게 된다. 그래서 영어를 10년 넘게 공부해도 한국어 해석이 없는 원서는 대부분 읽을 엄두도 내지 못한다.

영어를 영어 그대로 이해하며 리딩하고, 듣고 소리 내어 읽기를 병행하여 학습하면 오래지 않아 자연스럽게 영어 어순 감각과 문법 감각이 생겨난다. 그래서 문법책을 보지 않아도 문법에 맞는 문장을 쓰고 말할 수 있게 되며 문법 시험 문제도 자연스럽게 해결되어 버린다. 한국인은 주어와 목적어라는 말을 몰라도, '는'은 주격 조사이고 '을'은 목적격 조사라는 것을 배우지 않고도, "나는 너를 사랑한다"라는 완벽한 문장을 쓰고 말할 수 있다. 또한 "나는 너는 사랑한다" 혹은 "나를 너를 사랑한다"와 같은 문장

이 문법상 틀린 문장이라는 것을 바로 찾아낼 수 있는 것처럼 문법책의 도움 없이 영어 문법 시험도 가볍게 해결되어 버린다.

한편, K도 고정관념에서 자유로운 사람은 아니라서 그렇게 강조를 하였는데도 영어 단어장을 만든 것을 발견하고 단어는 문장 속에서 이해하며 암기하도록 하고 별도의 단어장을 만들지 못하도록 확실하게 못을 박았다. 그 시간에 한 번 더 발음해보고 문장을 한 번 더 읽으면서 문장 속에서 단어를 익히라고, 또다시 단어장을 따로 만들어 외운다면 심화 지도를 중단하겠다고 분명히 선을 그었다.

우리는 암기와 요령에 의존하는 영어 시험 공부법에 너무 길들어 있다. 생선을 토막 치듯이 듣기, 말하기, 읽기, 쓰기, 단어 암기 그리고 문법 외우기로 분리하여 하나씩 박살 내겠다며 용을 쓰는 시험 공부 습관에 너무 강하게 오염이 되어 있다. 결국 박살 내지도 못하면서 죽어라 열심히 외우고 분석해야만 뭔가 공부한 것 같은 시험 영어 공부 습관, 한국어로 해석이 100% 안 되면 화장실에서 뭔가를 하지 않고 나온 것 같은 찜찜함에서 벗어나지 못하는 완벽주의적 해석 습관, 이런 습관들에서 힘들지 않게 벗어나도록 지도하는 것이 내가 해야 하는 가장 중요한 일이다.

일본어는 한국어와 언어적 특성이 상당히 비슷하여 정확한 번역이 가능한 경우가 많지만 영어는 한국어와 굉장히 다르기 때문에 원래 한국어로 100% 해석될 수가 없다. 화성 남자와 금성 여자가 서로를 100% 이해하는 것은 불가능하지만 상대방의 틀림이 아닌, 다름을 있는 그대로 인정하면 사랑을 나누며 함께 행복하게 잘 살 수 있다. 그런데 상대방이 나를 반드시 다 이해해야 한다고 생각하거나 내가 상대방을 다 이해하겠다는 불가능한 목표를 세우니 부부싸움이 끊일 날이 없다.

수영 초보자가 물에 저항하지 않고 근육을 이완시키고 물을 그대로 받아들이면 자연스럽게 물 위에 뜬다. 영어도 영어 그대로 인정하고 받아들이는 순간 몇 시간이면 게임이 끝나는데 영어를 한국어 해석으로 반드시 제압하려고 하니 힘이 든다. 영어가 어렵고 힘든 것이 아니다. 영어 시험 공부에 길들여진 우리의 고정관념과 습관 그리고 어리석은 고집이 우리를 힘들게 하는 것이다. 마음을 비우고 영어를 영어 그대로 받아들이는 순간 그것이 얼마나 편한지 알게 된다.

사실 영어도 참 불만이 많을 것이다. 영어가 말할 수 있다면 "아니 내가 도대체 뭔 죄가 있냐고요? 자기의 습관과 성격을 못 이겨 오히려 자기들이 나를 괴롭히면서" 하고 볼멘 항의를 할지도 모른다. 시간이 조금만 흐르면 이런 사실을 나의 제자들은 다 알게 된다. 나의 고집을 멈추는 순간 영어와 사랑이 싹트고 나의 오염된 오랜 습관과 이별하는 순간 비로소 영어는 나의 주인 자리에서 내려와 내 인생의 동반자가 되고 나의 충실한 하인이 된다.

14일째 : 영어를 영어 그대로 받아들이다

단기에 단어와 리딩 실력을 급속도로 향상시키기 위하여 강도 있게 지도했더니 K는 초기에 모르는 영어 단어도 많고 영어 문장을 이해하기도 어려워 첫 번째 챕터를 어떻게 끝낼 수 있는지 막막하고 다음 챕터로 넘어가는 것이 두렵기까지 하다고 하소연했었다. 그러나 2주 정도 지나자 영어 문장이 영어 그대로 이해되기 시작하니 마음이 가벼워지고 영어가 점점 더 재미있어진다며 많이 기뻐하였다. 그다음 날에는 몇 번 들었던 오디오 음성이 평소보다 더 진하게 들리고 잘 안 들리던 부분도 점점 더 잘 들린다며 굉장히 좋아하였다. 지도하는 대로 열심히 하며 따라오니 해석하거나 이해하려 하지 않고, 소리를 들을 때는 오직 소리에만 집중하여 듣는 습관과 한국어로 해석하지 않고 영어를 영어 그대로 이해하는 습관이 많이 정착된 것이다.

어느 정도 리스닝 기초가 잡히자 눈으로만 읽는 독해에 시간을 더 배분하여 학습하도록 지도하였다. 그러자 며칠 만에 영어 문장이 눈 가는 방향대로 그냥 한 번에 쭉 이해된다며 영어를 영어 그대로 받아들이는 것이 무엇인지 이제 알 것 같다며 환호성을 지르듯이 좋아하였다. 본인이 집중하여 열심히 따라오고 실력도 빠른 속도로 증가하니 나도 기분이 아주 좋았다.

17일째 : 원어민의 소리를 다 듣고 이해하다

영어 실력이 빠르게 늘고 영어 공부에 재미가 생겨나서 신나게 학습하던 K가 심화 지도에 감사하는 의미로 저녁을 대접하고 싶다고 하여 어떤 식당에서 같이 식사하는 중이었다. 마침 옆자리에서 외국인이 대화하고 있었는데, K가 갑자기 눈을 동그랗게 뜨더니 "선생님! 저 외국인의 말소리가 또렷하게 다 들리고 무슨 말인지 다 알아듣겠어요"라고 말하며 거의 눈물을 글썽이는 표정을 지으며 한동안 말을 잇지 못했다.

그 외국인은 한국인과 대화 중이라서 사용하는 단어와 표현이 그리 어렵지 않았다. 그동안 K의 실력변화를 면밀히 관찰해오던 나는 K가 듣고 이해할 수 있다고 생각하고 있었기 때문에 크게 놀랄 일은 아니었으나 기분은 좋았다. 다만 내가 조금 소심한 데가 있는 성격이라서 남들도 있는 그 자리에서 같이 크게 기뻐해 주지 못한 것이 조금 미안하였다. 본인은 거의 눈물이 날 지경이었는데 아마 많이 서운하였을 것이다.

조금 비싼 음식점이었는데 K는 식사를 마칠 때까지 흥분하며 그 이야기를 계속하느라 음식은 아마 내가 거의 다 먹었던 것 같다. 그런데 그날은 무슨 일이 일어나기로 아예 작정한 날이었는지 에피소드는 거기서 끝나지 않았다. 낙성대 부근에 있는 그 음식점은 주변에 큰 회사도 없었고 외국인이 많이 올 일도 없었는데 또 다른 자리에서도 한 외국인과 한국인 직장인 몇 명이 식사하고 있었다. 그런데 그 한국인들의 회화 실력이 유창한 편은 아니어서 얼굴이 조금 상기되어 있었고 그들의 목소리가 상당히 컸다.

사람은 당황하거나 편하지 않으면 이상하게도 목소리가 더 커진다. 호프집 같은 데서 원어민 영어 학원의 수강생들이 원어민 강사와 뒤풀이 회식을 하는 경우를 가끔 본 적이 있는데 거기서 영어로 크게 말하는 사람일수록 대체로 회화 실력이 약하다. 그런 상황을 정확히 포착한 K는 "아이구, 나도 저보다 더 잘 하겠다. 발음도 내가 더 좋은 것 같네. 그죠, 선생님?" 하며 으쓱해 하는 것이었다. 나는 소심하게 작은 소리로 "그럼요" 할 뿐이었다. 그러나 아마도 내 평생에 가장 기억에 남을 저녁 식사 중 하나가 될 것이다. 그리고 음식도 정말 맛있었다. 소문난 맛집이라 먼 곳에서 일부러 온 것인지도 모를 일이었다. 어쩌면 기분이 좋아 더 맛이 있었던 것인지도 모른다.

25일째 : 영어 입이 터지다

K는 단어 실력도 많이 늘었고 리스닝 능력은 기초가 확실히 닦였으며 영어 문장을 한국어로 해석하지 않고 영어 그대로 받아들이는 영어 문장 이해력도 기초가 탄탄해졌다. 그래서 사전에 예고하지 않고 원고 없이 1분 스피치를 시켜 보았다. 스피킹 완성을 최종 목표로 하고 영어 전체 실력을 종합적으로 향상시키는 프로그램을 사용하는 경우 스피킹이 가장 먼저 터지는데 K는 단어 실력과 리딩 능력 향상에 주안점을 두었기 때문에 스피킹 능력은 조금 더디게 늘고 있었다.

영어를 한국어로 해석하지 않고 영어 그대로 이해하며 학습하면 한국어로 먼저 생각을 떠올리고 그 한국어를 다시 영어로 바꾸어 말을 하는 것이 아니라 자기 안에 쌓여 있는 영어 문장을 그대로 입으로 뱉어내면 된다. 그래서 K도 자주 떠듬거렸지만 어떤 영어 표현은 그냥 쏟아져 나오기도 하였다. 완벽하지는 않았지만 자신이 원고 없이 1분간 영어로 발표했다는 사실에 K는 "영어 스피킹이 되네요" 하며 자신도 조금은 믿기지 않는다는 표정을 지었다. 그 모습을 지켜보는 나도 흐뭇한 미소를 지었다. 역시 제자의 실력이 느는 것을 보는 것이 지도하는 사람의 가장 큰 보람일 것이다.

제자들을 지도하다가 제자들의 정확한 실력 수준을 측정하기 위하여 세밀하게 점검하는 때가 있다. 특히 영어 귀가 100% 뚫릴 때는 내가 직접 점검하고 귀뚫기가 완성되었다고 인가한다. 그때는 그동안 반복해서 들었던 오디오 말고 점검용 오디오를 듣게 한다. 그래서 소리는 또렷하고 선명하게 들리는지, to나 the 같은 단어도 놓치지 않고 들었는지, 내용도 정확히 이해하였는지 확인한 후에 정식으로 "100% 영어 귀뚫기가 끝났다. 소리는 이제 끝났다"고 인가한다. 그런데 점검 도중에 가끔 고요한 적막에 휩싸일 때가 있다. 점검용 오디오를 듣다가 제자 스스로 자신이 정상 속도의 영어 소리를 100% 또렷하게 듣고 이해한다는 사실에 말없이 감격의 눈물을 흘리기도 하기 때문이다. 그때는 나도 덩달아 숙연해진다.

태어나서 처음으로 또렷하고 선명한 영어 소리를 듣는 그 기쁨, 그 소리를 듣기 위해서 바친 수많은 시간들…. 말로 다 표현하지 못할 그 심정을 나도 겪어봐서 잘 알기 때문이다. 그 제자의 감격 어린 눈물에서 내가 이 길을 걸어온 이유를 보게 되고 내가 겪은 아픔을 젊은 세대들은 겪지 않게 하겠다는 오래된 맹세가 내 속에 다시 한번 울려 퍼지는 것을 느낀다. 그러한 감격들이 없었다면 아마 험하고 거친 길을 참고 견디며 여기까지 오지 못했을 것이다.

요즈음에는 오랫동안 영어 공부를 했던 사람들이 많지 않아서 그런지 그런 장면이 점점 보기 힘들어진다. 100% 영어 소리를 듣게 되고 영어를 영어 그대로 이해하는 능력을 얻고 나서도 무감동한 표정으로 "뭐 내가 안 해서 그렇지. 원래 공부 좀 하면 당연히 그렇게 되는 것 아닌가?" 하는 사람들이 대부분이어서 개인적으로는 아쉬움과 조금 섭섭함이 있다.

28일, 110시간째 : 영어 뉴스를 듣다

영어 왕초보로 시작하여 발음도 이제 상당히 정착되고 단어 실력과 문장 이해력도 기초가 확실하게 쌓이며 스피킹도 되니 K는 아주 신이 나서 학습을 계속해 나가고 있었다. 단어 실력이 약하여 아직 조금은 공부하는 분위기가 나기는 했지만 그 외의 부분에서는 힘들게 참으며 억지로 하는 공부가 끝나 즐기면서 영어를 익히고 있으니 학습하고 있다는 표현을 쓰기도 조금은 애매했다. 내가 왕초보 수준에서 시작하여 영어를 학습하고 있을 무렵 K 수준 정도였을 때에는 교재 선택에도 조금 문제가 있었다. 그리고 완벽한 발음 함정에 빠져서 속된 말로 용을 쓰면서 힘들게 공부를 하였지만 나의 지도를 받은 K는 교재 선택에 실패할 일도 없고 발음도 한국인을 위한 최적의 발음 포인트를 10여 개 정도만 지도받아 가볍게 몇 일 만에 끝내고 신나게 영어를 즐기고 있었다.

스터디가 끝날 때가 다가오고 영어 단어만 제외하고 다른 분야의 기초가 충분히 쌓였다고 판단하여 이제부터는 영어 뉴스를 들어보라고 K에게 말하였다. 그러자 K는 "제가 영어 뉴스를 들으면 얼마나 들리겠어요? 그리고 들린다고 이해나 하겠어요?" 하고 믿기지 않는 듯이 말을 흐렸다. 그 다음 날 K는 쉬운 영어 뉴스도 아나운서의 말이 끝난 직후에야 문장이 이해된다고 아쉬워하면서도 영어 뉴스가 들리고 이해된다는 게 믿기지 않고 영어 뉴스를 듣는 것이 너무 재미있다고 무척이나 좋아하였다. 그리고 기본 학습 자료의 영어 오디오도 다 들리는 것 같고 the, as, in 같은 단어들도 모두 들린다고 말하며 한국말을 소리를 듣고 난 후에 해석을 따로 하지 않는 것처럼 영어도 소리에만 집중하여 듣는 것이 무엇을 의미하는지 이제는 완벽히 이해한 것 같다고 말했다. 영어 듣기의 핵심 테크닉을 완전히 이해하고 습관화하는 데 성공한 것이다.

  맨 처음 강의를 시작할 때 레벨 테스트 결과를 분석한다. 그리고 지도 기간에 실제로 가능한 개인 학습 시간을 물어보고, 현실적으로 필요한 학습 목적을 고려하여, 달성 가능한 목표 수준을 구체적으로 정해준다. 그러면 대부분의 제자들은 "그렇게만 된다면 얼마나 좋을까요" 하며 믿지 않는다. 그러다가 강의가 진행됨에 따라 짧은 시간에 너무 많은 실력의 향상을 경험하게 되어 나중에는 실력 향상에 조금 무덤덤해지는 경우가 많은데 K도 마찬가지였다.

  중학교 1학년 영어 실력으로 시작하여 28일 110시간 정도 지나 정상 속도의 영어 뉴스를 90% 이상 듣고 이해하는, 일반적인 한국 사람들이 생각하기에는 기적 같은 결과가 나왔는데도 생각보다 크게 기뻐하지는 않았다. 더구나 얼마 전 저녁 식사에서 외국인의 말을 듣고 이해했을 때의 기쁨에 비하면 상당히 차분하여 오히려 내가 조금 당황하였다. 그때 반응이 시원찮았던 데에 대한 복수를 하는 것 같기도 하였다. 어쩌면 어제 저녁에 혼자서 축배를 들고 새침을 떼고 있는 것인지도 모른다. 만약 그런 것이었다면 이제야 실토하는데 "K여! 그대는 완벽히 복수하였소."

32일째 : 왕초보! 토익 리딩 시간이 남다

  그런 반응들에 이미 조금은 익숙해져서 기분 좋은 씁쓸한 미소를 지으며 혼자 속으로 중얼거렸다. "역시 이번에도 시간이 갈수록 약효가 떨어지는구먼…." 그러나 마지막 강력한 약발이 기다리고 있었다.

나는 일반적으로 스터디가 끝날 때는 별도로 테스트하지 않는다. 스터디가 진행되는 도중에 일정한 결과가 나오는 경우가 많고 자신의 실력 향상은 본인들이 가장 잘 알기 때문에 구태여 테스트할 필요가 없어서이다. 그런데 K는 예외적으로 다른 제자들과 다르게 종강 테스트를 하기로 하였다. 영어 왕초보였던 K의 영어 단어 실력은 짧은 시간에 상당히 증가하였으나 애초의 실력이 너무 낮아서 아직 2,000단어 정도의 기초 단어 실력을 다 갖추지 못하였다. 그래서 스터디가 끝나고 혼자서 계속 학습을 해나가기 위한 구체적인 조언이 필요했다. K 자신도 장기적인 학습에 관하여 다양한 조언을 요청하고 있어서 전체적인 실력 수준을 객관적으로 점검할 필요가 있었다. 또 전체 강의를 통하여 내가 가장 면밀히 관찰해온 제자라서 정이 많이 들어 어느 정도 특별한 배려를 해주고도 싶었다.

종강 테스트 결과, 영어 발음은 원어민과 대화에 전혀 문제없는 수준으로 정착되었고, 원고 없이 진행된 3분 스피치도 비교적 양호하게 마쳤다. 그리고 자신이 대부분 아는 단어로 된 뉴스는 평균 90% 이상 듣고 이해하는 능력, 즉 단어만 다 알면 영어 뉴스를 100% 듣고 이해하는 능력을 갖춘 것이 다시 확인되었다. 며칠 전 학습 시간이 약 110시간 정도 되었을 때 영어 뉴스가 거의 다 들리고 이해된다는 K의 말이 있기는 했었다. 하지만 초보자의 경우 전혀 안 들렸던 영어 소리가 어느 정도 들리면 아직은 낮은 수준인데도 너무 기뻐서 "다 들린다"는 표현을 남발하는 경우를 많이 겪어 보아서 이날 약 10개 정도의 영어 뉴스를 들려주고 무슨 내용인지 잘 이해하고 있는지 확인한 후에야 비로소 공식적으로 인정한 것이다. 미루어 짐작건대 며칠 전 이미 90% 이상 듣고 이해했던 것이 분명하다.

초보자는 보통 자신을 점검하는 능력이 약하여 자신의 정확한 영어 실력을 잘 파악하지 못하는 데 K는 기분에 휘말리지 않고 자신의 수준을 정확히 파악하고 있었다. 바로 이해된다가 아니라 말이 끝난 직후에 이해되더라는 정확한 표현을 사용한 것이다.

또 모르는 영어 단어가 아직은 꽤 있는 고등학교 3학년 수준의 지문을 90% 이상 이해하면서 읽는 영어 리딩 속도가 분당 180단어를 넘어섰다. 원어민의 리딩 속도에 거의 육박한 것이다. 자신이 가장 관심 있던 영어 리딩 능력이 국내파 영어 학습자의 0.1% 이내에 도달한 것이다. 바로 이 능력 때문에 본인도 믿지 못하는 또 다른 결과가 하나 더 나오게 된다. 처음에는 K가 알고 있는 단어 수준의 영어 문장으로만 리딩을 테스트하려고 생각하였으나 아직 단어 수준이 낮고 시험을 보는 것도 아니어서 그 테스트 결과는 현실에서 별 의미가 없었다. 굳이 한다면 영어 문장들이 너무 단순해 리딩 속도는 더 증가하여 하나 마나 한 테스트가 되기 때문에 일부러 자신이 모르는 영어 단어가 꽤 있는 고3 수준을 택한 것이다.

단어 실력만 별도로 테스트해보니 중학교 수준의 영어 단어는 대부분 익혔고 고등학교 1학년 수준의 단어도 70% 이상 알고 있었다. 따라서 단어 실력은 대략 800~1,200개 정도 증가한 것으로 판단되었다.

마지막으로 객관적인 리딩 실력을 측정하기 위하여 토익 기출 독해 지문 두 개를 풀게 한 결과 문제 풀이를 전혀 해보지 않아서인지 함정 문제에 걸려 하나를 틀렸으며 6문제 중에서 그 하나를 제외하고는 다 맞았다. 사실 이 결과는 나도 조금 놀랐다. 문제를 준비할 때 '절반 정도는 맞지 않을까?'라고 예상했지만 6문제 중에서 함정 문제 1문제를 제외하고 5문제를 맞을 줄은 몰랐다. 더 놀라운 점은 토익 리딩 문제를 다 풀고도 제한 시간을 50초나 남긴 것이다. 일반적인 토익 수험생처럼 요령으로 푼 것이 아니라 단어 실력이 많이 부족한 상태에서 문제 풀이 요령 없이 지문 전체를 다 읽고 나서 문제를 풀다가 다시 지문을 보는 방식으로 풀었는데도 50초 정도 남은 것이다. 자신이 그렇게 원하던 독해 능력이 예상을 뛰어넘는 수준으로 완성된 것이다. 물론 단어 실력이 부족하여 모르는 단어가 꽤 있었기 때문에 내용을 100% 다 이해하지는 못했겠지만 문제의 정답을 찾을 정도의 수준으로는 이해한 것이다. 어느 정도 실력을 알고는 있었지만 모든 부분에서 나의 예상을 조금씩 뛰어넘었다.

영어 발음이 해결되고, 3분 스피치가 가능하고, 영어 소리를 100% 듣고, 원어민 수준의 리딩 능력을 얻고, 단어 실력은 1,000개 정도 상승하였고, 토익 리딩 시간이 남고…. 이 모든 것을 발음기호도 모르고, 중학교 1학년 수준에서도 모르는 단어가 많았고, 중학교 2학년 수준의 영어 문장도 잘 이해하지 못하던 한 중년이 32일 약 140시간 만에 이루어 낸 것이다.

테스트를 마치고 자신의 객관적인 실력에 대해서 자세히 설명해주고 독해 문제는 토익 기출문제라고 하니까 그때까지 무덤덤하게 듣고 있던

K는 그제야 "예? 내가 푼 문제가 토익 문제라고요?" 하며 믿기지 않는 듯이 눈을 동그랗게 뜨며 정말이냐고 몇 번을 물어보았다. 주변에 해외에 오래 있다가 온 친구 등 영어 실력자가 많아 영어 뉴스가 들려도, 영어 문장 이해력의 기초가 확실히 닦였어도, K는 자신의 영어 실력이 여전히 별 볼 일 없는 수준이라고 생각하고 있었다. 그런데 영어 실력이 불과 한 달 전까지 중학교 1학년 평균에도 못 미치던 자신이 푼 문제가 한 번도 응시해본 적도 없고 기본적으로 대학생 수준의 시험이므로 어렵다고 여기던 토익 시험 문제라는 말에 매우 놀라며 끝내 믿지 못하는 눈치였다. 모르는 단어가 좀 많아서 막연히 단어가 좀 어렵구나라고 느꼈을 뿐 문장 수준 자체에서는 별 어려움을 느끼지 못하고 풀었던 지문이 토익 기출문제라는 사실을 확인하고는 굉장히 뿌듯해하였다.

역시 한국 사람은 영어 뉴스가 들려도 영어 말문이 터져도 시험점수로 나와야만 좋아하는 모양이다. 나는 웃으며 속으로 짓궂게 중얼거렸다. "어? 웬일로 마지막에 약발이 좀 받네."

내가 지도한다고 모든 사람이 위와 똑같은 결과를 내는 것은 물론 아니다. 이 정도의 기초가 닦이고 나면 실력이 점점 가파른 속도로 상승하여 평생 경험해보지 못한 영어 실력 향상 속도를 계속 체험하게 될 것이지만, 중학교 1학년 영어 실력으로는 보통 200시간 정도 걸려야 이런 성과를 낼 수 있다. 기초 단어 실력이 약한 상태에서는 100% 이해하며 듣거나 읽을 수 있는 문장이 많지 않기 때문에 초기에 실력 향상이 더딜 수밖에 없기 때문이다. 비행기도 활주로를 천천히 달리기 시작하여 이륙을 마친 다음에야 하늘을 날 수 있는 것과 같은 이치이다.

그리고 하루 한 시간씩 140일이 아니라 한 달에 140여 시간이란 점을 간과해서는 안 된다. 한국어를 하루 종일 쓰는 상황에서 영어 실력을 크게 향상시키려면 기간을 길게 하는 것보다 단기에 몰입하는 것이 훨씬 효과적이다.

그렇다 하더라도 발음기호도 몰랐던 중학교 1학년 수준에서 단어는 고등학교 1학년 수준, 리스닝은 영어 뉴스를 즐기면서 대한민국의 모든 듣기 시험이 사실상 해결된 상태, 리딩은 모르는 단어가 많아도 토익 리딩 시간이 남는 수준, 스피킹은 영어 발음도 교정되었고 영어 초보는 확실히 벗어난 수준…. 이 모든 것을 이룬 것이다. 아마 중학교 1학년 학생이 토막 내는 시험 공부 방법으로 공부한다면 140시간에 고등학교 1학년 수준까지의 영어 단어를 익히는 것만도 벅찰 것이며 설사 익힌다 해도 조금만 시간이 지나면 또 까먹을 것이다.

내가 이끄는 대로 믿고 잘 따라 주었으며 본인도 집중력을 발휘하였기 때문에 가능한 것이다. 다만 추가로 100시간 정도만 더 확보할 수 있었다면 단어를 포함한 영어 전 분야의 실력을 완성 수준에 가깝게 만들 수 있었을 텐데 그렇지 못한 것이 조금 아쉬움으로 남았다. 또한 나는 영어를 지도하였지만 영어 외의 부분에서는 K에게 내가 배운 점들도 너무 많아서 지금도 K에게 아쉽고 감사한 마음이 남아있다.

K의 공개 학습 후기[1]

2014년 7월 12일 테스트로 학습을 마무리하여 그동안 학습 내용을 일괄적으로 정리하여 올립니다.

회사를 잠시 쉬고 있어 몰입하여 영어 공부를 하고자 시작하게 되었습니다. 갑자기 안 하던 공부를 하면서 약간 몸살이 나기도 하고 중간에 3일 정도 휴식을 취하고 기본 공부 시간 이외의 시간을 제 컨디션에 맞게 탄력적으로 변경하기도 하였습니다.

1) 총 학습 기간 : 6월 10(화) ~ 7. 11(금) 총 32일
2) 총 학습 시간 : 약 140시간

스터디 시작 시 평가받은 레벨과 내용

- 단어 : 중학교 1학년 2학기
- 문장 이해력 : 중학교 1학년 2학기
- 스피킹 : 왕초보
- 리스닝 : 완전 바닥
- 발음 : 그나마 좋은 편

---

[1] 지인들로 구성된 영어 임계점 후원회의 후원으로 스터디는 5기까지 무료로 진행되었는데 스터디 2기였던 K는 이 학습법이 널리 전파되기를 바라는 마음과 후배기수에 도움이 되기를 바라는 마음으로 나의 블로그에 댓글로 최초의 공개 학습 후기를 남겼다.

한 달 내에 도달 목표

1) 3분 스피치를 사전 준비 없이 한다.
2) 인터넷 국제판 중 관심 분야는 어느 정도 이해한다.
3) 어쨌든 영어 울렁증은 완벽히 극복한다.

최종 점검(7월 12일)

이런 테스트는 학교를 졸업하고 거의 처음이라 약간 정신도 없고 뭔지도 모르고 받았습니다. 듣기 문제 풀고, 리딩 문제 풀고, 단어와 발음 능력 체크하고, 3분 스피치, 뉴스 청취 체크 등…. 시험이 끝나고 선생님께서 독해는 토익 시험 기출 문제들이라고 하셔서 놀라기도 하였습니다. 토익 시험을 본 적도 없고 영어를 아주 잘하는 사람들만 보는 것이라고 알고 있었습니다. 그리고 리딩 테스트 때는 시간이 남아서 '아 조금 더 천천히 봐도 되는구나' 했는데 제 리딩 속도가 어느 정도 수준인지 설명해주셔서 조금 놀라기도 했었습니다. 처음 시작할 때 몇 문장 보는 것도 어려웠었는데요.

그동안의 실력 변화와 그에 대한 느낌

먼저 약 한 달 동안 제 영어 학습을 잘 이끌어주신 선생님께 감사드립니다. 처음 뵙고 레벨 테스트 받았던 날이 기억이 나네요. 긴 장문의 글을 2개 정도 주셨던 것 같은데요 "전혀 모르겠는데요"라고 답했었던…. 그리고 그렇게 영어 공부가 시작되었습니다.

저는 개인적으로 제가 필요로 하는 정보들이 주로 영어에서 얻을 수 있는 것들이 많았습니다. 주로 비디오나 책이었는데요. 잘 들을 수 없고 제대로 읽을 수 없으니 늘 답답했었습니다. 그래서 회사에 다니면서 중간중간 영어 학원에 다닌 적도 있고 책을 사서 보면서 혼자 공부하기도 했었습니다. 하지만 크게 실력 변화를 느끼지 못하기도 하고 직장생활에 쫓기다 보니 금방 포기하게 되더군요. 그렇게 몇 번의 과정을 거치면서 한날 남짓 여유가 있을 때 마지막 영어 공부라는 마음으로 학습을 시작하게 되었습니다.

사실 영어 공부가 늘 어렵다는 고정관념을 많이 갖고 있었기 때문에 처음에는 많은 것을 기대하기보다는 몰입하여 그동안 해보고 싶었던 영어 공부를 마음껏 할 수 있다는 기쁨이 더 컸습니다. 그렇게 영어 공부가 시작되고 아니나 다를까 한 문장 한 문장 이해해 나가는 것이 처음에는 너무 어려웠습니다. 그래서 매번 다음 과를 넘어가는 것이 두렵기까지 했었답니다.

하지만 제일 좋았던 것은 머리 아픈 문법 위주의 학습이 아니었기 때문에 그나마 정말 재미있게 할 수 있었습니다. 그런데 학습 시간이 조금 지나고 어느 시점에 갑자기 독해가 잘 되기 시작하더니 이제 단어만 다 알면 그냥 쉽게 볼 수 있겠다는 기분이 들더군요. 그러면서 편하게 읽다가 모르는 단어가 너무 많이 나오면 찾다가 번거롭다는 생각이 많이 들더라고요. 아고, 단어만 조금 더 알았더라면 하는 아쉬움도 많았습니다.

처음 영어 학습을 시작할 때 어떻게 100시간 정도에 뉴스 청취가 가능하고 3분 스피치가 가능할까 생각했었는데요. 이제 감이 잡히는 것 같습니다. 아마도 다른 언어를 배울 때도 이렇게 하면 되지 않을까 생각해봤습니다. 그리고 영어 울렁증에 관한 것인데요. 일단 지금은 알고 모르는 것과 관계없이 영어를 대하는 마음 자세가 편해졌고 내가 무엇을 알고 무엇을 모르는지 알게 되었다는 점 그래서 무엇을 보충해야 하고 어떤 연습을 더 해야 한다는 것을 알게 되었다는 것이 가장 큰 수확인 것 같습니다.

그리고 3분 스피치 때는 모든 문장을 완벽하게 문법에 맞추어 말할 수는 없지만 저도 모르게 문장 이해력이 쌓이고, 그동안 수없이 문장을 반복했더니 마치 버튼 누르면 나오는 무슨 게임처럼 말할 수 있게 되었다는 점입니다. 물론 문법도 약간 틀리고 어순이 좀 바뀌기도 하지만 예전에는 그것을 인식하고 수정하는데 엄청난 시간과 에너지가 들었다면 지금은 가볍게 인식하고 수정할 수 있게 되었다는 점. 누군가 "이게 틀렸어요"라고 하면 금방 바꿀 수 있는 가벼움(?) 같은 느낌이라고 할까요? 그러니 책을 봐도 금방금방 그런 것들이 눈에 들어오더군요.

아, 그리고 뉴스 청취는 들어보니 들리기는 참 많이 들리는데 모르는 단어가 많더라고요. 그리고 이건 약간 에피소드이긴 한데요. 어느 날 너무 머리가 아파서 영화를 한 편 보고 싶어서 플레이하는 순간 갑자기 두 사람이 두 가지 언어를 가지고 동시에 이야기하는 혼란스러운 순간이었습니다. 저는 자막을 보려 했고 뒷면에 영어가 들리니 신경이 쓰이더라고요. 최대한 자막에 집중하려고 노력하였습니다. 물론 모두 다 이해하는 것은 아니지만 이런 경험은 처음 해보는지라….

이제 앞으로의 영어 학습이 진짜 공부의 시작이 아닐까 생각합니다. 많은 문장 표현들을 익히고 발전시키려면 꾸준한 학습과 경험의 시간이 필요할 거라 생각됩니다. 하지만 예전과는 다르게 기초학습을 충분히 했기 때문에 어떻게 스케줄을 잡고 어느 정도 시간을 배분해야 하는지 매일 어떻게 학습을 해나가야 하는지 알게 된 것이 정말 다행인 것 같습니다.

이상 한 달 남짓 개인적으로 정말 기억에 남을 영어 학습 시간과 그 시간을 잘 이끌어주신 선생님께 다시 한번 감사의 말씀을 전하고자 합니다. 앞으로 스터디 하실 분들은 일단 100시간이라는 시간이 어쩌면 전체 인생에 있어서 그리 긴 시간은 아닐 거라 생각됩니다. 영어에 한이 있으시다면 그냥 한번 믿고 학습을 진행해 보신다면 그로 인해 무한한 것들이 펼쳐지는 경험을 하실 수 있으시리라 생각됩니다.

감사합니다.

3장
첫 번째 영어 정복

1. 거의 모든 시행착오

꿈을 포기하다

어느 추운 겨울 새벽, 서울 종로 명륜동의 한 하숙집 골목에서 술 냄새를 풍기는 20대 청년이 무언가를 잔뜩 쌓아놓고 불을 붙이고 있었다. 그 청년의 비통한 표정으로 보아 아마 실연을 당하여 연애 편지나 사진을 불태우고 있다고 생각할지 모르지만 그 청년이 불태우고 있는 것은 영어 회화 책과 테이프였다.

20대 본격적인 영어 공부 시작

20여 년 전 대학 시절이었다. 군대를 마치고 복학한 대학생들이 으레 그렇듯이 도서관에서 취업 준비에 열중하고 있었다. 취업 준비는 그때도 지금처럼 전공과 영어를 공부하는 것이었다. 다만 대부분의 입사 영어 시험이 문법과 단어 그리고 독해 위주였기 때문에 토익 시험 공부 위주인 지금과는 다르게 그 당시 정해진 영어 공부 순서는 성문 종합 영어, 토플 문법, 토플 독해, 독해 기출 문제집 그리고 22,000단어장과 33,000단어장을 정복하는 것이었다. 1년 남짓 열심히 공부한 결과 취업용 영어 실력이 완성되었다.

취업용 영어 실력이 충분히 닦이자 취업만 끝나면 영원히 고이 반납할 예정인 오로지 시험을 위한 영어 공부에 회의도 들고 졸업 후의 진로를 무역회사 취업으로 결정하였기 때문에 남은 대학 기간에 영어 회화 공부에 집중적으로 시간을 투자하기로 하였다. 당시에는 회화 능력이 있는 사람들이 너무 적어서 무역회사라 하더라도 입사시험은 일반 기업과 똑같이 필기 위주의 시험을 치르고 있었다. 하지만 무역회사에 근무하고 있던 선배들이 입사 자체가 목적이 아니라 국제 비즈니스를 제대로 배워 그 분야에서 성공하려면 어느 정도 회화 능력을 갖추고 입사하라고 한결같이 충고하였다. 그러한 충고가 없었더라도 상식적으로 생각해보면 당연히 갖추어야 할 기본 능력이었다.

영어 회화를 공부하는 사람도 많지 않았고 인터넷도 없던 시절이라 정보도 부족하여 남들이 하는 방법을 따라 원어민 회화 학원에 등록하였다. 그때는 서울에도 원어민 영어 회화 학원이 많지 않아서 1시간 가까이 걸리는 시내의 회화 학원에 등록하였다. 지금과 다르게 원어민 강사의 공급이 원활하지 않아서인지 그 당시 원어민 회화 학원의 수강료는 상당히 비싸서 하루 한 시간 한 달 학원비가 한 학기 대학 등록금의 1/3 정도 되었다. 경제적으로 넉넉한 편이 아니었기 때문에 장학금으로 돌려받은 등록금이 없었다면 학원 수강은 아마 엄두도 내지 못했을 것이다.

학원까지 통학하는 시간을 포함하여 하루에 3시간을 투자하여 2주일을 다닌 결과 단순히 학원 진도를 쫓아가는 수준으로 공부한다면 1년이 넘어도 내가 원하는 수준에 도달할 것 같지가 않았다. 학원의 수업 진행방식은 짧은 대화 문장을 암기하고 와서 돌아가면서 롤 플레이를 하고 간단한 문장 몇 개를 원어민 강사를 따라서 합창한 후 조별로 영어로 대화하는 것이었다. 조별 시간은 수강생들이 모두 언어 장애인이 되거나 말더듬이가 되는 시간이었다.

첫 번째 시행착오 : 상황별 영어 학습

  50분 수업 동안 내가 말할 수 있는 시간은 채 5분도 안 되었으며, 원어민 강사의 말을 듣는 시간도 5분이 안 되었고, 더듬거리는 콩글리시를 수강생끼리 주고받으며 대부분의 시간을 보냈다. 하루에 세 시간을 투자하여 10분도 안 되는 시간을 듣고 말하는 것이다. 이래가지고서는 몇 년을 다녀도 유창한 회화 실력을 갖출 성싶지 않았다. 결국 개인 학습을 따로 해야 하는데 그 요령을 알지 못하여 강사의 조언도 구하고 회화 실력을 좀 갖춘 사람들의 충고도 참조한 결과 한결같은 주장은 영어 회화책을 외우라는 것이다. 그 주장에 따라서 회화책 몇 권을 구입하여 하루에 몇 시간을 투자하여 달달달 암기하였다. 분명히 하지 않는 것보다는 스피킹 실력이 늘기는 느는데 아무리 외워도 조금만 시간이 지나면 까먹고, 더 큰 문제는 어렵게 외운 문장들을 말해볼 기회가 별로 없다는 것이다.

  그때나 지금이나 영어 회화책은 맨 처음 인사말로 시작하여, 여행, 쇼핑, 병원, 세관 통관 등 다양한 상황을 설정해 놓고 상황별 대화를 모아 놓은 것인데, 가상적인 다양한 상황을 상정하여 외운 영어 문장을 현실에서 들거나 말해볼 기회가 별로 없었기 때문에 아무리 완벽히 외워도 시간이 지나면 다시 잊어먹게 되는 것이다. 또 영어 회화 교재는 상황별로 몇 문장으로 대화가 끝나기 때문에 드물게 외운 문장을 말할 기회가 찾아와도 말을 시작한 지 몇십초만 지나면 외운 밑천이 바닥나 버렸다.

열심히 외울 뿐 외운 표현을 듣거나 말할 기회도 별로 없고 시간이 지나면 까먹을 뿐이었다. 밑 빠진 독에 물 붓기였다. 조금만 생각해보면 당연한 결과인데 한동안 그 까닭을 모르고 무작정 반복해서 외우기만 한 것이다. 그 이유를 발견한 뒤에 자주 대화할 수 있을 만한 주제만 발췌해 보니 몇 페이지밖에 되지 않았다. 그 몇 페이지를 완벽히 외우고 나서 다시 서점으로 향했다.

두 번째 시행착오 : 패턴별 학습

회화 교재 자체도 많지 않던 시절에 서점의 회화책을 다 훑어보니 모든 책들이 비슷비슷해서 새로 살만한 책이 없었다. 그런데 책 한 권이 눈에 확 들어왔다. '300문장이면 영어가 끝난다'라는 책을 펴보니 상황별 회화책보다 현실에서 사용할만한 표현이 더 많았고 이유는 알 수 없었지만 몇 문장을 속으로 읽어보니 금방 외워질 것 같았다. '그래 이것이다!' 하고 흥분된 마음으로 책을 사서 외워보니 정말 잘 외워졌다. 그런데 결과는 오히려 더 좋지 않았다. 분명히 상황별 회화책보다는 더 잘 외워지는데 잊어먹는 속도는 별 차이가 없었고 막상 대화하거나 발표하려고 하면 상황별 회화 교재에 있는 영어 문장들보다 오히려 더 기억이 안 나는 것이다.

초보자가 맨 처음 영어 회화 공부를 시작할 때 일반적으로 거치는 두 가지 시행착오를 모두 다 겪은 것이다. 분명히 금방 될 것 같아 열심히 했는데도 이상하게 실력이 늘지 않는 짧은 문장들로 이루어진 상황별, 패턴별 문장 암기에 시간과 에너지를 낭비한 것이다. 언어 습득 원리에 대한 기초적인 이해나 지식도 없고 우리의 두뇌는 조각난 파편보다 스토리를 훨씬 좋아한다는 상식도 없었기 때문이다. 영어도 한국어처럼 하나의 언어일 뿐인데 영어는 공부이고 영어 공부는 암기가 제일이라는 고정관념에 푹 빠져 있었다. 요즈음은 그나마 조금 나아졌지만 패턴식 교재는 기본적으로 문법책을 약간 펼치고 살을 붙여 편집한 것이다. 그러니 문법책을 달달 외우며 공부한 사람들의 입맛에 맞아 순간적으로 잘 외워진 것뿐이었으며 상황별 문장에 비하면 최소한의 스토리도 없기 때문에 완벽히 외웠어도 막상 말을 해보려고 하면 잘 떠오르지 않는 것이다.

'구슬이 서 말이라도 꿰어야 보배'라는 말처럼 단어와 문장들이 탄탄한 스토리 속에 조화를 잘 이루고 있어야 암기하기도 쉽고 내용도 잘 떠오르고 다양한 표현으로 응용하기도 쉽다. 그리고 완벽히 암기하지 않아도 대충의 내용이 떠올라 비슷한 상황에서 사용할 수가 있는데 패턴식 회화책은 아예 스토리가 없는 쪼가리 글에 불과하고 상황별 회화책은 상황과 주고받는 대화만 있어서 스토리가 탄탄하지 못하기 때문에 암기하기도 어렵고 겨우 암기를 해도 기억이 잘 나지 않는다. 독자 여러분이 아래 문장을 한 번 외우고 응용해서 말해보시기 바란다.

- 패턴식

밥 먹었니? 물 먹었니? 야 먹었니?
그래 잘 가. 그래 잘 가라. 그래 잘 자라

나는 슬펐다. 나는 마음이 아팠다. 나는 다리가 아팠다

• 상황식

너 밥 먹었니?
응, 먹었어.
그래 잘 가라.
나는 마음이 아팠다.

• 스토리가 있는 문장

어제 그 친구를 보내면서 물어보았다. "너 밥은 먹었니?" 그 친구는 "응 먹었어"라고 대답했다. "그래 잘 가라"라고 말하면서 나는 마음이 아팠다. 요즈음 그 친구 형편으로는 식사를 거른 것이 분명한데 친구의 자존심을 위하여 모른 체하였다.

위 문장들을 완벽히 외우기에는 아마 상황식이나 패턴식이 쉬울 것이다. 그것은 오로지 짧기 때문이다. 그러나 외운 뒤 하루만 지나도 다 기억하기는 쉽지 않을 것이다. 반면에 스토리가 있는 문장은 문장이 훨씬 긴데도 한 번만 읽어도 어느 정도 내용이 기억되고 며칠이 지나도 대체로 내용이 떠오를 것이며 이런 문장을 반복하여 학습하면 꼭 필요한 부분을 제외하고는 굳이 암기하지 않아도 다양한 상황에서 응용하여 사용할 수 있을 것이다. 그리고 한 달쯤 지나면 스토리가 있는 문장을 제외하고 상황식이나 패턴식의 문장은 아예 기억이 나지도 않을 것이다.

요즈음 미국 드라마나 영화로 영어를 학습하는 학생이나 직장인이 많이 있는데 열심히 해도 조금만 시간이 지나면 아주 인상적인 대사 외에는 거의 다 까먹고 생각보다 실력이 늘지 않는다는 글들을 인터넷에서 자주 볼 수 있다. 그 원인이 여기에 있는 것이다. 드라마나 영화 대사로 영어 회화를 학습하는 것은 상황별 영어 회화 학습과 별반 차이가 없다. 드라마나 영화가 탄탄한 스토리를 갖추고는 있지만 그것은 배경 장면이나 배경 음악, 동작 그리고 표정 등 언어 외적인 스토리이고 언어적인 스토리가 너무 약하여 장면이나 표정으로 이루어진 스토리는 기억이 나는데 대사는 죽어라 암기해도 조금만 지나면 기억이 잘 나지 않는 것이다.

드라마나 영화 대본은 회화용의 학습서로서는 효율이 낮고 중급 이상의 실력을 갖춘 사람들이 즐기면서 학습하는 용도로만 효율이 있을 뿐이다. 특히 초급자는 그러한 학습에 시간을 낭비하면 세상의 유행을 한 번 따라가 보았다는 만족감 외에는 얻는 것이 별로 없다.

이런 까닭에 달달달 외우며 학습한 단어장이나 문법책 그리고 상황식, 패턴식 회화책은 1년 정도만 지나도 첫 페이지 외에는 기억이 나지 않는데 따로 외우지도 않은 영어 교과서의 본문 중 스토리가 탄탄한 글들은 10년이 지나도 책을 펼치면 어렴풋이 생각나는 것이다. 우리의 두뇌가 기억과 언어 습득에 관하여 좋아하는 것은 스토리이기 때문이다. 우리 두뇌가 스토리를 좋아하기 때문에 실제 인생에서도 우리는 나만의 스토리를 만들기 위해 노력하는 것이다.

참고로 이런 패턴식, 상황별 교재가 전혀 필요 없는 것은 아니다. 스토리가 있는 글이 모든 영어 문장 패턴이나 모든 상황을 다 커버하는 것은 아니기 때문에 어느 정도 기초 실력을 탄탄히 갖춘 후에 자신이 추가로 필요한 상황이나 패턴만 발췌하여 학습할 때는 효과가 있다. 또 유난히 말로 잘 나오지 않는 문장 패턴이 있는 경우 유사한 패턴문장들을 여러 차례 반복하여 해결할 필요가 있다. 이때 필요한 부분만 암기하거나 여러 차례 소리 내어 읽으면 기초가 갖추어진 상태이고 자신에게 필요한 상황이기 때문에 별달리 노력하지 않아도 금방 암기가 끝난다. 실력자가 마치 사전처럼 필요할 때 필요한 부분만 학습하면 되는 보조 교재를 초보자가 무리하게 통째로 암기하려 하니 효과가 없는 것이다. 초보자가 패턴식이나 상황식 교재를 암기하는 모습을 보면 사전을 씹어 먹으며 단어를 암기했다는 까마득한 옛날의 '전설 따라 삼천리'를 현실에서 다시 보고 있는 것 같은 기분이 든다.

세 번째 시행착오 : 통째로 외워라

이것만 하면 될 것 같고 양도 적어서 외우기에도 부담이 없어 보이는데 용을 쓰며 겨우 외워도 그 노력과 고생에 비하면 별 효과가 없는 학습법으로 소중한 시간과 에너지를 낭비한 것이다. 수고는 많되 얻는 것이 없는 삶이 시작된 것이다.

상황별 영어 회화 문장들, 패턴식 영어 회화 문장들…. 앞뒤가 잘 연결되지 않아 스토리도 제대로 없는 조각난 짧은 영어 문장 외우기에만 매달리는 동안 두 달 반이 흘러갔다. 하루에 몇 시간씩을 인내력을 가지고 열심히 외워 나갔으나 현실에서 거의 사용할 일이 없는 표현까지 몽땅 외웠으니 시간이 지나면 그저 사라질 뿐이었다. 1페이지를 완벽히 외우고 10페이지쯤 진도를 나가면 앞부분부터 서서히 기억에서 증발하여 버렸다. 밑 빠진 독에 물 붓기였던 것이다.

두 번의 시행착오로 두 달 반이 흘러가고 하루에 몇 시간씩을 열심히 외우며 공부했는데도 실력이 더디게 늘어서 심리적으로 위축이 되기 시작했다. 물론 전혀 안 한 것보다는 실력이 늘었다. 그러나 그 정도 속도로 실력이 향상된다면 1년은 해야 겨우 초급을 면하는 수준의 영어 실력을 갖출 수 있을 것 같았다. 첫 번째 포기의 유혹이 찾아왔다. '정말 한국에서 영어 실력을 늘리는 것은 불가능한 것은 아닌가?' 하는 회의에 사로잡혀 반쯤 포기하는 마음이 들었다.

지푸라기라도 잡는 심정으로 습관처럼 다시 대형서점에 가서 이책 저책을 뒤적이는데 한쪽 구석에 있는 책이 눈에 들어와 펼쳐보니 다른 회화책과 다르게 영어 학습법에 대한 저자의 주장이 몇 페이지에 걸쳐서 실려 있고 그 주장의 핵심은 짧은 문장을 외워서는 아무런 쓸모가 없으니 긴 문장을 외우라는 것이었다. 두 차례의 시행착오로 약간의 선구안이 생겨서 저자의 주장이 어느 정도 타당하다는 확신이 왔다. 그런데 그런 주장을 하는 저자의 책도 장문이라기보다는 문장 몇 개를 묶어 단문을 겨우 면한 수준으로 명언이나 유명 연설문의 일부분 등 조각글로 가득 채워져 있었고 단어 실력이 탄탄한 나도 모르는 단어가 적지 않았다. 그래서 그 책을 사지는 않았지만 그 저자의 주장을 몇 차례 곱씹어 본 후에야 그동안 노력에 비해 왜 실력 향상이 더뎠는지 조금은 이해되었다.

두뇌는 스토리를 좋아한다는 상식은 아직 없었지만 암기 위주의 대학 입시를 겪은 사람으로서 잘 안 외워지는 한국어 단어들도 줄거리가 있는 문장으로 만들어 외우면 더 잘 외워지지 않느냐는 저자의 주장은 설득력이 있었고 경험적으로나 상식적으로나 이치에 맞게 느껴졌다. 몇 번을 생각해보아도 그 주장은 타당하게 여겨지고 내가 아는 한 그 방법 외에는 시도할 다른 방법도 없어서 그 방법에 따르기로 하였다. 다만 진짜 장문을 외우기로 하였다. 그래서 당시에 모 출판사에서 시리즈로 발간하고 있는 영어 소설책 가운데 내가 모르는 단어가 많지 않은 책 중에서 가장 높은 수준의 영어 소설책 한 권을 골라 열심히 외워 나갔다.

다만 나는 암기력이 그렇게 좋지 않고 인내력도 별로인 사람이기에 새로운 발견으로 기쁘거나 자신감이 넘쳐나지는 않았다. 왠지 어두운 긴 터널 속으로 걸어 들어가는 것만 같았다. 모르는 것이 약이라고 어쩌면 마음 속 한 편으로는 그 책을 발견한 것을 후회했었던 것 같기도 하다. 말이 쉽지, 100페이지가 넘는 책을 통째로 외우는 일에 도전한 것이다. 돌아보면 젊음이 참 좋은 것 같다.

스토리가 있어서 그런지 짧은 문장으로 된 패턴식 교재나 상황별 영어 교재보다는 확실히 더 잘 외워졌다. 그러나 결국 영어 문장 외우기 학습을 시작한 지 2주 만에 포기하고 말았다. 너무 힘들었다. 나는 암기 천재도 아니고 불굴의 인내력을 가진 위대한 영웅도 아닌 평범한 사람이라는 사실을 확인했을 뿐이다. 편집하였다기보다는 거의 새로 쓰다시피 하여 원작의 맛도 잘 느껴지지 않아 별 감동도 없는 소설 100여 페이지를 통째로 완전히 외운다는 것은 생각보다 쉬운 일이 아니었다. 다만 이대로 포기하기에는 너무 억울해서 10번만이라도 읽자고 다짐하고 읽어 나가는데 5번을 넘게 읽자 다 아는 내용을 반복해서 읽는 것이 너무 지겨워서 오기로 소리내어 읽으며 10번을 모두 채웠다. 그런데 신기한 일이 일어나기 시작했다. 영어 스피킹 실력이 늘어나는 것을 분명히 느낄 수 있었다. 10번만 읽어도 이 정도이니 정말 다 외워버린다면 금방 영어를 정복할 것만 같았다. 그러나 도저히 다 외울 자신이 없어서 5페이지 정도만 외운 상태에서 어느 정도 스피킹에 자신감이 생겨나자 언제나 가볼까 하고 꿈에 그리던 이태원에서 실전 실력을 테스트하기로 하였다.

나중에 이 부분은 더 자세히 다루겠지만 이때의 스피킹 실력 향상은 소리 내어 읽기에 의한 것인데 언어 습득 원리에 대한 지식이 전혀 없어서 암기에 의한 효과로 오해하고 있었다. 만약 이때 소리 내어 읽기에 의한 효과라고 인식하면서 학습하였다면 스피킹 실력은 더 빨리 늘어났을 것이며 나중에 리스닝 정복 때도 시행착오를 많이 줄일 수 있었을 것이다. 뿐만 아니라 리딩 능력도 빠르게 늘어났을 것이다. 정확한 발음으로 소리 내어 읽지도 않았고 문장 하나하나를 영어 그대로 음미하며 읽지도 못한 채 암기에 의한 효과라고 착각하여 한국어로 해석하며 오직 한 문장이라도 더 암기하는 데만 급급하였다.

나름 심사숙고하여 비슷한 다른 시행착오에 빠지지 않은 것은 다행이지만 소리 내어 읽기 학습법을 제대로 알지도 못하였으니 교재 선택에도 결정적인 문제가 있었다. 회화 실력이 아직 초급 수준인 사람이 지나치게 수준 높은 교재를 선택한 것이다. 단기에 집중하여 단어 실력만을 올릴 목적일 때를 제외하고 모든 언어 학습서는 자기 수준보다 약간만 높은 교재를 선택하여야 한다. 그러나 듣기나 말하기 학습을 할 때는 초급자인 경우 오히려 자기 수준보다 2~3단계 낮은 수준의 교재를 선택하여 반복 학습하며 기초 공사를 튼튼히 한 다음에 점차 수준을 높여가야 한다.

그런데 여기서 영어 실력과 관련하여 자기 수준이라는 말을 정확히 이해해야 한다. 이것은 영어 학습에서 아주 중요한 부분이며 자기 수준이라는 말을 제대로 이해하지 못하고 학습하면 학습 효과가 하늘과 땅만큼 차이가 나서 수고는 많되 얻는 것이 없는 공부가 된다. 영어 단어 실력만을 늘리거나 한국어로 해석하는 능력만을 높이려 할 때는 자신의 독해 실력이나 영어 단어 실력보다 약간 높은 수준의 교재를 선택하는 것은 당연하다. 그러나 한국의 영어 학습자 대부분은 단어, 문법 그리고 독해 실력은 대학생 수준이어도 중1~2 수준의 영어 소리도 100% 또렷이 듣지 못하거나 유창하게 말하지 못하는 경우가 많다.

또 영어를 한국어로 해석이나 번역하지 않고 영어 그 자체로 이해하고 받아들이는 영어 문장 이해력은 아예 제로 수준인 경우가 대부분이다. 그러므로 영어 문장 이해력[1]을 높이거나 리스닝 능력이나 스피킹 능력을 높

---

1) 영어를 번역하지 않고, 영어 그대로 이해하여 영어 문장을 빠르고 정확하게 이해하는 능력. 영어 문장 이해력은 영어 실력을 급속도로 향상시키고 영어 임계점을 단기에 돌파하여 영어를 재미있게 학습하여 영어 시험도 실용 영어 회화도 **빠르게** 해결하고 준 원어민적인 영어 실력을 갖추기 위한 굉장히 중요한 개념이다. 이에 관해서는 뒤에 자세히 다룬다.

이러면 자신의 영어 문장 이해력 수준, 자신의 리스닝 능력, 스피킹 능력 수준에 맞는 교재를 선택하여야 한다.

주변을 돌아보면 천천히 읽어야 겨우 이해할 수 있는 수준의 어려운 영어 문장을 가지고 듣기 연습을 하거나 잘 이해도 안 되는 영어 문장들을 죽어라고 외우는 영어 학습자가 너무 많다. 잠깐만 생각해 보시라. 눈으로 천천히 읽어도 꽉꽉 이해가 안 되는 수준의 영어 문장을 빠르게 흘러가는 영어 소리만 듣고 과연 이해할 수가 있을 것인지.

나는 아직 중학교 1~2학년 수준의 문장도 유창하게 말하지 못하고 있었으며 독해나 단어 공부를 하는 것이 아니라 스피킹 공부를 하고 있었으므로 첫 교재는 중학교 1~2학년 수준으로 선택하여야 하는데 자신의 단어 능력에 맞추어 대학생 수준의 교재를 고른 것이다. 마치 축구는 잘하지만 50킬로그램 역기도 들기 어려운 사람이 자신은 운동을 잘한다고 생각하여 100킬로그램 역기로 연습을 한 셈이었다.

또 회화를 하겠다는 사람이 스피킹용 교재로 고른 책이 국내에서 편집한 소설이라는 것도 크게 잘못된 것이다. 지금은 많이 나아졌지만 전혀 형편이 달랐던 그 당시에는 엄청난 시행착오인 것이다. 국내에서 편집하였어도 어려운 단어가 빈번하게 등장하는 문장이나 한국인이 이해하기 힘든 어려운 문장들만 편집하고 그 외의 부분은 원문대로 출판하는 형식의 편집은 큰 문제가 없지만 원문의 줄거리만을 바탕으로 삼아 전면 편집한 출판물은 사실 편집이 아니라 국내 창작물이다. 따라서 만 부도 팔리기가 쉽지 않은 국내에서 창작된 영어 교재는 상식적으로 그 질적 수준을 짐작할 수 있다. 물론 잘 편집된 책들도 있지만 초보자는 선별할 능력이 없어 어떤 책이 잘 편집된 책인지 알 수가 없다. 알지도 못하고 설사 안다고 하더라도 판단 능력이 없다. 그래서 숱하게 막히고 갇히는 것이며 열심히 영어 공부를 해도 실력이 늘지 않으니 그렇게 영어는 어렵다는 신화가 탄생하는 것이다.

또 소설은 기본적으로 문어적 표현이나 문어체가 기본을 이루고 너무 흔한 표현은 식상하기에 현실에서는 잘 접하기 어려운 단어나 표현들도 자주 등장한다. 또한 "언어학자는 문법을 만들고 작가는 문법을 파괴한다"는 말처럼 문법을 잘 지킨 글은 교과서처럼 딱딱하고 밋밋하여 재미가 없기 때문에 소설류는 문법에서 벗어난 문장이나 삽입, 생략, 도치 등 어려운 문법 구조가 자주 등장하여 기본 문법 감각도 약한 초보자용으로는 적합하지 않다. 다만 소리 내어 읽기용이 아닌 리딩 능력 강화용으로만 사용한다면 문제가 없다.

그런데 요즈음 일부 사람들이 소설 중에서도 현실성이 훨씬 더 떨어지는 단어나 묘사가 빈번하게 등장하는 판타지류의 소설이나 일반 한국의 영어 학습자 입장에서 모르는 단어가 너무 많이 등장하는 소설 등을 추천하는 경우가 있는데 이런 종류의 책은 영문 소설을 읽는 것이 취미인 사람, 번역 작가, 영문학 전공자 그리고 원어민 국가로 이민갈 사람을 제외하고는 리딩 능력 강화용으로도 바람직하지 않다. 여러 가지 이유가 있지만 가장 큰 이유는 평범한 학습자 입장에서는 모르는 단어가 너무 많이 등장하여 단어 익히기에 대부분의 에너지와 시간을 빼앗겨 리딩 능력이나 영어적인 감각을 키우는데 적합하지 않기 때문이다. 또 그런 단어들은 그런 종류의 소설 읽기를 멈춘 순간부터 현실에서 접할 기회가 거의 없어서 시간이 조금만 지나면 잊어먹게 되어 외우나 마나가 된다.

　기본적으로 소설뿐만 아니라 원어민이 쓴 원서는 초급자에게는 대부분 학습용으로 적합하지 않다. 원어민의 원서는 해당 언어를 이미 마스터한 원어민들이 즐기기 위한 것이라서 해당 언어를 학습하는 용도로는 적합하지 않은 요소가 많기 때문이다. 원서를 자신의 독해 실력에 맞추면 단어가 너무 어렵고, 단어 수준에 맞추면 문장이 너무 단순하여 학습용으로는 가치가 없는 경우가 대부분이다. 어려서부터 바다에서 자란 사람은 깊은 바닷물이나 강물에서 아무런 두려움이나 어려움 없이 수영한다. 그러나 이제 수영을 배우기 시작한 사람이나 겨우 풀장에서 수영해본 사람이 깊은 바닷물이나 강물에서 함부로 수영하다가는 잘못하면 익사하여 생명을 잃을 수 있다. 영어 학습에서 익사한다는 것은 영어 학습을 포기하는 것이다.

　효율적인 방법으로 기초부터 탄탄히 실력을 쌓아 종합적인 영어 실력을 갖추고 나면 영어 문장을 한국어와 비슷한 속도와 정확도로 읽고 이해할 수 있으며 리스닝과 스피킹 그리고 문법도 어렵지 않게 해결된다. 그 단계를 지나면 목이 마른 것은 자신이 필요한 분야에서의 단어 실력뿐이다. 그래서 단기에 종합적인 영어 실력을 탄탄히 쌓은 제자들이 종강 때에 이구동성으로 하는 말은 "이제 단어만 조금 더 익히면 끝날 것 같아요"이다.

듣기, 읽기, 말하기, 쓰기, 문법 등 영어의 모든 분야에서 단어 실력이 가장 근본이 된다. 그런데 단어 실력을 늘리려면 어느 정도 시간이 필요하다. 물론 아주 빠른 속도로 단어 실력을 향상시킬 수 있는 방법이 있기는 하지만 현재는 이런 목적으로 사용할 수 있는 영어 학습 교재가 전무한 실정이므로 상당히 시간이 걸린다. 따라서 수험목적이든 회화목적이든 자기가 필요한 분야의 단어가 자주 등장하는 글을 읽어야 불필요한 에너지 낭비와 시간 낭비가 없는 것이다. 현재 단어 실력이 약한 초급자도 짧은 시간에 영어 단어 실력과 독해 실력 그리고 리스닝과 스피킹 능력까지 향상시킬 수 있는 교재를 계속 집필중이며 곧 출판될 예정이다. 이러한 책들이 출판되면 그런 목마름이 조금은 해결될 것으로 기대한다.

나는 장문을 통째로 암기하는 방식으로 학습한 것은 이 5페이지가 처음이자 마지막이었지만 언어 습득 원리를 이해한 후에는 통째로 장문을 암기하는 방법은 스피킹, 리스닝, 리딩, 그리고 작문에 모두 도움이 되는 학습법이라고 생각한다. 다만 몇 가지 단서가 붙는다. 첫째, 적절한 발음 교정이 반드시 이루어져야 한다. 둘째, 암기 교재가 현실적인 탄탄한 스토리를 갖추어야 하며 문어체와 구어체가 적절히 조화를 이룬 비교적 문법을 잘 지킨 글이어야 한다. 셋째, 100페이지 이상 되는 글을 완벽히 암기할 수 있어야 한다. 넷째, 해석하며 암기하면 다 암기하여도 그 효율이 훨씬 떨어지니 영어 그대로 음미하고 이해하며 암기하여야 한다. 이 조건들을 충족할 자신이 있다면 추천하고 싶은 학습법이다.

불행하게도 나는 그 정도의 암기력과 인내력을 갖추지 못한 사람이었기 때문에 오히려 영어 회화에 대한 두려움만 더 커졌다. 영어를 정복하는 것은 100페이지 이상의 장문을 완벽히 외우는 것이 유일한 길인 것 같은데 나는 도저히 그 분량을 완전히 암기할 자신이 없었다. 그래서 영어 회화를 처음 시작할 때의 영어 정복에 대한 열정은 순식간에 사그라지고 초급 수준을 면한 것만으로 만족한 채 적당히 타협하고 물러설 준비를 한 것이다.

첫 번째 각성 : 듣지 못하면 대화할 수 없다

외국인들이 주로 가는 이태원의 바를 몇 군데 알아낸 후 나의 실전 영어 스피킹 실력을 테스트하러 드디어 이태원으로 향하였다. 이태원에 가기 전에는 최근에 급속히 향상된 나의 스피킹 실력이 어느 정도 검증만 되면 적당히 만족하며 물러설 마음의 준비를 한 상태였다. 100페이지 이상이 되는 문장을 통째로 완벽히 암기할 자신도 없고 "영어 회화를 잘하면 좋지만 초급 수준만 면하고 입사해도 업무에 큰 지장은 없다"는 선배들의 마지막 격려가 달콤한 위로가 되었다.

그런데 전혀 예상치 못한 복병을 만났다. 몇 분 정도는 아무런 문제가 없었다. 체계적으로 발음을 배운 적은 없었기 때문에 그 당시 내 영어 발음은 원어민이 알아듣기에는 결코 좋지 않았다. 그러나 스피킹 훈련 초기에 원어민 강사의 도움으로 중요한 발음들을 약간은 교정하였고 나의 대화 상대방인 원어민들은 한국인의 콩글리시 발음에 조금은 익숙한 사람들이었기에 실전에서 치명적인 문제는 없었다. 다만 알아듣기 쉽지 않은 나의 발음 때문에 그들이 내 말을 들을 때 인상을 쓰면서 듣는 경우가 종종 있었다.

 그들도 영어를 잘한다고 치켜세워 주었고 잠시나마 우쭐한 기분이 들었다. 그러나 대화가 진행됨에 따라 그들이 쓰는 문장이 조금씩 길어지고 말들이 빨라지면서 내 얼굴은 빨개지고 등에서 식은땀이 나기 시작했다. 어떤 경우에는 처음의 몇 마디 외에는 아예 알아듣지 못했다. 그렇다고 그들이 슬랭을 과다하게 쓰거나 일부러 어려운 표현을 사용하고 발음을 심하게 굴리는 것 같지는 않았다. 가끔 더듬거렸지만 말하는 데에는 큰 문제가 없는데 알아들을 수가 없는 것이다. 청각 장애 영어를 하고 있었던 것이다. 동문서답식의 대화를 억지로 더 진행해 보았으나 잘 알아들을 수 없는 상황은 끝내 변하지 않았다.

 그 뒤로 몇 차례 더 찾아가 보아도 마찬가지였다. 학원의 원어민 강사의 말은 듣고 이해하는 데 거의 문제가 없는데 막상 실전에서는 잘 들리지 않는 것이다. 다음날 학원에서 학원 강사의 말을 주의 깊게 들으며 그 원인을 찾아보니 허탈하게도 그것은 당연한 현상이었다. 원어민 강사는 한국어가 서툴러 간단한 인사를 제외하고는 영어로 대화를 할 수밖에 없고 그 당시 수강생들의 리스닝 능력은 지금에 비하면 훨씬 낮은 수준이었다. 따라서 수강생들이 잘 알아듣지 못하면 수업 진행 자체가 불가능하고 수강생들의 탈락률도 높아져 자신의 수입에도 문제가 생기기 때문에 원어민 영어 강사는 최대한 천천히 또박또박 발음하고 단어나 문장도 아주 쉬운 표현만 사용하며 표정이나 손동작 등 바디 랭귀지를 최대한 사용하여 말하는 것이었다. 돌이켜 생각해보니 학원 수강 1주일 정도가 지난 뒤부터는 강사의 말을 이해하는 데 거의 문제가 없었던 것 같다.

　원어민 강사의 말을 이해하는 데 어려움이 없어서 오직 스피킹 실력만 늘리면 될 것으로 생각하고 스피킹 실력만 어느 정도 검증되면 적당히 물러날 준비를 하였는데 커다란 장벽이 나타난 것이다. 영어 리스닝이 더 문제였다. 원어민을 흔하게 접할 수 있고 영어 오디오 자료도 넘쳐나고 중학생 때부터 리스닝 시험을 보는 요즘 같으면 상식 밖의 우스운 착각을 하고 있었던 것이다. 그러나 그 당시에는 현실에서 자주 원어민을 접하는 특수한 사람들을 제외하고는 처음 영어 회화를 시작한 사람 대부분이 경험하는 착각이었다.

　고액의 수강료에 하루 세 시간을 투자하고 10분도 안 되는 대화를 하면서도 학원을 계속 다닌 이유가 최근에는 주로 듣기 때문이었는데 리스닝 학습 효과가 거의 없다면 더 이상 학원에 다닐 필요가 없어서 원어민 회화 학원을 그만두었다. 소리 내어 읽기 학습법의 효과를 문장 암기법의 효과로 착각하여 영어 문장을 음미하며 영어로 소리 내어 읽는 것 그 자체에 집중하기보다 오직 암기에만 급급하여 학습 효율이 아주 높지는 않았다. 하지만 그 이전에 비하면 빠른 속도로 스피킹 실력이 늘고 있어서 스피킹을 위해서는 더 이상 학원 수강을 할 이유가 없었기 때문이다.

　그렇다고 학원 수강이 전혀 효과가 없었던 것은 아니다. 원어민을 접할 기회 자체가 적었던 시절에 원어민에 대한 울렁증을 확실히 극복했고 수강생 대부분이 직장인이었던 관계로 결석하지 않고 꾸준히 수강하는 것만도 벅찼던 다른 수강생들에 비하면 열심히 개인 학습을 할 수 있었던 나는 그 반에서 스피킹 실력이 상당히 우수한 편이었다. 그래서인지 "말하기 능력은 빨리 느는데 발음에 문제가 좀 있다"며 강사가 관심을 가지고 틈만 나면 발음 개인 지도를 해주어서 일부 발음들을 힘들이지 않고 어느 정도 교정한 것도 큰 소득이었으며 발음에 대한 관심도 생겨났다.

그리고 국내에서 한국인과 영어로 대화해 본 경험이 전혀 없는 원어민은 한국인의 전형적인 영어 발음을 듣고 이해할 수 없는 경우가 많으며 몇 사람 이상의 한국인과 영어로 대화한 후에야 한국인의 영어 소리를 듣고 이해한다는 사실도 알게 되었다. 강사 자신도 그랬으며 다른 강사들도 대부분 그렇다는 것이다. 한국에 온 지 반년쯤 된 그 강사는 이제는 잘 알아듣는다고 하였다. 이 사실은 이 책에서 주장하는 학습법을 완성하는 데 중요한 역할을 하게 된다.

나중에 이 경험을 돌아보고 소리 내어 읽기는 적절한 수준의 발음 교정이 이루어져야 실제 현실에서 스피킹에 도움이 되며 그렇지 않으면 한국인이나 한국에 거주하는 원어민만 이해하고 정작 현지 원어민은 잘 알아듣기 힘든 이상한 영어가 될 수도 있다는 것을 알았다. 또 그저 자신의 발음을 따라 하라고만 하는 원어민의 발음 지도는 지도받는 사람이 문제의식을 느끼고 거꾸로 강사를 컨트롤하지 못하면 아무런 소득이 없다는 것도 알게 되었다.

영어 리스닝 실력을 정확히 점검하기 위하여 당시에 가장 일반적인 오디오 자료인 토플 오디오와 영어 뉴스를 들어본 결과 나의 리스닝 능력은 상당히 충격적이었다. 일단 소리 자체가 정확히 들리지 않은 부분도 너무 많았고 전체적으로 절반 이상 이해되는 경우가 거의 없었으며 어떤 경우에는 거의 들리지도 이해되지도 않았다.

그 당시에는 영어를 한국어로 해석하거나 번역하지 않고 영어를 영어 그대로 이해하는 영어 문장 이해력이라는 말을 알지도 못했다. 또한 영어 문장 이해력이 아주 낮았고 일부는 발음이 조금 교정되었으나 여전히 발음에도 문제가 많이 있었고 영어 듣기 학습을 본격적으로 해본 적도 없으니 어쩌면 당연한 결과인데도 충격이 상당히 컸다. 처음 회화 공부를 시작할 때는 단어, 독해, 문법의 실력을 상당한 수준으로 갖추었으니 6개월 정도 열심히 하면 유창한 회화 실력을 쌓을 수 있다고 가볍게 생각하였다. 그런데 주말도 없이 4개월을 열심히 하였는데도 스피킹만 초급 수준을 벗어난 상태이고 리스닝은 거의 안 들리는 수준인 것이다. 내가 원하는 수준의 리스닝과 스피킹 실력을 갖추기 위해서 앞으로 얼마나 더 시간을 투자하여야 하는지 예측할 수도 없었다. 암담한 심정으로 회화고 뭐고 다 포기하고 싶었다.

겨우 마음을 추슬러 주변에서 영어 리스닝 실력이 뛰어난 몇 명을 만나 리스닝 학습법에 대하여 조언을 구하였다. 그들은 대체로 "들릴 때까지 오랫동안 꾸준히 들어라", "집중력이 떨어질 때는 딕테이션(받아쓰기)하라"고 충고하였고 그 당시 막 유행하기 시작하던 듣기용 교재들도 서문에서 똑같은 주장을 하고 있었다. 스스로 생각해 보아도 안 들리는 것은 포기하든지 아니면 들릴 때까지 듣는 것 외에는 뾰족한 수가 없는 것 같았다. 바로 이 고정관념이 기나긴 리스닝 시행착오의 시작이었고 결국 영어를 포기하게 했다.

지금도 많은 사람들이 안 들리는 것은 들릴 때까지 들어야 한다는 고정관념에 사로잡혀 있다. 이 글을 읽으며 그럼 무슨 다른 방법이 있냐며 어처구니없어하는 독자들도 있을 것이다. 만약 그대가 그중의 한 사람이라면 그대도 엉터리 고정관념의 완벽한 노예가 된 사람이다.

한 번 곰곰이 생각해 보시라. 주변에서 눈이 잘 안 보인다고 하는 사람에게 "보일 때까지 열심히 보고 또 보라. 그러면 언젠가 보일 것이다"라고 말할 것인가? 아니면, "글자를 보고 써보고 그래도 잘 안 보이면 글자가 보일 때까지 보고 또 써보기를 계속해라. 그러면 언젠가 보일 것이다"라고 할 것인가? 아마 여러분은 "정말 안 보여? 왜 안 보이는데? 어떻게 안 보이는데? 뭐가 안 보이는데? 병원에 가 봐"라고 말할 것이다. 그리고 그 사람이 그 충고에 따른다면 병원에 가서 전문가에게 안 보이는 원인을 진단받아 치료를 받게 될 것이다.

그런데 영어가 안 들리는데 "왜 안 들리지? 뭐가 안 들리지? 소리 자체가 안 들리나? 소리 자체는 들려? 그러면 뭐가 안 들린다는 것이지? 어떤 소리들이 안 들리지? 혹시 뜻이 이해가 안 돼서 안 들린다고 말하는 것은 아닌가? 언어지도 전문가에게 가서 한 번 진단을 받아 봐"와 같은 말을 왜 하지 않는가? 영어를 못 듣는 사람들도 한국어는 잘 듣고 이해한다. 또 일본어도 뜻은 몰라도 소리는 대체로 잘 듣는다. 영어만 잘 안 들리는 것이다. 안 들리는 원인을 정확히 알고 그 안 들리는 원인을 제거해야 적은 노력으로 빠르게 100% 영어 귀를 뚫을 수 있다. 그런데 영어는 원래 어렵고 원래 잘 안 들린다고만 생각하고 왜 안 들리는지, 무엇이 안 들리는지를 깊이 연구하는 사람이 거의 없다. 이 부분은 뒤에서 자세히 다루기로 한다.

본격적인 리스닝 훈련에 들어가기에 앞서 기초가 잡힌 스피킹 능력을 더 키워놓기 위하여 소리 내어 읽기에 시간을 좀 더 투자하였다. 그런데 학습법은 소리 내어 읽기를 하고 있으면서도 학습의 초점은 여전히 암기에만 맞추었다. 이 부분을 읽고 '이 말은 또 무슨 말인가?' 하고 의아해하는 독자들도 있을 것이다.

일본어처럼 한국어와 발음 차이도 적고 문법 체계도 유사한 외국어를 학습할 때에는 학습의 초점이 조금 빗나가도 학습 효율에 큰 차이가 나지 않지만 몇십 년 동안 한국인을 괴롭혀온 영어처럼 발음 차이가 크고 어순도 다르고 문법 체계도 다른 외국어를 학습할 때는 사소한 학습법의 차이로도 그 학습 효율은 심각하게 차이가 난다. 암기하려 노력하되 암기가 되지 않더라도 문장을 음미하고 새기며 감정을 실어서 읽고, 제스처 써가며 상상할 수 있는 부분은 실제로 상상해 가면서 소리 내어 읽는 그 자체에 주안점을 두고 학습하는 것과 오로지 암기에 초점을 맞추어 학습하는 것은 같은 시간을 학습하여도 학습 결과에서 여러분이 상상하는 이상으로 엄청난 차이가 발생한다. 뿐만 아니라 완전히 암기하지 못하면 심리적인 부담감과 패배감을 느끼게 되어 학습자는 자신감을 잃게 되고 심한 경우 학습 자체를 포기하게 된다. 외우는 것이 유일한 방법인데 외울 자신도 없고 노력해도 외워지지 않는다면 결국 포기하는 것은 시간문제인 것이다.

네 번째 시행착오 : 원고 없이 다양한 뉴스를 들어라

초점을 잘못 맞춘 소리 내어 읽기 학습을 하고 있었으나 예전에 비하면 상대적으로 스피킹 실력이 빠르게 향상되었기 때문에 얼마 후 본격적인 리스닝 훈련에 돌입하였다. 이번에도 '들릴 때까지 들어라' 학습법의 주장에 충실히 따랐다.

지금은 이 원칙들이 대부분 오류라고 지적되고 있지만 그 당시에는 듣기 학습법의 불문율처럼 받아들여지던 원칙이 몇 가지 있었다.

1) 다 들릴 때까지 절대로 원고를 보면 안 된다.
2) 느린 속도의 오디오는 시간 낭비이므로
   처음부터 정상 속도의 오디오를 들어라.
3) 뉴스를 들어라.
4) 영어 실력은 계단식으로 상승하니까 끝까지 포기하지 말고 들어라.

그 외에도 주장하는 사람마다 서로 상충하는 일종의 옵션이 있었다.

5) 한 가지 오디오만 반복해서 들릴 때까지 들어라.
6) 다양한 목소리와 다양한 오디오를 들어라.
7) 받아쓰기를 하되 문장을 통째로 받아써라.

8) 문장을 통째로 받아쓰는 것은 시간 낭비다.
안 들리는 부분만 빈칸을 메우는 방식으로 써라.
9) 받아쓰기는 쓰는 시간, 정답을 확인하는 시간 등을 감안하면
시간 낭비가 심하다. 차라리 그 시간에 더 들어라.
10) 받아쓰기를 하지 말고 원고가 없는 오디오 자료만 들어라.
11) 안 들리면 차라리 느린 오디오를 들어라.

    시행착오로 조금은 신중해졌지만 아직 언어 습득 원리를 이해하지도 못했고 언어 습득에 관하여 특별한 지식이 없던 나로서는 일반인들에게 어필하고 강한 힘을 얻고 있는 네 가지 불문율에서 특별한 문제점을 발견할 수 없었고 영어 실력은 계단식으로 상승한다는 이야기는 숱하게 들어온 이야기였다.

    소리를 듣는데 문자를 보면 안 된다는 주장은 당연하게 여겨졌다. 원어민 강사의 소리는 들리는데 실전에서는 안 들렸던 경험에 비추어 보아 느린 속도를 듣지 말라는 주장도 전적으로 수긍이 갔다. 뉴스를 들으라는 주장은 그 당시에 대부분의 오디오 자료는 토플 아니면 영어 뉴스였기에 수긍이 갔다. 결국 네 가지 불문율을 무슨 진리처럼 모두 그대로 받아들인 것이다.

    옵션에 속하는 주장 중 반복을 강조하는 효율적인 학습법 한 가지가 숨어 있다는 것도 모르고 판단할 능력도 없어서 옵션은 나에게 맞는 것을 선택할 수밖에 없었다. 소리를 듣는데 소리에만 집중해야지 하는 생각에 원

고가 없는 오디오 듣기를 선택하였고 집중력과 인내력이 그리 강한 편이 아니고 지루한 것을 싫어하는 성격이라 다양한 목소리 듣기를 선택하였다. 최악의 옵션을 선택한 것이다.

다섯 번째 시행착오 : 연음과 약음에 집중하라

최악의 옵션을 선택하였으나 난생처음 리스닝에 집중하고 영어 뉴스를 듣는다는 생각에 한편으로는 뿌듯하기도 하였다. 그래서 며칠 정도는 집중하여 듣는 데 별 어려움이 없었고 비슷한 시간대의 뉴스를 계속해서 듣다 보니 처음에는 아주 쉬운 몇 문장을 제외하고는 거의 윙윙거리는 소리였지만 들리는 부분이 조금씩 늘어났다. 그러나 그뿐이었다. 그 뒤로는 한동안 실력 변화가 거의 없었다. 영어 실력은 계단식으로 상승한다는 말만 믿고 한참을 인내력으로 버티며 듣는데 한 가지 공통된 현상이 발견되었다. 강하게 발음되는 부분은 그래도 조금씩 들리는데 연음이 일어나는 곳이나 약하게 발음되는 곳은 아예 들리지 않는 것이었다. 학원 원어민 강사의 말은 느리고 또박또박한 것이 특징이라서 이태원에서 만났던 원어민에 비하면 느리고 연음과 약음이 상대적으로 거의 없던 것이 불현듯 생각나서 급히 서점으로 달려갔다.

눈에 가장 잘 띄는 곳에 빨간 독버섯과 같은 구세주가 있었다. '연음 집중 공략 리스닝 특급****' 너무 반가워 눈물이 날 지경이었다. 몇 시간 분량의 테이프와 책 세 권. 이것만 정복하면 리스닝이 해결될 것 같았다. 한 달 정도 수도 없이 듣고 또 들었다. 처음보다는 늘었지만 시원하게 들리는 곳은 단 한 군데도 없었다.

언어에서 약하게 발음하는 곳은 의미상으로 중요하지 않거나, 그 부분을 약하게 발음해도 의사전달에는 아무런 지장이 없어 일부러 약하게 발음하거나 거의 생략하는 것이다. 받아쓰기 시험을 보는 것이 아니라면 그 부분을 들을 수 있다 하더라도 별다른 효용도 없다. 또한 연음은 다양한 것 같지만 원리는 간단하고 자연스러운 현상이라서 그 원리만 알면 되는데 원리에 대한 설명이 없는 수많은 연음 현상을 전부 다 외우듯이 들었던 것이다. 리스닝 초보자가 잘 듣기 어렵고 들려도 별 효용이 없는 곳에 시간과 에너지를 쏟아부은 것이다.

초보자인 경우 지극히 상식적으로 장점은 살리고 약점을 보강해야 한다. 그런데 실력자들의 학습법인 약점만 보강하는 데 시간을 허비했다. 조금씩 들리는 부분에 더 집중하여 들리는 부분을 늘려가는 법을 놓쳐 버렸고, 안 들리던 약음도 반복해서 들으니 조금은 더 잘 들리는 현상을 그냥 지나쳐 반복이라는 중요한 코드를 놓쳐 버린 것이다. 선택과 집중에 모두 실패한 것이다.

여섯 번째 시행착오 : 들릴 때까지 오직 들을 뿐

보람 없는 오랜 강행군으로 많이 지치기도 하였고 허탈한 마음에 한동안 깊은 슬럼프에 빠졌으나 다시 마음을 가다듬고 원래 계획대로 뉴스 듣기에 다시 집중하였다. 하루에 서너 시간씩 며칠을 들어도 별다른 진전이 안 느껴져 리스닝 실력이 뛰어난 지인들에게 혹시 무슨 비법이 없는지 통사정을 하기도 하였으나 "최대한 집중하여 꾸준히 듣고 집중력이 떨어지면 딕테이션 하라"는 말만 들을 수 있었다.

모든 것을 포기하고 아예 도를 닦고 세월을 낚는 심정으로 다시 또 한 달 정도를 열심히 들었다. 분명히 진전은 있었다. 그러나 너무 더뎠고 강한 집중력과 인내력이 필요했다. 영어가 나오는 바보상자만 보다 보니 어떤 때는 내가 영어 바보가 된 기분이었다. 결국 항복하고 그나마 적극적인 방법인 딕테이션으로 방법을 바꾸기로 했다. 리스닝의 기초가 약한 초보자가 반복하여 들어서 음성 인식 능력을 강화할 생각을 못했다. 영어를 영어 자체로 받아들이는 문장 이해력이 약하다는 것은 상상도 못했다. 더 느리고 모르는 단어가 아예 없는 오디오를 들어도 절반도 들릴까 말까 한 실력으로 뉴스를 들으니 30킬로그램 역기도 들 수 없는 체력으로 100킬로그램 역기가 안 들린다고 스트레스 받으며 오기로 인내력 훈련을 하고 있었던 것이다. 영어 학습이 아닌 인내력 훈련 말이다.

옆집의 강아지 소리도 며칠만 집중해서 들어보면 비슷하게 들리던 소리가 조금씩 다르게 들리고 의외로 강아지도 다양한 의사 표시를 한다는 것을 알 수 있다. 그런데 사람의 소리를 더구나 문자 언어는 상당한 수준으로 실력을 쌓은 상태에서 청각 장애인도 아닌 사람이 그렇게 많은 시간을 투자하는데도 왜 들을 수 없는지 그 원인을 찾을 생각은 하지 않고 오직 안 들리는 것만 한탄하며 인내력 싸움에서 또 한 번의 패배감을 맛볼 뿐이었다.

일곱 번째 시행착오 : 쓰기를 통해 듣기를 익혀라

소문이 아닌 주변에서 만날 수 있었던 상당한 리스닝 실력을 갖춘 현실의 실력자들은 거의 한결같이 집중하여 듣고 집중력이 떨어지면 문장을 통째로 받아쓰기하라고 조언해 주었다. 그들은 장기간에 걸친 영어 듣기 학습의 경험을 바탕으로 딕테이션 즉, 받아쓰기는 듣기의 보조 학습수단이며 문장을 통째로 받아쓰라고 한 것이다.

그런데 잘 들리지 않는 소리를 듣는 데 지친 나는 받아쓰기에 전적으로 의존하며 마지막 듣기 학습을 이어 나갔다. 잘 들리지도 않는 소리에 집중하여 듣는 방식에는 이미 지쳐버렸고 언제쯤이면 들린다는 정해진 기간도 없이 무한정 지속되는 인내력 테스트를 감당하지 못한 것이다. 물론 카투사(KATUSA : Korean Augmentation To the United States Army, 주한미군 부대에 파견되어 근무하는 대한민국 장병)들의 성공사례는 있으나 원어민 국가 생활에 준하는 수준으로 영어에 노출된 상황에서 이루어진 것으로 그나마 성공 시기도 천차만별이었기에 뚜렷한 기준을 제시해주지는 못했다.

받아쓰기 방식으로 방법을 바꾼 후 얼마 동안은 상당히 의욕적으로 되었다. 일단 잘 들리지도 않는 소리를 멍청히 듣고만 있다가 듣고 쓰고 답을 확인하니 뭔가 공부하는 느낌이 드는 것도 좋았고 듣기만 할 때는 10분이 한 시간 같았는데 받아쓰기를 하니 한 시간도 금방 지나갔다. 그러나 그것도 잠시뿐, 한 달 정도 열심히 하고 나니 이 방법도 인내력 싸움이기는 마찬가지였으며 듣고 쓰고 답을 확인하고 다시 듣고 하는 과정에 시간이 오래 걸려 실제로 집중하여 듣는 시간은 얼마 되지 않았다. 그래서 조급한 마음에 중간에 자주 빈칸을 메우는 받아쓰기 방식으로 방법을 변경하기도 하였다.

그런데 신기한 것은 빈칸을 메우는 받아쓰기를 하고 한 번 더 들으면 분명히 소리가 더 잘 들리는 데 실력이 축적되지는 않았다. 또 빈칸에 들어갈 단어에 집중하는데도 빈칸의 단어들은 계속해서 잘 안 들리고 다른 부분만 더 잘 들렸다. 받아쓰기하느라 카세트를 멈추고 다시 뒤로 돌려 듣기를 수없이 반복하다 보니 당시에 상당히 고가품인 카세트가 자주 망가지고 오디오 테이프도 엉켜서 못쓰게 되는 일이 많아서 금전적인 비용도 만만치 않았다. 그러나 이제는 막장이었다. 다른 선택이 없었다. 마지막 일말의 희망을 품고 문장을 통째로 받아쓰는 방법과 빈칸을 메우는 방법을 교대로 하며 최대한 열심히 공부해나갔다.

받아쓰기는 듣기를 위한 학습법이 아니라 들을 수 있는데 아직 쓰기가 서툰 초등학교 저학년이 철자를 익히기 위한 쓰기 학습법이다. 그러므로 기본적으로는 전혀 목적이 다른 쓰기용 학습법이 듣기용 학습법으로 둔갑한 것이다. 그런데도 영어 듣기 학습에서 이 딕테이션이 조금 효과가 있는 것은 받아쓰기하기 위하여 집중력이 강해지기 때문에 집중력이 약해졌을 때 잠깐잠깐 사용하면 효과가 있다. 또한 정상 속도의 문장을 통째로 받아쓰기할 때는 해석하며 들을 시간적 여유가 없어서 오로지 소리에만 집중하여 영어 문장을 그대로 기억하려고 노력할 수밖에 없다. 그 과정에서 소리에만 집중하고 한국어로 해석하는 습관을 차단하기 때문에 듣기에서 어느 정도 효과를 발휘하는 것이다.

그러나 이 받아쓰기에 지나치게 의존하는 것은 앞뒤가 뒤바뀐 학습법이다. 소리 자체에 강하게 집중할 수 없는 사람은 듣기 위주의 학습법이 맞지 않는 사람이고, 소리에만 집중하면서 의도적으로 한국어로 해석하는 습관을 차단하기 때문에 통제력이 약한 사람도 듣기 위주의 학습법으로 효과를 보기 힘들다. 또한 아무리 집중력이 강해도 소리 자체에 대한 인식 능력이나 영어를 영어 그대로 받아들이는 영어 문장 이해력이 약한 사람이 듣기 위주의 학습을 하는 것은 장기간의 피나는 노력이 없이는 효과를 보기가 거의 어렵다.

이러한 사람들은 반드시 이 책에서 주장하는 듣고 읽기 학습법을 하여야 한다. 아니면 차선책으로 변형되지 않은 본래 의미의 소리 내어 읽기 학습법을 사용하거나 그것도 싫고 굳이 듣기 위주의 학습법을 고집한다면 1~2음절로 된 단어만 녹음된 오디오를 통하여 음소, 음절, 음성 인식 능력 강화 훈련을 먼저 한 다음에 듣기 훈련에 들어가야 한다. 나의 강의에서는 기본적으로는 듣고 읽기 방식을 사용한다. 그리고 중간중간에 소리 집중도를 높이기 위하여 두 차례의 영어 정복과정에서 터득한 노하우를 살려 만든 특수한 음소, 음절, 음성 인식 능력 강화 프로그램으로 지도하니 이런 복잡한 절차가 필요 없었다.[2]

그리고 빈칸을 메우며 듣는 방식으로 들으면 빈칸을 메우기 위하여 오디오 원고를 보면서 들을 수밖에 없다. 그러면 원고를 보며 듣는 과정에서 어느 정도 문장을 예상하며 듣기 때문에 당연히 문장이 잘 이해된다. 그러

---

2) 음소 : ㄱ, ㄴ, ㄷ, ㅏ, ㅑ처럼 더 이상 작게 나눌 수 없는 소리의 최소 단위.
　　이러한 음소들이 모여서 음절을 이룬다.
　음절 : 가, 나, 밥, 길처럼 종합된 소리의 느낌을 주는 최소 단위.
　음성 : 사람의 소리.

나 이 경험은 듣는 능력과 거의 무관한 단순 기억력에 의한 것이므로 리스닝 능력이 향상될 가능성이 크지 않다. 소리 자체에 집중하지 못하고 문자라는 시각 정보와 소리라는 청각 정보에 주의가 분산되기 때문에 집중하여 듣는 학습법의 근본을 벗어난 것이다. 그리고 보통은 빈칸에 들어갈 단어는 잘 안 들리는 약음이나 연음이 대부분이기 때문에 앞에서 언급한 것처럼 아주 높은 수준으로 귀가 뚫리기 전에는 반복해서 듣는다고 특별히 더 잘 들리는 것도 아니다.

그럼에도 이 학습법이 효과가 있는 것처럼 알려진 것은 들리지 않는 소리에만 집중하며 학습하는 초보자의 답답함을 풀어주기 때문이다. 또한 순간적으로 듣기 능력이 향상되는 것 같은 착각을 통해 자신감을 심어줄 수도 있으며, 초보자에게 대충 이해하고 예상하며 듣는 능력을 키워주어 현실에서 듣기 시험 점수 향상이라는 결과를 선물하기 때문이다. 그러나 이러한 방식의 듣기가 습관이 되어버리면 듣는 능력 자체가 제한되기 때문에 중상위 이상의 시험점수 획득이나 현실에서 필요한 리스닝 능력을 얻는 것은 거의 불가능해질 수도 있으니 신중히 판단해서 사용하여야 한다. 그래서 리스닝 중급이상 영어 실력을 갖춘 사람들이 문장 통째로 받아쓰기를 권하는 경우는 있지만 빈칸 메우는 방식의 받아쓰기를 권하는 경우는 거의 없다.

이러한 사실을 전혀 알지 못한 채 조급한 마음에 별 효과도 없는 빈칸 메우기 방법을 사용하였다. 그리고 몇 시간이면 빈칸 메우기가 끝나 반복해서 여러 차례 들을 것이 아니면 금방 또 새 책을 사야 하는 경제적 부담까지 감수하며 학습하였다. 다행히 학습 말기에 중간중간에 사용하였기 망정이지 오랜 기간 이 방법을 사용하여 습관이 되어버렸다면 나는 영원히 영어 듣기를 포기하였을 것이고 영어 듣기가 안 되는 까닭도 영영 몰랐을 것이다.

2. 영어를 포기하다

1년 2,000시간 동안 무엇을 한 것인가?

그렇게 3학년 겨울방학이 끝나가고 졸업반이 코앞으로 다가왔다. 지난 반년 동안 어떻게 보면 리스닝 실력에 상당한 진척이 있었던 것도 사실이었다. 어떤 뉴스는 절반 넘게 들리고 이해되니 거의 들리지 않던 것에 비하면 많은 실력 향상이 있었다고 할 수도 있다. 그러나 내가 원하는 실력은 현실에서 국제 비즈니스를 하면서 원어민의 말을 완전히 이해하며 들을 수 있는 능력이었다. 40~70% 사이를 왔다 갔다 하는 청취 이해력으로 국제 비즈니스를 한다는 것은 도박하는 것이나 다름이 없다. 차라리 영어 대화를 포기하고 전화 통화로 1분이면 끝날 업무를 선배들처럼 팩스나 메일로 무역 서신을 주고받아야 할 것이니 현실에서는 아무런 쓸모도 없는 것이다. 그나마 조금만 학습을 중단하면 실력이 퇴보하니 문제는 더욱 심각했다.

1년이 넘는 기간을 회화에 집중하느라 필기 위주의 취업 영어 공부를 전혀 하지 않은 탓에 시사 영어 단어 실력이 조금 향상된 것 외에는 시험용 단어 실력, 문법 실력은 졸업반으로서는 위태로운 수준으로 추락하였고 무역회사에 취업이 확정된 것도 아니었다. 당연히 취업용 영어 공부에 당분간 전념할 수밖에 없고 그러는 사이 일정 수준에 오르지 못한 리스닝 능력은 빠른 속도로 사라질 것이 불 보듯 뻔했다. 더구나 작년에 어렵게 쌓은 스피킹 능력도 상당 부분 사라져 버렸다. 열심히 해왔건만 선택은 포기밖에 없었다. 입사 확정이라는 가상적인 상황을 전제로 한 영어 실력을 위하여 취업 자체를 위태롭게 할 수는 없었다.

도서관 밖의 어두운 나무 그늘에서 한참을 앉아 있는데 눈시울이 뜨거워져 왔다. 1년이 넘는 기간에 평일에는 최소 4시간 이상을 투자하고 방학과 주말을 통째로 갖다 바쳐 영어 스피킹과 리스닝에 들인 시간만 2,000시간이 넘었다. 학점 관리를 위하여 시험 때는 밤을 새우면서도 꾸준히 영어를 학습하고 장학금으로 어렵게 돌려받은 두 학기 학자금을 다 투자하며 수많은 시행착오 속에서도 이를 악물며 여기까지 왔는데…. 결국, 결론은 단 두 글자 '포기'. 마침내 국내에서 실용 영어 실력을 쌓는다는 것은 1~2년 내에는 불가능하고, 국내에서 영어를 완성한다는 것은 학습이 아니라 극기 훈련이나 인내력 싸움이며, 소수의 천재나 불굴의 영웅들이나 달성 가능한 일이라는 것을 인정할 수밖에 없었다.

탄탄한 쌓은 문자 영어 기초 위에 젊은 나이에 모든 열정과 에너지를 2,000시간 넘게 쏟아부었는데도 불가능하다면 내 평생에 다시는 영어 실력 완성이라는 허망한 꿈을 꾸며 인생을 낭비해서는 안 되겠구나 하는 생각까지 들었다. 하지만 미련 때문에 또 어떤 핑계로 영어 공부를 다시 시작하여 스스로 인생을 궁지에 몰아넣을지는 모를 일이었다.

하늘이시여! 천재도 아닌 나를 왜 영어와 만나게 하셨나이까?

한없이 우울하고 원망할 대상도 없는 억울한 감정이 울컥울컥 덩어리져서 솟아올랐지만 입술이 터지도록 이를 악물었다. '집에 가서 영어 회화 책과 테이프를 다 불살라 버리고 영원히 영어는 포기하여야겠다.' 금잔디 광장을 지나 대성로를 걸어 내려오다 명륜당 은행나무 앞에서 힘없이 하늘을 올려다보니 잿빛으로 두텁게 내려앉은 하늘이 붉게 물들기 시작하더니… 하늘은 이내 어두워지고… 원망할 대상도 없고… 스스로 한없이 비참해지고… 공연히 세상을 다 부숴버리고 싶은 울분이 검은 하늘을 이글이글 불태우고 있었다.

3. 드디어 방법을 찾다

내 안에서 울리는 소리

가슴이 찢어지는 심정으로 팔을 도려내듯 모든 회화 책과 테이프를 다 불태워버린 후 그다음 날부터 취업용 영어 공부를 시작하였다. 그러나 잘 될 리가 없었다. 내가 그렇게 단호하고 굳센 사람이었다면 사랑하던 여인을 떠나보낸 다음 날도 씩씩하게 잘 살았을 것이고 수학여행 전날이라고 설레며 잠을 설치지도 않았을 것이다.

그렇게 지겹던 영어 듣기도 습관이 되어버렸는지 막상 그만두니 너무 허전하고 도서관에서 1년 만에 문법책을 펼치고 앉아 있는데 영어 뉴스가 들려오는 것 같았다. 글자가 전혀 눈에 들어오지 않았다. 도무지 의욕도 없고 만사가 귀찮았다. 너무 억울하고 뭔가 사기를 당한 것 같고 인생이 끝장난 것 같았다. 결국 '마시다 죽자'가 모토였던 주당파에 합류하여 낮 술로 시작하여 새벽까지 마시고 해 질 무렵에 일어나 또 마시고 며칠을 그렇게 폐인처럼 지냈다.

오랜만에 학교 벤치에 앉아 영혼이 없는 사람처럼 무감각한 표정으로 지는 해를 하염없이 바라보다가 정신을 수습하여 자리를 털고 일어서며 혼자 중얼거렸다. "내가 계획한 인생을 살아가기가 정말 어렵구나."

그때 커다란 물음표 하나가 섬광처럼 머리를 관통하였다. "내가 계획한 인생?" 갑자기 온몸이 마비된 듯 한참을 우두커니 서 있다가 다시 벤치에 털썩 주저앉았다. 온몸에서 힘이 빠져나갔다. 처음에는 내 안에서 떠오른 물음의 정체를 정확히 알 수가 없었다. 그것은 일종의 영감이었다. 몸을 움직일 수도 아무런 생각도 할 수 없었다. 얼어붙은 듯 한참을 앉아 있었다. 얼마나 그렇게 앉아 있었는지 알 수가 없었다. 하늘에는 별이 반짝이고 있었다. 화두처럼 모든 생각을 정지시킨 물음표 하나는 마침내 끝없는 물음표들로 메아리처럼 울려 퍼졌다. 엄청난 질문들이 내 안에서 아우성 치고 있었다.

열심히 하였으나 제대로 한 적이 없었다

이른 새벽에 잠이 깼다. 옷을 가볍게 입은 채 늦은 밤까지 추위에 떨었더니 감기 기운이 있었으나 정신은 맑게 깨어 있었다. 어제의 물음표들이 떼 지어 다시 몰려들었다. 오늘은 물음표들에게 번호표를 나누어주며 줄을 세운 다음 차례로 대화를 나누었다.

"과연 지난 일 년 동안 열심히 하였는가?"
" '열심히'의 기준이 뭔지는 모르겠지만, 내 수준에서는 나름대로 충분히 열심히 한 것 같다. 적어도 '좀 더 열심히 할 것을…' 하는 후회는 없다."

"그런데 뭐가 그렇게 억울하고 슬픈가?"
"열심히 해도 안 되니 그렇지!"

"열심히 한다고 다 잘 된다면 새벽 청소부 아저씨는 안 되는 일이 없겠구먼?"
"…."

"물론 게으름을 피워서 잘 되는 일은 없겠지만 공들인 것을 이루기 위해서 열심히보다 더 중요한 것은 없는가?"
"…."

"잘 생각해 보게."
"…."

눈을 뜨고 한참 캄캄한 방 천장을 응시하다가 자리에서 벌떡 일어나 세수하고 돌아와 책상에 앉았다. 기억을 더듬어 지난 1년간의 학습일지를 적어 나갔다. 아침도 거르고 몇 시간을 적어나가다가 나도 모르게 탄식이 터져 나왔다. "참 열심히는 했는데 제대로 한 적은 한 번도 없구나!"

마지막 4주

1년 동안의 학습일지는 학습일지가 아니라 방황일지였고 시행착오의 기록이며 인내력 훈련 일지였다. 스스로 방법을 연구하고 결과를 점검하며 계획적으로 학습한 적은 단 한 번도 없었던 것이다. 그저 남이 하는 대로 따라 하다가 안 되면 또 다른 남이 말하는 대로 인내력 훈련만 하다가 지쳐서 포기한 것이다. 아무 생각 없이 남들을 따라 하며 낚이고 함정에 빠지고 막다른 길에 갇혀서 주저앉은 것이다. 그러면서 자신이 결정한 인생을 살아가겠다는 꿈을 갖고 있었다. 이 사고 습관과 행동 습관이 바뀌지 않으면 사회에 나가서도 그저 남을 따라다니기만 하다가 낚이고 갇히고…. 결국에는 제풀에 지쳐서 포기하는 인생을 살아갈 것이다.

방학 기간이 많이 남아 있지 않았지만 본격적인 4학년 수업이 시작되기 전까지 약 5주가 있었다. 일주일 정도는 신문이나 도서관의 관련 서적을 통하여 효율적인 영어 학습법을 찾아보고 그동안의 공부 경험들과 대조하여 거기에서 도출될 합리적인 방법으로 나머지 4주 동안만 집중하여 학습해 보기로 하였다. 어차피 입사시험은 가을에 있으니 시험용 영어 공부는 여름 방학 때 집중하여 해결하기로 하였고 취업용 시험 능력이 실제 영어 사용 능력과 상당히 동떨어져 있지만 어쨌든 영어 시험이니 실질적인 영어 실력이 완성되면 시험에도 도움이 될 것이라는 막연한 확신도 생겨났다.

오기와 미련 때문에 핑계를 만들어 다시 회화 공부를 하는 것은 아닌가 하는 생각도 들었지만 영어 회화 능력 자체가 문제가 아니라 오랜 기간 알아보고 고민한 끝에 정한 졸업 후의 진로 자체를 원점에서 재검토하여야 했기에 이대로 포기할 수는 없었다. 영어라는 수단 하나 때문에 긴 인생의 목표와 진로를 아직 기회가 있는데도 포기할 수는 없었던 것이다. 다만 4주간 열심히 하였는데도 뚜렷한 성과가 없다면 그때는 정말 단호히 포기할 것이며 두드러진 실력 향상은 있는데 시간이 부족하다면 그 기간은 좀 더 연장하기로 하였다.

잊혀진 학습법 : 소리 내어 읽기 오리지널 학습법

서점에 영어 학습법에 대한 책들이 넘쳐나는 지금과 다르게 그 당시에는 영어 학습법에 관한 서적이 아예 없었다. 처음에는 좀처럼 영어 학습에 관한 자료가 찾아지지 않았으나 고시 월간 잡지에서 실마리를 찾은 다음에는 여러 가지 관련 자료들을 모을 수가 있었다. 단순히 이렇게 공부하라는 말에는 부화뇌동하지 않았고, '근거는 무엇인가?', '그 근거는 과학적이고 합리적이고 검증 가능한가?', '주장하는 사람의 자기 경험을 바탕으로 한 것인가 아니면 단순히 연구한 것인가?', '신뢰할 만한 충분한 결과들은 있는가?' 하는 문제의식을 버리지 않았기 때문에 자료의 범위가 너무 광범위해져 가고 있었다. 하지만 피와 땀, 절망과 한숨으로 얼룩진 1년이란 시간과 요즈음의 화폐가치로 거의 이천만 원에 육박한 돈을 낭비한 뒤라 또 도박하듯이 대충 결론을 내릴 수는 없었기에 원래 예정한 1주일을 넘어서도 크게 신경 쓰지는 않았다.

자료들이 점점 광범위해져서 그 자료들을 이해하고 취합하고 정리하여 서로 연관시키는 데에도 상당한 시간이 걸려 잠자는 시간마저 줄여야 했다. 신문 자료에서 시작하여 단행본을 거쳐 학위논문까지 뻗어 나갔으며 교육학, 영어 교육, 언어학, 음성학, 심리학, 인지이론, 인식론, 뇌 과학, 물리학 양자론을 거쳐 역사와 불교 철학까지 뻗어 나갔다. 마치 박사학위 논문을 준비하고 있는 것 같았다. 관련 자료들을 읽다가 굉장히 흥미로운 지식을 접하여 잠시 학문하는 재미까지 느낄 수 있었다. 그러나 그러한 학문적인 호기심은 자제하며 뒷날로 미루었고 이때 느낀 학문적인 호기심과 갈증은 그 후 20년에 걸친 독서에 의해서 겨우 해결되었다. 한편 자료를 찾는 과정에서 나는 말로 표현하기 힘든, 거의 숨이 멎을 듯한 엄청난 흥분에 사로잡혔다.

첫 번째 나를 흥분시킨 것은 사라져 가고 있는 재야의 학습법인 소리 내어 읽기 학습법이었다. 이 학습법은 최근에 다시 살아났으나 본질을 정확히 이해하지 못한 사람에 의하여 부활된 데다가 몇 가지 이유로 많이 변질되어 굉장히 효율이 떨어져 버렸다. 하지만 변질되지 않은 원래의 학습법으로 학습하면 이 책에서 주장하는 학습법을 제외하고는 가장 막강한 효율을 가진 외국어 학습법이다. 다만 이 소리 내어 읽기 학습법의 오리지널 판은 1970년대 말 이후로 재야에서도 사라져가고 있고, 리스닝이 강조되지 않던 시절에 힘을 가진 학습법이라서 이 학습법이 리스닝에도 상당한 효과가 있다고 주장하는 사람은 없었다. 당연히 나도 연구 단계에서 그것까지 알 수는 없었다. 그런데 오히려 그것을 알 수 없어서 듣고 소리 내어 읽기라는 나의 학습법이 탄생하게 된 것이다.

만약 원래의 소리 내어 읽기 학습법이 리스닝에도 효과가 있다는 주장이 있었다면 나의 고민과 연구는 아주 좁은 범위에 국한되었을 것이고 결국 소리 내어 읽기 학습법의 충실한 계승자가 되어 '듣고 읽기 100시간 학습법'이 아닌 '소리 내어 읽기 300시간 학습법'을 주장하고 있을 것이다.

소리 내어 읽기 오리지널 학습법의 골자를 간단히 소개하면 다음과 같다.

① 학습자의 학습 목적에 맞고
② 학습자의 수준에 맞는
③ 스토리가 탄탄한
④ 문법을 잘 지킨 실용적인 문장을
⑤ 정확한 발음으로
⑥ 감정을 실어서 영어 그대로 음미하면서
⑦ 반복하여 소리 내어 읽는다.
⑧ 가능하면 외우려 노력하지만 암기가 반드시 필요한 것은 아니다.

모든 언어에 공통된 습득 원리

두 번째 나를 흥분시킨 것은 '모든 언어에 공통된 습득 원리'를 발견하게 된 것이다. 이 원리는 2,200년 전 중국의 진 시황 때와 로마 시대의 역사 기록에서부터 시작하여 징기스칸 시대를 거쳐 근대의 하인리히 슐리만에 이르기까지 일관되게 사용된 외국어 습득 방법으로 이것은 단순히 외국어 학습법이 아니라 모국어까지 포함한 모든 언어에 공통된 '언어 습득 원리'이다. 2,000년 전쯤 고대인들은 누구나 알고 따라 했던 아주 상식적인 학습법이다.

　이 학습법이 사라진 이유는 참으로 가슴 아픈 이야기이지만 상업화시키기가 어렵기 때문이다. 속된 말로 '돈이 안 되기 때문'이다. 앞에서 언급한 우리나라에서 70년대까지 전해진 소리 내어 읽기 학습법의 오리지널 판이 사라진 것도 같은 이유이다. 기존의 외국어 학습법은 강사가 뭔가 잔뜩 가르치는데 이 학습법을 따르면 가르칠 것은 많지 않은 반면 지도하고 교정하고 훈련시키는 것이 주를 이룬다. 그래서 영어 수업이 마치 노래 수업이나 태권도 수업 같은 모습을 하게 되어 일반인들에게 어필이 잘 되지 않으며 가장 치명적인 것은 배우는 사람의 실력이 너무 빨리 늘어나 얼마 되지 않아 배우러 올 사람이 없어지기 때문이다.

　시중의 많은 학원들이 겉으로 보기에 강사가 열심히 가르치며 최대한 빠른 시간에 실력을 올리기 위해 최선을 다하는 것처럼 보이지만 적지 않은 경우 그것은 포장일 뿐이다. 겉으로는 아주 열심히 가르치는 척하면서 가능한 오랫동안 계속 학원에 나오게 만드는 것이 학원 강사의 가장 중요한 능력이라는 것을 학원 강사들은 다 아는 공공연한 비밀이다. 마케팅의 기본인 '새로운 고객을 만드는 것은 아주 어려우니 기존 고객을 최대한 이용하고 활용하라'는 전략을 사용하는 것이다.

　'은이 많이 들어가 있는 진짜 은화는 사람들이 잘 사용하지 않고 집에 보관하기 때문에 은이 적게 들어간 은화만 시중에서 돌아다니는 현상'을 '악화가 양화를 몰아낸다'고 간단히 표현한 '그레샴의 법칙'이 여기에도 적용되고 있는 것이다. 모든 강사들이 그렇다는 것은 아니다. 본인의 실력과 가르치는 실력은 우수한데 그러한 포장을 하지 않아 경제적으로 어려움을 겪는 강사들도 있으며 단기에 효율적으로 수강생들의 실력을 향상시켜 유명해진 강사들도 있다.

쉐도잉 학습법 : 안 들리는데 어떻게 따라 할 것인가?

모든 언어에 공통된 습득 원리를 간단히 표현하면 '듣고 따라 하기'이다. 조금 길게 표현하면 '잘 듣고 따라 하고 소리 내어 반복하여 읽고, 어느 정도 능숙해지면 대화를 많이 해보고, 쓰기가 필요한 사람은 철자법을 분명히 익히고, 전문적인 작문이 필요한 사람은 다양한 독서를 하고 많이 써보고 권위 있는 사람의 첨삭지도를 받는다'이다. 진실이 항상 그렇듯 당연하고 상식적인 이야기이다. 그런데 독자들 중 고정관념에 사로잡힌 성급한 분들은 이 원리가 시중에 유행하는 소위 '쉐도잉 학습법'이라고 생각할 수 있을 것이다. 물론 맞다. 이 원리의 앞부분만 가져온 것은 맞다. 그러나 급한 성격을 좀 참으며 잠시만 더 생각해 보시라. 첫째 이 학습법을 주장하는 분들이 스토리가 있는 긴 장문의 글을 읽으라고 주장하는지 확인하시라. 둘째 그대는 영어 문장이 한국어처럼 잘 들리고 이해가 되시는가? 만약 그렇다면 그대는 영어 실력이 사실상 완성된 사람이다. 즉 영어 학습법이 필요 없는 사람이다.

만약 영어 문장이 한국어처럼 잘 들리지 않고 이해되지 않는다면 어떻게 따라 할 것인가? 영어 문장이 "He is $ % #"처럼 들린다면 어떻게 따라 할 수가 있는가? 따라 한다는 것은 잘 들린다는 것을 전제로 한 것이다. 만약 소리는 잘 들리는데 이해가 안 된다면 소리 내어 읽기의 오리지널판 학습법을 사용하면 된다. 굳이 잘 들리는 것을 번거롭게 듣고 따라 할 필요가 없다. 그런데 잘 들리지도 않는데 따라 하라고 한다. 이게 말이 되는가? 바로 이런 말도 안 되는 학습법이 요즘 가장 유행하는 학습법이다.

이 학습법과 소리 내어 읽기의 오리지널판이 사라진 두 번째 이유는 어쩌면 더 가슴 아픈 이야기이지만 각종 영어 시험과 내신 성적 때문이다. 한국과 일본 정부는 해방 후부터 영어가 중요한 외국어라는 것을 인식하고 영어를 주요 정규과목으로 삼고 대학입시에서도 중요한 과목으로 선정하여 영어를 익히도록 국가적 차원에서 독려하였다. 그런데 아이러니하게도 이 영어 시험과 학교 영어 수업이 바로 한국 국민과 일본 국민의 영어 사용 능력을 전 세계에서 꼴찌로 만들어 버렸다.

오디오도 없고 원어민도 귀하여 영어 듣기를 가르칠 방법이 없고 스피킹 능력이 있는 자국민도 거의 없는데, 교사는 영어를 가르쳐야 하며 전국의 모든 학생이 영어를 배워야 하고 시험도 보아야 한다. 언어의 4개 분야인 듣고 말하고 읽고 쓰기에서 듣고 말하기는 가르칠 수가 없고 수십만 명 이상의 학생이 일시에 응시하고 채점하려면 주관식인 쓰기를 시험 문제에 포함시키기도 어려웠다. 그리고 상대평가로 이루어지는 시험의 특성상 변별력을 갖추어야 하기 때문에 시험 문제는 어려워야 한다.

결국 오로지 읽기 분야인 문법과 단어 그리고 독해 위주로 가르치고 시험은 변별력을 위하여 원어민에게도 어렵고 까다로운 문제가 나올 수밖에 없다. 국가는 학생들이 영어를 제대로 배우기를 원하지만 교사와 학생은 시험점수를 잘 맞는 것이 당장에 훨씬 중요한 문제이다. 학교에서 모든 수업은 시험에 맞추어 진행되었고 학생들이 처음 영어를 접해보면 어려운 과목이 될 수밖에 없었다. 그런데 이러한 사정은 내신 성적제도가 도입되면서 더 악화되었다.

오디오도 없던 시절이라 듣고 따라 할 방법이 없어서 가장 효과적인 영어 학습법은 소리 내어 읽기의 오리지널판 학습법인데 이 학습법은 듣고 말하고 읽고 쓰는 능력과 단어 실력과 문법 능력까지 종합적으로 향상시키는 방법이다. 하지만 종합적인 방법이라서 어느 정도 기초 훈련 기간이 필요한데 학교에서는 자주 시험을 보고 그 시험은 내신에 반영되기 때문에 당장에 바로 효과가 나는 학습을 할 수밖에 없었다. 그래서 문법책 외우기, 문제 풀기, 단어장 암기하기 등의 학습에 치중할 수밖에 없었던 것이다. 중장기적인 학습은 포기하고 눈앞의 시험에만 급급한 오로지 시험용 영어 공부만 해온 것이다. 기초 체력 향상과 균형 잡힌 식단은 아무도 관심이 없고 오직 응급처방만 하여 체력은 점점 허약해지고 문법의 노예가 되고 한국어 해석 습관이라는 불치병만 키워가는 학생 시절을 보내는 것이다. 학교에 내신이 도입된 1980년대에 재야의 소리 내어 읽기 학습법이 사실상 사라져 버린 것은 우연이 아니다.

두 번째 각성 : 있는 대로 보는 것이 아니라 보는 대로 있는 것이다

언어 습득 원리이자 최고의 언어 학습법을 발견하여 엄청난 흥분에 잠을 설치기도 하였지만 그 흥분도 잠시, 위에서 언급한 '잘 안 들리는데 어떻게 따라 할 것인가?'라는 문제를 해결하기 위하여 자료 수집범위가 인식론과 뇌 과학 그리고 물리학의 양자론과 불교 철학까지 광범위하게 확대되었다. 고대나 중세에는 동서양의 교류도 없었고 대륙 간의 접촉도 거의 없어서 현실에서 필요한 외국어는 주로 인접 국가의 언어에 한정되었다. 그런데 인접 국가는 오랜 역사 속에서 서로 영향을 미치기 때문에 아주 특수한 경우를 제외하고는 나라 사이에 발음 격차가 크지 않고 대부분 어순과 문법 구조도 유사하다. 따라서 중세까지는 외국어를 익히는 데 있어서 잘 안 들리는 문제가 발생하는 경우는 많지 않았을 것이다.

그래서 가장 오래되고 가장 효율적인 학습법이 잘 안 들리는 언어를 어떻게 학습할 것인지에 대해서는 설명이 없는 것이다. 이 잘 안 들리는 문제를 어떻게 해결할 것인가를 위하여 인식론에 관한 책들부터 읽어 나갔다. 화두처럼 머리를 떠나지 않는 의문을 지닌 채, 인식론에 관한 책에 인용된 불교 선사의 "있는 대로 보는 것이 아니라 보는 대로 있는 것이다"라는 구절을 보자 눈에 불이 나는 것 같은 느낌을 받았다.

미국인도 영어가 안 들린다

안 들리는 문제를 어떻게 해결할 것인가 하는 고민은 "왜 안 들릴까?"로 초점이 모아졌다. 답은 간단했다. 발음이 많이 차이나기 때문이다. "발음?" 그때 학원에서의 경험이 떠오른 것이다. 아! 심장이 멎는 것 같았다. 답을 찾은 것이다. 한국인이나 일본인들만 영어가 안 들리는 것이 아니다. 미국인들도 못 듣는 영어가 많다. 그중에 대표적인 것이 콩글리시이다. 기본적 어법에서 크게 벗어나지 않으면 설사 발음에 문제가 있어도 그것은 한국어가 아니라 분명히 영어다. 그런데 미국인이 그 영어를 못 알아듣는 것이다.

그것은 그들이 하는 발음과 한국인이 하는 발음에 차이가 나기 때문이다. 즉 안 들리는 것은 듣는 문제뿐만 아니라 발음 문제까지 포함된 것이다. 따라서 한국인이나 일본인이 영어 발음을 교정하면 영어 소리를 들을 수 있는 것이다. 들어보는 경험도 필요하니 잘 안 들려도 일단 집중해서 들어보고 정확히 발음하여 읽음으로써 해결하면 되는 것이다. 안 들리는 것은 들릴 때까지 듣는 것보다 제대로 발음함으로써 훨씬 빨리 해결할 수 있다. 그러나 이 발음 교정은 생각처럼 간단한 문제가 아니며 엄청난 함정이 도사리고 있다. 뒤에 이 부분을 자세히 다루겠지만 나 자신도 20년 뒤 두 번째 영어 정복 때에 이 발음 함정에 빠져 많은 시간과 에너지를 빼앗기게 된다. 20년 뒤에 중학교 2학년도 안 되는 영어 실력으로 시작하여 영어 임계점을 완벽히 돌파하는데 약 5개월 정도 걸렸는데 이중의 절반 이상의 시간이 발음 함정에 빠져서 헤맸던 시간이다. 발음 함정이 없었다면 2개월 남짓에 영어 공부가 완벽히 끝나 버렸을 것이다. 이 발음 함정 때문에 몇 차례나 영어 학습을 포기할 위기에 처하고 기나긴 슬럼프에 빠졌었다.

다행히도 첫 번째 영어 정복 때는 원어민 강사의 도움으로 발음이 상당히 교정되었고 무식한 듣기 위주의 학습법으로 조금은 영어 귀가 뚫려 발음 교정을 강하게 하지 않은 덕분에 그런 함정에 빠지지 않았다. 만약 학생 때에도 발음 함정에 빠졌다면 나는 한 번도 영어를 정복하지 못하고 영영 영어를 포기하였을 것이다.

영어 문장 이해력

3차원적인 경험과 영감을 포함한 거의 4차원적인 인식 과정을 글로 서술하니 단계적으로 답을 찾아간 것 같다. 하지만 실제로는 머리에 쥐가 난다는 표현을 온몸으로 실감할 정도로 수많은 자료의 검토, 다양한 지식과 이론의 이해 그리고 지난 1년간 시행착오의 면밀한 분석뿐만 아니라 경험과 새로 접한 다양한 이론들과의 몇 차례 반복된 대조 및 검토 과정을 통해 미로 찾기처럼 이 학습법은 완성되었다. 안 들리는 문제는 해결하였으나 들리는데 이해가 안 되는 문제는 문장 이해력이란 말을 이해함으로써 비로소 해결되었다.

문장 이해력은 독해와 거의 같은 의미이다. 그러나 오래된 시험 위주의 영어 학습 습관으로 독해라는 말은 한국어 해석 즉, 번역과 비슷한 뜻으로 변질되어 버렸다. 그리고 독해는 읽고 이해한다는 의미로 듣고 이해하는 것까지 포함하는 문장 이해력과는 조금 달라서 일부에서 독해라는 용어와 구분하여 사용하고 있다. 바로 그것을 온전히 이해함으로써 이 학습법은 완성되었다.

문장 이해력이란 말을 처음 접한 것은 소리 내어 읽기 학습의 오리지널판으로 학습하던 당시 재야의 순수 국내파 영어 고수가 언론에 기고한 글 중에서 "문장 이해력이 약하면 들을 수는 있어도 이해할 수는 없다. 말할 수 있으면 들을 수 있고 들을 수 있으면 말할 수 있다. 말할 수 있는데 들을 수 없거나 들을 수 있는데 말할 수 없다면 자신의 학습법을 면밀히 검토해 보아야 한다"는 글이었다. 그분은 그 글을 통하여 소리 내어 읽기의 오리지널판 학습법이 리스닝에도 효과가 있음을 말하고 있었다. 학습법을 완성한 다음에야 그것을 이해할 수 있었다. 답을 알려 주었는데도 그 말을 이해하지 못해서 미로 찾기를 더하였고 덕분에 오히려 더 강력한 영어 학습법이 탄생한 것이다. 그래서 고수들이나 선사들이 선문답하는 것인지도 모른다. 온전히 깨닫지 못하면 말을 이해하지도 못하고 그래서 가끔은 오히려 더 나은 제자가 나올 수도 있는 것이다.

그분은 해외파 영어 고수들의 오만한 태도와 엉터리 주장에 대한 반박으로서 그 글을 썼다. '미국에 가면 거지도 영어를 하는데 10년 넘게 미국에 살다 온 사람이 영어 좀 하는 것이 무슨 자랑이라고 오만을 부리고 엉터리 주장으로 혹세무민하느냐? 영어도 원어민보다는 못하면서 한국어 실력은 어떤가 보자. 한국인인 너희들이 한국어인 나의 말을 이해나 하느냐?'는 의미로 일종의 법거량(깨달음을 얻었는지 파악하거나 서로의 깨달음 수준을 겨루기 위하여 고수들 사이에 진행되는 난해한 질문과 그에 대한 답을 하는 형식의 대화)을 한 것이다. 마침내 나는 그 법거량을 이해하였다.

우리가 한국어 문장을 이해할 때 한국어로 이해하듯이 영어를 듣거나 읽을 때 해석이나 번역이라는 과정을 거치지 않고 영어 그 자체로 이해하는 능력이 문장 이해력이다. 요즈음에 사용되는 용어로 영어적인 사고와 비슷한 뜻이다. 이 문장 이해력이 많이 약하면 소리는 다 들려도 뜻을 이해하지 못하는 현상이 발생하고 글을 읽을 때에도 리딩 속도가 원어민에 비하여 현저히 떨어지고 까다로운 영어 문장이나 문법을 잘 안 지키는 문장의 경우 그 의미를 정확히 이해하지 못하게 된다.

세 번째 각성 : 듣는 것은 귀가 아니라 두뇌다

학습법의 이론적 골격은 이로써 완성되었고, 구체적인 학습 지침은 주로 뇌 과학과 나의 학습 경험에 의지하여 완성되었다. 사실 뇌 과학이 이 학습법의 이론과 구체적 학습 지침의 완성에 가장 큰 영향을 주었으나 그 과정이 너무 복잡하고 뉴런, 시냅스, 가소성 등 전문적인 용어도 많이 등장하여 간단히 기술하기로 한다.

우리는 흔히 귀가 듣고 입이 말한다고 하지만 입과 귀는 입출력 장치에 불과하고 듣고 말하는 주체는 사실 우리의 두뇌이다. 그래서 입이나 귀가 손상되어도 보청기나 목에 부착되는 장치를 통하여 듣거나 말할 수 있다. 반면에 입과 귀가 멀쩡해도 뇌가 손상되면 우리는 듣지도 말하지도 못한다. 뇌가 치명적으로 손상되면 인공호흡기로 숨을 쉬며 생명을 유지할 수는 있으나 움직이지도 못한다. 그것이 바로 뇌사이고 일부 국가에서는 뇌사를 사망으로 간주한다.

따라서 두뇌를 효과적으로 자극하고 영어로 길들여야 한다. 언어 학습과 관련하여 그러한 두뇌를 가장 효율적으로 자극하고 길들일 방법은 '강력한 정서'와 '생생한 상상', '스토리' 그리고 '반복'이다. 이 사실을 몰랐던 사람들을 위하여 다시 한번 반복한다. '강력한 정서, 생생한 상상, 스토리 그리고 반복' 이것은 학문, 음악, 예술, 스포츠를 포함하여 모든 지식노동 활동을 빠르게 익히고 향상시키는 암호이며 자기계발의 암호이기도 하다.

4. 환상적인 영어 임계점

영어 임계점

임계점(Critical Point, 臨界點)의 사전적 의미는 질적인 변화가 일어나는 한계상황을 말한다. 액체였던 물이 기체로 변화하는 1기압 섭씨 100도가 대표적인 예이다. 영어 임계점은 국내파 영어 고수들이 오래전부터 사용해 오던 용어로서 영어로 두뇌를 길들이는 것이 끝나 영어 실력의 비약적인 상승이 이루어지는 상황을 가리킨다. 영어 임계점을 완벽히 돌파하면 영어가 한국어처럼 읽히고 들리고 이해되며 영어를 거의 한국어처럼 말할 수 있다. 그리고 그런 상태에서는 대체로 영어로 긴 꿈을 꾸고, 생각마저도 영어로 떠오르며, 약간만 정신줄을 놓으면 한국인과 대화 도중에 영어로 말하는 실수를 저지르기도 한다.

영어 임계점의 세부적인 단계는 주장하는 사람마다 다르므로 큰 의미는 없으나 고수들이 말하는 영어 임계점 1단계의 공통점은 영어 공부가 끝나버린다는 것이다. 영어가 영어 자체로 이해되기 시작하고 들리기 시작하고 말할 수 있게 되어 영어 실력의 향상 속도가 가파르게 상승하기 시작한다. 그리하여 억지로 참고 공부하는 것이 아니라 재미있고 신나게 영어를 학습하게 되는 상황을 영어 임계점 1단계로 삼는다. 이때가 되면 한 번도 경험해 보지 못한 엄청난 속도의 실력 향상과 언어 고유의 흥미와 호기심이 그 사람을 점점 영어 폐인 상태로 만들어 간다(영어 폐인을 조심하시기 바랍니다. 정말 한동안 폐인이 됩니다).

그런데 이 '영어 임계점 완벽 돌파'를 비효율적인 학습법으로 장기간 학습한 고수들이나 학창시절부터 오랜 기간에 걸쳐 서서히 실력을 쌓아온 고수들은 대체로 인정하지 않는 경향이 있는데 그것은 자신들이 경험하지 못했기 때문에 당연하다. 또한 원어민 국가에서 영어 실력을 완성한 사람들도 일부만 그 존재를 인정한다. 아마도 하루 종일 영어에 노출된 상태에서 가랑비에 옷 젖듯이 실력이 향상되었고 생존 문제가 걸려 강한 압박을 받으며 영어를 익혔기 때문에 경험하였으되 자각하지 못하여 그런 것이 아닌가하고 추측한다.

영어는 재미있다

영어는 재미있었다. 실제로 그랬다. 아니, 그 이상이었다. 그동안 너무 무리하였고 아직은 흥분도 가시지 않아 하루를 푹 쉰 후 그다음 날부터 매일 거의 12시간씩을 투자하였다. 12시간이나 할 수 있었던 것은 그 방법을 확신하여 의욕이 넘친 탓도 있었지만 그 학습법대로 시작한 지 몇 시간 만에 영어 공부가 재미있어졌기 때문이지 억지로 참으며 공부한 것은 아니었다. 지난 1년의 바보 같은 학습법에 비해 엄청난 효율의 차이를 몇 시간 만에 온몸으로 느끼기 시작하여 너무 재미있고 신나서 자는 시간을 제외하고 하루 종일 영어 공부를 할 수 있었던 것이다. 실제로 그 후 학교 후배들을 지도하거나, 20년 뒤인 최근 제자들을 지도할 때도 공통된 반응은 "재밌다"는 것이다.

영어를 재미있게 하자며 개그맨처럼 가르치거나 재미있는 글만 읽게 하는 것은 영어 자체에서 흥미를 줄 수 없는 사람들이나 사용하는 방법이다. 언어는 지적 장애인도 익히는 것에서 알 수 있듯이 고난도의 지적 훈련이나 학문이 아니다. '모든 언어에 공통된 습득 원리'에 따라 가르치고 배우면 골치 아픈 문법에 의존하지 않기 때문에 언어 고유의 흥미와 호기심이 생겨나고 빠른 실력 향상 속도에 신이 나서 때로는 오락처럼 느껴진다. 그러나 언어를 익힌다는 것은 새로운 문화와 문명, 또 하나의 새로운 세계를 경험하는 것인데 어찌 오락 따위가 비교되겠는가? 더군다나 때로는 부와 명예와 권력을 가져다주는 성공의 보증수표가 되기도 하는데 그 재미를 어찌 말로 표현할 수 있겠는가?

하이데거가 '언어는 존재의 집'이라고 표현하였듯이 언어는 사회적인 동물인 인간의 존재 기반이고 외부세계와의 연결 수단이다. 뇌 과학이나 인식론적인 입장에서 보면 언어는 '존재'나 '우주' 그 자체이기도 하다. 따라서 모국어 외에 또 하나의 언어를 빠르게 정복해 나가는 과정은 또 하나의 새로운 세계를 만들어나가는 과정이다. 그래서 마치 신이 되어가는 기분을 느끼기도 한다.

빠른 속도로 외국어를 정복해 가는 것. 그것은 아마 인간이 누릴 수 있는 가장 사치스럽고 황홀한 지적인 오락이 아닐까 한다. 나도 상황만 허락한다면 2~3개 이상의 외국어를 또다시 정복하는 호사를 한 번 더 누려보고 싶은 마음이 간절하다. 자연스러운 원리에 따라서 외국어 하나를 정복하고 나면 모국어와 외국어를 정복하는 과정에서 우리 두뇌에 장착된 언어 습득프로그램이 정교해지고 효율이 아주 높아져 제2외국어부터는 아주 쉽게 정복할 수 있게 된다. 이때쯤이면 발음이 다르고 문법이 다르고 하는 언어 간의 장벽이 낮은 돌담 수준이 되어 버린다. 그래서 유명 대학교 어문계열에 2~3개 외국어를 가볍게 습득한 교수들이 아주 드물지는 않다.

입이 터지고 귀가 터지고 영어로 꿈을 꾸고

어느 정도 리스닝의 기초가 잡혀 있었고, 많이 퇴보하기는 하였으나 스피킹 연습을 열심히 했던 적이 있어서인지 이틀째부터 말문이 먼저 터지기 시작하더니 일주일도 안 되어 뉴스를 이해하며 즐길 수 있는 수준으로 귀가 뚫렸다. 3주가 안 되어 완전히 귀가 뚫려 어지간한 영어 뉴스가 느리게 느껴지고 성우들이 녹음한 오디오는 답답하여 듣지 않기 시작했으며 영어 뉴스 중에 가장 빠르다는 AP뉴스도 만만한 속도로 느껴졌다(일주일이라는 말에 오해 없으시길…. 하루 12시간 일주일입니다. 거의 100시간이고 12시간 하루가 1시간씩 12일보다 더 집중적이기 때문에 효과가 훨씬 큽니다. 그리고 그 당시에는 저의 단어 실력이 상당했다는 점도 다시 밝힙니다). 영어로 긴 꿈도 꾸고 영어로 생각이 떠오르기도 하고 친구들과 대화 도중에 나도 모르게 말이 영어로 튀어나오는 실수를 하기도 하였다.

귀만 뚫려도 소원이 없었는데 전혀 예상치 않았던 영어 실력 향상에 너무 신이 나서 점점 영어 폐인이 되어갔다. 영어에 중독되어 잠시만 영어를 접하지 않으면 안달이 나서 하루 종일 영어를 껴안고 살았다. 개학한 이후에도 중요한 내용이 없는 강의 시간에는 몰래 영어 책을 숨겨서 보았고 걷거나 먹을 때도 심지어 잘 때도 영어 문장을 들어야 마음이 편했다. 1시간에 40~50페이지 이상의 영어 문장을 읽어 내려가니 하루에 500페이지 이상의 문장을 읽을 수 있었다. 그래서 모르는 단어도 수 없이 보고 또 보고,

듣고 또 듣고 하니 단어 실력의 향상 속도도 엄청났다. 엄청난 양의 영어 문장을 읽고, 듣고, 소리 내고 하니 얼마 지나지 않아 문법도 완벽하게 끝장이 나버렸다. 취업용 영어 공부를 따로 할 필요가 없어졌다. 듣기, 말하기, 읽기, 쓰기, 단어, 문법 그리고 시험 영어 실력까지 완벽히 갖추어져 버린 것이다.

호기심이 생겨 모르는 단어가 거의 없는 수준의 영한 대역 서적을 시간을 재며 한국어와 영어로 번갈아 눈으로만 읽어 보았는데 오히려 영어로 읽을 때가 더 빨랐다. 20년 뒤에 동일한 시험을 하였을 때도 마찬가지였다. 그것은 한국어는 단어와 조사 중심의 언어이고 영어는 구와 절과 어순 중심의 언어라서 그런 것이다. 영어 문장 이해력이 높아지면 구나 절 혹은 문장 단위로 영어가 이해되기 때문에 조사에 일일이 신경을 써서 읽어야 하는 한국어보다 더 빠르게 읽히는 것이다.

다양한 실험

영어 실력이 기대를 뛰어넘어 상상을 초월한 속도로 향상되니까 여유가 생겨서 학습지침을 조금씩 수정하여 다양한 실험할 수 있었다. 나 자신을 도구로 여러 가지 실험을 해보니 다양한 언어적 한계를 극복하는 법과 디테일한 학습지침을 조금씩 변경할 때 다르게 나타나는 효과들을 충분히 경험할 수 있었다.

영어 학습의 거의 모든 함정과 장벽 그리고 극복 방법을 이론적으로나 경험적으로 완벽히 이해할 수 있게 되었다. 이러한 경험이 바탕이 되어 나중에 후배들이나 20년 뒤에 학생과 일반인들을 지도할 때에 효율적으로 지도할 수 있었고 개개인의 영어 공부 습관과 실력 수준에 따른 한계점과 장벽을 다양한 프로그램적인 방법을 통해 가볍게 해결할 수 있었다. 이러한 경험이 없었다면 20년 뒤에 대한민국 국내파 0.1% 이내의 고급 영어 실력자라고 할 수 있는 한 제자의 평생의 한인 100% 영어 귀뚫기를 20시간 만에 해결해줄 수는 없었을 것이며, 난독증이 있었던 한 제자의 리딩 능력을 완성시켜 줄 수도 없었을 것이다.

영어 정복 이후의 문제점

영어 임계점을 완벽히 돌파하고 영어 폐인 상태를 벗어나고 보니 학교 도서관에는 더 이상 읽을 만한 영어책이 남아 있지 않았다. 뉴스도 드라마도 다 들리고 이해되고 주말마다 찾아간 이태원에서 원어민들과 대화에도 아무런 장애가 없게 되니 영어에 대한 열정이 조금은 시들해졌다. 영어에 빼앗긴 복학 후 대학 생활을 만끽하느라 갑자기 바빠졌고 지적 호기심을 불러일으킨 수많은 지식들을 접하는 데도 시간이 부족하여 점차 영어 방송도 시청하지 않았다. 소문을 듣고 찾아와 애걸하는 후배들을 몇 차례 지도한 후에는 모 종합무역상사에 입사하여 업무를 시작할 때까지 1년 가까이 거의 영어를 접하지도 않았다.

그러자 예상은 했지만 생각보다 더 실력이 후퇴하였다. 그 이유는 첫째, 임계점을 돌파한 후에 무의식까지 영어에 길들여질 정도로 충분한 기간에 영어를 접해주지는 않았고 둘째, 일본어에 비하면 한국어와 너무 다른 외국어인 영어는 한국어만을 사용하는 기간이 늘어나면 상당히 빨리 능력이 사라지기 때문이다. 따라서 한국에서 계속 거주하는 한 영어를 정복한 후에도 숙명처럼 꾸준히 접해주어야 한다. 사족을 달자면 실력이 후퇴는 하였으나 무역 업무 정도를 하는 데는 아무런 지장이 없었다.

2% 부족한 두 가지

남을 지도하는 입장에서 보면 이때 경험과 이론이 완벽히 결합되지 못한 것이 두 가지가 있는데 기초 단어 단기 향상과 발음 교정이 그것이다. 약 2,000~3,000단어쯤 되는 기초 단어 실력이 갖추어지지 않으면 읽고 들을 수 있는 문장이 제한되어 빠른 영어 임계점 돌파의 가장 큰 장애가 된다.

기초 단어 단기향상법을 알고는 있었지만 내가 직접 경험하지는 않았기에 100% 자신할 수는 없었다. 나는 이 학습법으로 학습하기 전에 이미 상당한 단어 실력을 갖춘 상태에서 추가로 단어 실력을 향상시켰기 때문에 기초 단어가 약한 상태에서도 100% 동일하게 적용될지에 대해서는 충분한 자신이 없었다. 이론이 경험과 결합되지 않으면 공상과 차이가 없고 경험이 이론의 뒷받침을 받지 못하면 맹신과 차이가 없는 경우가 많아서 두 가지가 완벽하게 결합되지 않은 상태에서 남을 지도하는 것은 무책임하고 위험하다. 그래서 대학 시절 후배들을 지도할 때 군대를 제대한 후 복학한 지 얼마 안 되어 기초 단어 실력을 갖추지 못한 후배와 발음 능력이 너무 떨어진 후배들은 스터디 팀의 선발에서 제외하였다. 후배들을 상대로 실험할 수는 없었기 때문이다.

발음도 4개월에 걸쳐서 원어민 강사의 적극적인 도움으로 하나씩 천천히 힘들지 않게 교정하였고 마지막 학습 때 학습 성과를 매일 스스로 점검하면서 필요한 부분만 찾아 최소한으로 교정하였기 때문에 발음 교정에 대한 노하우는 많지 않았다. 후배들이 발음에 대하여 질문할 때 이론으로만 알고 있는 부분은 그저 이론적으로만 알고 있을 뿐 자신이 없다는 대답 외에는 할 수가 없었다. 인생은 묘한 것이어서 좋은 것이 나쁜 것이 되기도 한다. 그때는 발음 때문에 크게 고생하지 않아 다행이었지만 20년 뒤에는 바로 이 발음이 나의 발목을 잡았다. 몇 차례나 영어 학습을 포기할 위기에 빠뜨리기도 하였고 학습 초기 약 5개월 동안 영어를 재미있게 학습할 기회를 송두리째 빼앗아 가버렸다. 기초 단어 향상법은 20년 뒤에 경험할 수 있었는데 원리에 따른 것이라서 그런지 발음과 다르게 이론과 정확히 일치하였다.

5. 영어에 왕도는 없다는 말의 진실

수재들은 알고 있었다

나는 이 학습법으로 공부한 사람은 대한민국에 내가 유일한 사람인 줄 의기양양하여 S물산에서 첫 사회생활을 시작하였다. S물산은 당시 전국 주요 대학의 대학생을 상대로 한 취업희망 선호도 설문조사에서 2위를 압도적인 차이로 따돌리며 1위를 차지한 기업이었고, 7개 밖에 없었던 종합무역상사 중 대표적인 무역회사였다. 그래서인지 영어 실력이 뛰어난 쟁쟁한 인재들이 많았다.

그중에 순수 국내파로서 영어 실력이 뛰어난 입사 동기 몇 명을 보고 나의 학습법과 유사한 방법으로 영어 공부를 해왔음을 짐작할 수 있었다. 나는 궁금하여 실제로 그 동기들이 어떻게 영어 공부를 해왔는지 술자리에서 물어보았다. 그런데 그들은 우물쭈물 대답을 회피하는 것이었다. 거듭 사정하여 약간 장황하게 횡설수설하는 이야기를 들어보니 숨기는 게 아니라 오랜 기간 자연스럽게 학습해 와서 자신의 학습 경험을 잘 기억하지도 일목요연하게 설명하지도 못하는 것이었다. 이것은 자연스러운 원리이기 때문에 공부머리가 있는 사람은 시행착오 끝에 자신도 모르게 그 원리에 따라 학습하게 된 것이다.

너무 쉬워서 안 믿는다

그 동기들 중에 한 사람만 비교적 자신의 학습 경험을 조금은 기억하고 있었고 그도 역시 나와 비슷한 씁쓸한 경험이 있었다. 주변에 영어 때문에 애를 먹는 사람들을 보면 안타까운 마음에 몇몇 사람에게 자신의 학습 경험을 알려 주었더니 영어 실력을 너무 쉽게 향상시킬 수 있다는 말에 오히려 비아냥거리는 소리만 들었다는 것이다. 지금도 생생히 기억 나는 대학 동기의 반응이 있다.

"야 사기 치지 마라! 네가 1년 넘게 고시 공부하듯이 영어 공부하고 학원도 다니고 밥 먹을 때도 테이프 듣고 몇 달 동안 AFKN 들으며 '안 들려 미치겠다'를 연발한 것을 다 아는데 단어 실력만 좀 있으면 100시간 정도에 아예 영어를 박살 낼 수 있다고? 그러면 어떤 미친 학생이 미국까지 어학연수를 가냐?"

그러한 종류의 반응을 몇 차례 겪은 후에 나는 영어 학습에 대하여 극히 예외적인 경우를 제외하고는 20여 년 동안 침묵하였다. 너무 쉬워서 안 믿는 것이다.

어쨌든 내가 1년, 2,000시간이 넘는 시행착오 끝에 엄청난 자료를 통하여 어렵게 발견하고 완성한 학습법을 그들은 사소한 시행착오만 거치고 약간의 노력만으로 자신도 모르게 그 원리에 따라 학습한 것이다. 역시 공부머리가 있는 사람은 따로 있고 나 같은 사람은 고생하는 법이다. 그 사실을 알게 되자 약간은 우울한 기분이 들었다. 강력한 영어 학습법을 나만 알고 있다는 것은 착각이었다.

그냥 되는 것이라서 세상은 모른다

나는 어려웠던 가정사로 인하여 중학교 1학년 때 학업을 중단한 적이 있다. 몇 년 동안 공부하지 못하다가 형편이 어려운 학생들에게 진학 기회를 주기 위하여 당시에는 굉장히 쉬었던 고입 검정고시를 겨우 합격했다. 볼펜을 굴려서 고른 답이 많이 맞아서 그 당시 연합고사란 이름의 고등학교 선발시험에 커트라인으로 합격한 것이다. 커트라인으로 합격했다는 것은 전국 꼴등으로, 고등학교에서는 전교 꼴등으로 합격했다는 이야기이다. 그 당시에는 고입 재수생도 있었다.

고등학교에 입학하여 수업을 들어보니 중학교 기초 실력이 너무 약하여 거의 전 과목 수업이 외국어 수업 같았지만 그중에서도 특히 수학 시간은 영어 시간보다 더 외국어 시간 같았다. 풀이를 보아도 이해 안 되는 문제가 너무 많았다. 그래서 수학을 잘하는 급우에게 자주 질문을 하였는데 그 친구는 다음과 같은 말을 하는 경우가 많았다.

"야! 바보야 그것도 몰라? 그 그 그… 그것은 그냥 그렇게 푸는 거야. 아, 답답해 미치겠네. 다음부터 이런 것은 물어보지 마!"

영어에 왕도는 없다는 말의 진실

그 입사 동기들도 마찬가지였다. 자신은 그렇게 학습했으면서도 막상 남에게는 잘 설명을 못한다. 특별히 애를 쓰며 영어 공부를 한 적도 없고 그렇다고 몰입하여 집중적으로 한 적도 없고 너무나 오랫동안 자연스럽게, 힘들지 않게 영어 공부를 해 와서 영어에 애를 먹는 사람들이 이해가 안 되는 것이다. 우리는 천재를 부러워하지만 막상 천재는 이 세상이 답답한 것과 같은 이치이다. 그래서 그들은 영어 학습법을 꼬치꼬치 묻는 사람에게는 어쩔 수 없이 이렇게 대답한다. "뭐 그냥 꾸준히 열심히 하는 것 외에 무슨 방법이 따로 있겠니?" 그리고 그들은 실제로 그렇게 공부해왔다. 다만 생각보다는 훨씬 힘들지 않게, 생각보다는 덜 열심히 해왔을 뿐이다.

이 학습법을 아는 유일한 사람

이것이 소수이지만 거의 유사한 방법으로 학습한 사람들이 있는데도 이 학습법이 세상에 알려지지 않은 또 다른 이유였다. 그렇다면 지도한다는 입장에서 보면 나는 여전히 이 학습법을 알고 있는 유일한 사람이라고 할 수 있다.

모든 언어에 공통된 습득 원리

잘 듣고 따라 하고 소리 내어 반복하여 읽고, 어느 정도 능숙해지면 대화를 많이 해보고, 쓰기가 필요한 사람은 철자법을 분명히 익히고, 전문적인 작문이 필요한 사람은 다양한 독서를 하고 많이 써보고 권위 있는 사람의 첨삭지도를 받는다.

한국인을 위한 영어 습득 원리

오디오가 딸린, 스토리가 탄탄한, 문법을 잘 지킨 현실적인 문장을 잘 들리지 않더라도 소리에만 집중하여 잘 듣고 정확히 발음하며 영어 자체로 음미하고 소리 내어 반복하여 읽되 어느 정도 대화할 능력을 갖추기 전까지는 잘 되지도 않는 대화에 불필요한 시간을 너무 많이 낭비하지는 않는다. 쓰기가 필요한 사람은 철자법을 분명히 익히고, 전문적인 작문이 필요한 사람은 다양한 독서를 하고 많이 써보고 권위 있는 사람의 첨삭지도를 받는다.

4장
두 번째 영어 정복

인생 3막의 시작

산에서 지내다가 잠깐 도시에 내려와 있는 동안 사업상 알고 지내던 지인으로부터 창립 예정인 신규 법인의 대표이사 제안이 들어왔다.

지인은 그동안 미미했던 해외 사업 부문이 성장하여 별도로 독립법인을 만들어 본격적으로 확장하려 했다. 그래서 해외업무 경험이 있고, 외국어도 능통하고, 가능한 자기 사업 경험도 있어서 독립적인 회사를 책임지고 운영할 사람이 필요했다. 그러던 중에 쉬고 있던 나의 상황을 전해 듣고 오래된 관계이므로 아예 믿고 맡길 수 있다고 판단하여 좋은 조건으로 제안해온 것이다. 무역업무와 사업 아이템은 이미 내가 경험이 있는 분야였고 스톡옵션까지 포함하여 모든 조건이 파격적이었다. 조건이 모두 마음에 들어 고마웠으나 가장 큰 문제는 나의 외국어 실력이었다. 무역 회사를 그만둔 후에 20여 년 동안 내수 분야에서만 비즈니스를 해온 관계로 영어나 기타 외국어를 접할 일이 전혀 없어서 나의 외국어 실력이 바닥 수준이 되었기 때문이다.

그러한 사정을 이야기하자 지인은 대수롭지 않게 "지금은 기존 직원이 어느 정도 소화하고 있고 장기적인 구상이라 아주 급하지는 않으니 다시 외국어 공부를 하고 난 후에 오는 것은 어떠냐?"고 제안하면서 형편이 좋지 않은 것을 알고 공부 기간 일정 정도 경제적 지원도 하겠다는 것이다. 그런 제안까지 한 것은 아마도 과거에 배신당했던 경험 때문에 믿을만한 사람에게 회사를 맡기고 싶은 마음과 자신이 어려울 때 도움을 받은 보답으로 나에게 기회를 주고 싶은 마음이 강했기 때문일 것이다.

20년 만의 영어 공부 : 중학교 1학년 영어 실력

그렇게 20년 만에 영어 공부가 시작되었다. 어떻게 공부할지는 너무 잘 알고 있을 뿐만 아니라 20년에 걸친 독서를 통하여 이론적으로는 오히려 더 정교해졌기 때문에 공부를 시작할 때 별다른 부담이 없었다. 무역 업무를 하는 수준 정도는 하루 종일 영어에 매달린다면 1~2개월이면 충분하다고 생각했다. 적당한 수준의 오디오가 딸린 교재를 구입하여 며칠 동안 학습하다가 교재의 수준이 높다고 판단되어 현재의 실력 상태를 자세히 점검해보니 단어와 독해 실력이 중학교 2학년 수준도 안 되는 것을 알고 깜짝 놀랐다. 거기에다 발음에도 많은 문제가 있었다.

강산이 두 번 바뀌는 세월이 흐르니 과거의 영어 정복은 그저 아련한 추억일 뿐이고 새로 영어를 배우는 수준까지 추락한 것을 보고 정신이 번쩍 들었다. 알파벳과 발음기호를 기억하는 것만도 감사해야 할 정도였다. 이 정도 수준이면 예상보다 학습 기간이 길어질 것 같아서 긴장되는데 주변 환경도 공부에만 집중하기 어려운 상황이었다. 가볍게 생각하고 시작하였는데 이번에도 만만치 않은 일들이 기다리고 있을 것 같은 불길한 예감이 들었다. 살다 보면 좋은 예감은 자주 빗나가는데 불길한 예감은 거의 맞아떨어진다. 그런 것을 보면 우리 유전자는 생존에 민감하도록 진화해 온 것이 분명한 것 같다. 앞으로 일어나는 일들도 정말이지 기대 이상이었다.

중학교 1학년 수준의 교재로 바꾸어 다시 처음부터 진도를 나갔다. 중년의 나이에 중학교 1학년 수준의 교재로 공부하려니 약간 쑥스러운 생각도 들었으나 한편으로는 신선한 느낌도 들었다. 마치 내가 다시 중학생으로 돌아간 것 같은 기분도 들었다. 대부분은 어렵지 않은 문장이었으나 녹음 속도가 생각보다 빨라서 쉬운 문장이지만 정확히 들리지 않은 문장이 너무 많았다. 모르는 단어나 숙어도 생각보다는 많았고 뜻을 아는 단어도 정확한 발음을 모르는 경우가 많아 단어를 찾아보는 시간도 상당하였다.

발음이라는 복병

발음이 제일 문제였다. 어느 정도 교정하였던 발음들이 오랜 세월이 흘러 다시 전형적인 한국 토종의 영어 발음으로 돌아가 버렸다. 또한, 영어에서 손을 뗀 뒤에 가끔 접하는 영어 단어를 스펠링과 어렴풋한 기억에 의존하여 대충 발음하던 습관이 들었다. 그래서 한국식 발음이 문제가 아니라 아예 틀리게 발음하거나 읽을 때마다 다르게 발음하는 단어들이 자주 발견되었다. 특히 같은 발음을 단어에 따라서 다르게 발음하는 등 발음의 일관성이 없는 점이 치명적인 문제였다. 학습 초기에는 적당히 r/l. f/p, v/b, th 정도만 간단히 연습하고 지나가려 했으나 생각보다 발음이 너무 엉망이고, 그 발음마저도 왔다 갔다 하여 읽을 때마다 다르게 발음하는 것이 더 큰 문제였다. 반드시 교정이 필요한 심각한 문제가 있는 발음 상태였던 것이다.

 단어, 문법, 독해, 스피킹은 학습하다가 중단하여도 한 만큼 그 실력이 남는 경향이 있는데 리스닝과 발음 교정은 일정 수준을 넘어서기 전에 중도에 포기하면 조금만 시간이 지나도 남는 것이 없어 시간 낭비와 헛수고로 끝나는 경우가 많다. 그중에서도 발음 교정은 중간에 중단하면 아예 시작하지 않은 것보다 못할 때가 많다. 발음 교정을 한참 진행하다가 중간에 중단하면 어설프게 교정된 발음 때문에 상대방이 이해하기 힘든 발음으로 정착될 가능성도 있고, 오래된 습관의 발음과 교정된 발음이 섞여서 말할 때 장애가 되기도 하기 때문이다. 그래서 영어 발음 교정은 처음부터 수준을 조금 낮게 정하고 그 수준을 반드시 달성하여야 한다. 그리고 영어 발음 교정 수준이 매우 낮다 하더라도 영어 듣기, 말하기 실력이 늘어남에 따라서 발음도 자연스럽게 조금씩 개선되기 때문에 대부분은 의사소통에 별문제가 없다.

 다만 같은 보통의 한국인이 들어도 이해가 잘 안 되는 발음은 심각한 문제가 있는 발음이다. 이런 문제는 대부분 발음기호를 찾아보지 않고 스펠링만 보고 대충 발음하는 습관에 의해서 형성되었으며 발음기호에서 벗어나 있는 발음이다. 이는 콩글리시 발음이 아니라 국적 불명의 발음으로 아주 친한 원어민 외에는 이해할 수가 없다. 이러한 경우에는 반드시 발음을 상당한 수준으로 교정한 후에 학습해 나가야 한다. 그렇지 않으면 학습 효율이 현저히 떨어질 뿐만 아니라 이런 발음으로 스피킹이나 소리 내어 읽기를 오래 하다 보면 외국인이 듣고 알아들을 수 없는 발음으로 완전히 정착되어 교정도 사실상 불가능해지기 때문이다.

 발음에 심각한 문제가 있다는 것을 느낀 후 잘못된 발음이 입에 길들여지기 전에 초기 단계부터 발음을 확실하게 교정하는 것이 반드시 필요하고 그것이 전체 영어 학습 기간을 더 줄여줄 것으로 판단했다. 결국 초기 학습 과정에서 발음을 교정하는 연습에 충분한 시간을 배분하기로 계획을 수정하였다. 20년 전에 이 학습법을 이론적으로 완성한 후 본격적인 학습에 들어가자마자 곧 영어 학습이 재미있어졌고 모든 것이 순조로웠지만 초기 몇 일간은 발음을 교정하는 데에 조금 어려움을 겪었던 기억이 떠올랐다. 처음부터 즐겁게 공부하려던 희망사항을 조금 내려놓아야 했다.

영어 발음 함정 그 기나긴 터널의 시작

 20여 년 전에는 학원 원어민 강사의 개인적인 관심과 배려로 4개월 동안 틈틈이 개인지도를 받아가며 발음을 하나씩 천천히 교정했다. 그리고 오랜 시행착오 기간에 조금은 리스닝 실력이 향상되어 본격적인 학습이 시작된 후에 추가 발음 교정은 아주 낮은 수준만 하였기 때문에 발음 교정에 관한 경험과 지식이 많지 않았다. 그래서 발음 관련 서적 몇 권을 구입하고 인터넷 서핑으로 미국과 영국의 발음 관련 사이트들을 참조하면서 발음을 하나씩 교정하며 기본 교재로 진도를 나갔다.

 20년 만에 본격적으로 학습을 시작한 첫 주부터 다시 인내력 훈련이 시작되었다. 막강한 영어 학습법을 이론적으로 경험적으로 완성하고 영어는, 아니 모든 외국어는 재미있다고 말해왔던 나였지만 다시 또 인내력 테스트를 거치고 있었다. 20년 동안 영어로 된 단어를 단 한 개도 보지 않았거나 영어에서 유래한 외래어를 전혀 접하지 않았다면 차라리 상태가 더 나았을 것이다. 레커드(record), 리포트(report) 같은 단어는 수백 번 발음을 연습해도 막상 읽을 때면 습관적으로 레코드, 레포트 등으로 발음이 되는가 하면 f/p, v/b, th 같은 기초 발음을 숙달하는 데도 힘이 들었다.

첫 일주일 동안은 내 혀와 입술과 이빨이 내 것이 아니었다. 성격이 급한 편이어서 죄 없는 혀만 이빨에 몇 번이나 상처를 입고 혀가 꼬이고 입술에 경련이 나기도 하면서 꼬박 일주일이 넘어서야 겨우 흉내 내는 정도가 되었다. 그런데 더 큰 문제가 생겼다. 국적 불명의 발음을 추방하고 나니까 새로 익힌 영어 발음이 아직 익숙하지 않아서 마치 이제 말을 배우는 두세 살 먹은 아이처럼 기본 교재 한 페이지를 소리 내어 읽는데 몇 분이나 걸렸다. 새로 익힌 발음이 입에 달라붙을 때까지는 정상 속도로 소리 내어 글을 읽어나가는 것은 불가능해 보였다.

일주일가량 연습했어도 막상 책을 읽을 때면 오래된 습관 때문에 국적 불명의 발음이 튀어나와서 조금이라도 헷갈리거나 나도 모르게 국적 불명의 발음이 나올만한 단어는 전부 다 형광펜으로 표시하며 읽어 나갔다. 눈으로만 읽으면 한 챕터를 한 번 읽는 시간이 2분에서 3분이면 충분했다. 하지만 새로 교정한 발음에 익숙하지 않아 말을 더듬거리는 것과 같은 속도로 읽다 보니 맨 처음에는 한 챕터를 읽는데 20분 이상 걸렸다.

또 한 번의 포기

그렇게 10일 넘게 학습하는 데 너무 힘이 들고 이렇게까지 하면서 꼭 영어 공부를 다시 해야 하나 하는 생각이 들어 영어 공부를 포기하기로 하고 한 대학의 캠퍼스 후미진 곳에서 혼자서 쓸쓸히 소주잔을 기울이고 있었다.

완연한 봄이 되어 노란 개나리와 화사한 진달래가 피어 있는 대학의 연못가에 학생들이 삼삼오오 깔깔대며 지나가고 있었다. "그래 그때는 뭐든지 좋을 때지…." 마지막 소주잔을 입에 털어 넣으며 혼잣말을 하는데 문득 하나뿐인 딸아이가 생각이 났다. 속된 말로 "니나 잘하세요!"라는 말이 나올 법한 훈계를 나는 딸에게 해왔다. 그런데 아빠라는 사람이 단지 힘들다는 이유로 좋은 기회를 포기하려 하고 있었던 것이다. 갑자기 말할 수 없는 부끄러움과 딸아이와 또 한 여인에 대한 그리움이 파도처럼 밀려왔다. 막 잔의 소주가 폭음의 첫 잔이 되어 밤이 새도록 마셨다. 부끄러워 마시고 그리워서 마시고 외로워서 더 마시고 아파서 더욱더 마셨다. 나의 아픔과 부끄러움과는 상관없이 봄날의 어두운 밤은 어느새 아침과 인사를 마치고 떠나버렸고 나는 해가 뜬 줄도 모르고 마시고 있었다.

세상에 대한 선포

모든 것이 반복이었다. 20여 년 전 대학 시절에 영어를 포기한 후에도 며칠 동안 해가 뜰 때까지 술을 마시고 해가 질 무렵에 일어났었다. 그때는 학생이었고 아직은 세상이라는 무대에 데뷔하기도 전이었고 젊었었다. 그리고 1년여, 2,000시간이 넘는 기나긴 시행착오를 거친 후였다. 그런데 아빠가 되고 어른이 되어 고작 10일 정도 만에 포기하고 밤새워 술을 먹고 어두워질 무렵에 일어난 것이다. 더구나 경제적인 문제로 가정에 말할 수 없는 고통까지 안겨준 가장이…. 나도 모르게 눈물이 흘러나왔다. 일어나서도 방 안이 칠흑처럼 어두워질 때까지 우두커니 앉아 있었다. 의식의 한 켠에 구깃구깃 접어두었던 부끄러움과 참담함이 손톱 밑에 박힌 가시처럼 아프게 되살아났다. 아픔은 슬픔이 되고 슬픔은 눈물로 흘러내렸다. 옷을 주섬주섬 챙겨 입고 산으로 향하였다.

산에서 내려와 며칠을 모질게 학습하여 겨우 중학교 2학년 과정을 마치고 블로그에 글을 올렸다. 영어 학습을 시작할 때 사업 실패 이후 여러 가지 일이 아직 정리되지 않았다. 겨우 고향에 내려와 지인의 집에 얹혀사는 형편이라서 주변의 그 누구의 격려나 도움도 기대하기 힘들었고 공부할 장소도 마땅치 않았다.

인내력과 의지가 약한 평범한 보통 사람인 내가 과연 이러한 열악한 상황에서 영어 공부를 끝까지 마칠 수 있을까? 하는 회의가 들고 자신도 없었다. 그래서 나 자신의 약한 의지와 인내력을 강제할 목적으로 오픈된 인터넷 공간에 학습 시작을 알리는 글을 쓰며 배수의 진을 치고 공부를 시작하였다. 그런데 이번에는 아예 돌아갈 배를 불살라 버리고 퇴로를 차단할 목적으로 "나는 영어를 정복하리라. 생각보다는 별것 아닌 영어를 정복하는 과정을 보여주리라. 누구나 할 수 있는 방법으로 그렇게 힘들이지 않고서, 누구나 할 수 있는 방법으로 그렇게 오래 걸리지 않아서 영어를 정복하여 세상에 외치리라. 영어가 제일 쉬웠다고!"라며 인터넷상에 공개적으로 선포하고 가까운 지인 20여 명에게도 알려 끝까지 지켜보아 달라고 부탁까지 했다.

영어 왕초보 130시간 만에 영어 귀를 뚫다

다시 태어나 말을 배운다는 마음으로 차근차근 진도를 나가기로 마음먹었다. 힘들게 두 번째 교재의 챕터 6을 공부하고 있을 무렵부터 녹음된 원어민의 목소리가 평소보다 또렷하게 들리기 시작하더니 챕터 8을 공부할 무렵에는 훨씬 깨끗하고 분명하게 들리기 시작했다. 그 순간, 나는 영어 귀가 뚫린 것을 알 수 있었다.

아! 그때의 그 기분이란…. 말로 표현할 수가 없다. 어린아이처럼 흥분하여 몇 분 동안 방 안을 이리저리 서성거리고 돌아다니며 어쩔 줄을 몰라하며 기뻐했다. 이 글을 쓰는 지금도 그 순간이 떠올라 조금은 흥분이 된다. 20여 년 전 자다가 영어로 긴 꿈을 꾼 것을 알고 꼭두새벽에 자리에서 벌떡 일어나 기뻐 날뛰던 순간과 오버랩이 되어 떠오른다. 몇 번을 들어보아도 아직 한 번도 읽지 않은 챕터가 분명하게 들려오고 평소에는 잘 놓치던, is, to, the 같은 단어도 분명하고 또렷이, 마치 맑은 수정구슬처럼 투명하고 아주 깨끗한 음성으로 들려오는 것이었다. 중학교 2학년도 안 되는 영어 실력으로 다시 영어 공부를 시작한 지 약 20여 일, 130여 시간 만에 영어 귀뚫기에 성공한 것이다.

여기에서 130시간은 영어 발음 전체를 교정하는 시간, 모르는 단어를 찾는 시간, 단어를 익히는 시간, 책의 곳곳에 형광펜을 칠하는 시간까지 합한 것이다. 만약 나의 영어 실력이 중학교 3학년 학생 수준만 되었다면 실제 공부 시간은 훨씬 짧았을 것이다. 이 학습법의 막강한 효력이 발휘된 것이다. 비록 영어 실력은 낮았으나 발음 학습에서 좌충우돌한 것과 초기에 비효율적인 교재를 선택한 것을 제외하고는 시행착오가 거의 없었고 언어 습득 원리를 정확히 이해한 바탕에서 자연의 이치에 따라 학습하니까 남들이 보기에는 기적 같은 그러나 내 입장에서는 당연한 결과가 나온 것이다.

  흥분을 좀 가라앉힌 다음 여러 가지 오디오 자료들을 더 구하여 쭉 들어보았다. 모르는 단어가 상당히 많은 문장들도 소리는 다 들리고 뜻도 대체로 이해되었다. 어떤 오디오에서는 그 챕터에서의 핵심단어가 모르는 단어였는데 그 챕터에서 그 단어가 여러 차례 반복되다 보니 그 오디오가 끝날 무렵에는 그 단어의 뜻이 이해되기도 하였다. 내친김에 영어 뉴스도 들어보았다. 아주 일부 뉴스는 거의 들리고 이해되었지만 대부분의 뉴스는 전체적인 뜻만 겨우 이해되었다. 이번에는 인터넷을 서핑하여 토익과 토플의 리스닝 오디오 자료를 구하여 대화문과 장문 부분만 쭉 들어보았다. 모르는 단어가 자주 등장하였으나 전체적인 뜻을 이해하는 데는 큰 어려움이 없었고, 듣다 보니 토플, 토익의 리스닝 녹음 속도가 생각보다 빠르지 않다는 것도 알게 되었다. 기본 교재 녹음 속도와 큰 차이가 나지 않는데 선입견과 단어 수준 때문에 처음에 상당히 빠르게 느껴진 것뿐이었다.

  리스닝 점검에 장시간을 소비한 후에야 '영어 귀뚫기'에 성공하였다고 분명히 결론을 내릴 수 있었다. 토익이나 영어 뉴스 중 일부가 잘 안 들리는 것처럼 느껴지는 것은 모르는 단어가 너무 많이 등장하거나 아니면 아직 미국식 영어 발음도 귀에 완전히 익숙해지지 않은 상태에서 미국식이 아닌 발음을 들었기 때문이다. 국가별 발음특성은 한 가지 발음에 완전히 익숙해진 다음에는 간단히 해결될 문제이기에 별로 중요한 문제는 아니었다. 또 모르는 단어와 상관없이 이해가 안 되는 부분들이 있는 것은 아직은 어려운 문장에 익숙하지 않아서 그런 것이므로 이미 영어 귀가 뚫렸고 영어에 뇌가 상당히 길들여졌으니 조만간 해결될 문제였다.

이때 만약 영어 발음이 완전히 정착되었다면 나 스스로 영어 임계점 1단계를 확실히 돌파했다고 판단했을 것이다. 그러나 영어 임계점은 실력 수준이라기보다는 습득 능력 수준이다. 요즈음 유행하는 표현으로 영어 모국어화가 진행되는 수준이다. 그러나 그보다 더 중요한 것은 억지로 참고 해야 하는 공부가 끝나는 것이 훨씬 중요한 기준이다. 힘든 공부가 끝나고 재미있게 영어를 익히는 것이 가장 중요한 기준이다. 아무리 실력이 높고 실력 향상 속도가 가파르다 하더라도 계속해서 인내력을 발휘하여 힘들게 공부해야 한다면 영어 임계점이란 단어는 별다른 의미가 없다. 그냥 "실력이 빨리 는다"라고 표현하는 것이 낫다.

영어 귀가 뚫렸지만 교정 중인 영어 발음이 아직 정착되지 않았다. 그래서 여전히 힘들게 참으며 공부하고 훈련해야 하는 과정이 남아 있었기 때문에 이 단계에서 나 스스로는 영어 임계점 1단계를 돌파했다고 판단하지는 않았다. 영어 임계점 1단계를 돌파했는가의 판단 여부는 영어 실력의 가파른 상승과 영어가 재미있어지는 두 가지 현상이 핵심이며 그중에 하나만 고른다면 영어가 재미있어져서 억지로 참고하는 영어 공부가 끝나

버려야 하는 것이다.

거위의 배를 가르다

　흥분이 좀 가시고 나니까 한 가지 문제점이 부각되었다. 귀가 뚫렸을 때는 영어 리스닝에 시간을 좀 더 투자해 주어야 하는데 나의 단어 실력으로 들을 만한 영어 학습 자료가 마땅치 않은 것이다. 한참 고민한 끝에 욕심을 좀 부렸다. 그렇지 않아도 이 나이에 너무 쉬운 교재로 공부한다는 것이 조금은 찜찜하기도 해서 바로 영어 뉴스 듣기에 도전하기로 했다. 그런데 단어 실력이 문제라서 정치, 경제, 건강, 사건 등 분야별로 단어를 공략하면서 영어 뉴스를 듣기로 하고 간만에 책 쇼핑을 나가 영어 뉴스 리스닝에 관한 책 몇 권을 구입하였다.

　영어 뉴스를 들어 보니 일부 쉬운 부분은 대부분 이해되었으나 상당 부분은 전체적인 뜻을 이해하는 수준 이상은 어려웠다. 그래서 뉴스 원고를 읽어 내려가면서 모르는 단어를 찾고 꼼꼼히 해석을 한번 해보았다. 아직 나의 단어 실력은 크게 발전한 것이 아니라서 찾아야 하는 단어가 정말 많았고 단어를 찾는 시간도 엄청났다. 영어 뉴스의 단어 찾기가 끝나자 어렴풋한 문법 실력에 맞추어가면서 꼼꼼한 해석을 몇 차례 하였다. 영어 뉴스 교재들을 사고, 그 교재들 중에서 쓸 만한 교재를 고르고, 단어를 찾고 해석하느라 일주일이 흘러갔다. 다시 한 번 들어보았다. 그런데 처음보다 더 안 들리는 것이었다. 착각이었을까? 한 번 더 들어보았다. 여전히 잘 안 들리는 것이었다. 그러면 일주일 전에 귀가 뚫린 것은 완전히 착각이었을까?

'아차!' 영어 실력을 효율적으로 늘리기 위해 가능한 한 빨리 끊어야 하는 것이 영어 문장을 앞뒤로 왔다 갔다 하며 문법적으로 따져 한국어로 해석하는 습관이다. 그런데 일주일이 넘게 듣고 소리 내어 읽거나 영어를 영어 그대로 받아들이며 읽는 연습은 단 1초도 하지 않고 한국어로 해석하고 번역하고 문법적으로 따지고 있었던 것이다. 이제 막 영어 귀가 뚫린 상태에서 일주일이나 듣기를 중단하고 이 학습법의 가장 중요한 학습지침인 뇌를 영어로 길들이라는 원칙을 나도 모르게, 조급하고 욕심에 눈이 어두워 어긴 것이다. 황금알을 낳는 거위의 배를 갈라버린 셈이었다. 조만간 회복은 가능하겠지만, 영어 귀뚫기 성공은 욕심과 조급함 때문에 일정 기간 후퇴할 수밖에 없었다. 기초가 닦였던 영어 음소 음성 인식 능력과 영어 문장 이해력이 사라져 버린 것이다.

슬럼프

영어 귀뚫기에 성공한 기쁨에 에너지가 넘쳐서 더 열심히 하였으나 오히려 실력이 후퇴하였다. 조급한 마음에 나의 욕심과 어리석음으로 일어난 일이니 다시 시작하자고 스스로를 위로해보아도 도저히 의욕이 생기지 않았다. 슬럼프가 찾아온 것이다. 어설픈 실력으로 의욕만 앞세워 망치질을 하다 보면 잘못하여 못이 휘어져서 못을 뽑고 또 망치질을 하고 그러다가 목재가 갈라져서 나무를 다시 바꾸고 하면서 몇 시간을 끙끙거리며 일해야 하는 때가 있다. 숙련된 목수는 정확한 망치질로 일을 금방 끝마치고 휘파람을 불며 집에 돌아가는데 서투른 목수는 땀을 흘리며 밤이 새도록 열심히 해도 일이 끝나지가 않는다. 열심히 하는 것이 중요한 것이 아니라 제대로 하는 것이 훨씬 중요한 것이다.

수십 년간 한국인과 일본인을 괴롭혀온 영어는 한국어나 일본어와 많이 다르기 때문에 원리에 따라 이치에 맞는 세심한 학습을 하지 않으면 오히려 하지 않느니만 못한 경우가 많다. 그래서 영어가 어렵게 느껴지는데 그것은 제대로 된 망치질을 하지 않고 의욕만 앞세워 억지로 망치질하기 때문이다. 그런 사실을 잘 알고 있던 나도 오랜만의 학습으로 과거의 학습 기억이 조금 사라진 데다가 욕심에 눈이 어두워 삽질한 것이다.

뼈에 사무친 교훈

잠시 책을 덮고 휴식을 취한 후 지난 공부 과정을 살펴보니 어리석은 욕심을 부리게 된 것은 영어 발음 훈련이 너무 힘들었기 때문이었다. 영어 귀가 뚫렸어도 학습하는 재미를 느낄 수가 없어서 답답한 마음에 조급해지고 욕심에 사로잡힌 것이다. 곰곰이 생각한 결과 지속적으로 영어를 접해왔거나 아니면 영어를 떠난 지 얼마 안 되는 사람들 혹은 한국어 발음에 길들여진 세월이 얼마 되지 않은 젊은 층에게나 맞을 훈련 방법을 포기하고, 발음을 교정하는 수준이 아니라 영어 발음 전체를 처음 배우고 익힌다는 개념으로 훈련해야 한다고 결론을 내렸다.

갓난아이가 "엄마"를 제대로 발음할 수 있을 때까지 다른 단어를 어머니가 전혀 가르치지도 않고 아이도 연습하지 않는 것처럼 단 한 단어라도 영어다운 발음을 정확히 할 수 있기 전에는 그냥 넘어가지 않는다고 다짐하고, 실제로도 그렇게 하기로 하였다. '어설픈 밑그림은 오히려 장애가 되니 찢어버리고 백지에서 시작해야 하고 버그가 많이 나는 컴퓨터는 아예 새로 포맷을 해버려야 한다'고 나름 비장한 각오를 한 것까지는 좋으나

20년 전의 시행착오를 다시 반복하고 있는 줄은 미처 생각하지 못했다.

　원리에 따라 자연의 이치에 맞게 학습하고 훈련하면 실력은 점점 가파르게 상승한다. 그런데 그런 결과가 나오지 않는 것은 뭔가 방법에 문제가 있다는 이야기이므로 잠시 멈춰서 객관적으로 살펴보고 자신의 학습이 자연의 이치에 맞는지 잘 점검해 보아야 한다. 그런데 자신이 잘 알지 못하는 발음이란 분야에서 발음 교재나 발음 사이트에서 가르치는 대로 이상적인 발음만 고집하고 있는 줄은 꿈에도 몰랐다. 뼈에 사무친 시행착오를 통해 얻어진 "영어 실력은 절대로 계단식으로 상승하지 않는다. 만약 일정한 시간 이상 학습하여도 실력의 향상이 없다면 뭔가 방법이 잘못된 것이다"라는 귀중한 교훈이 오랜 세월 속에서 잊혀져 버린 것이다.

끝이 없는 수렁

　모든 발음 전체를 완벽히 교정하며 힘들게 계속 진도를 나가서 잃었던 리스닝 능력을 회복하였어도 도대체 발음은 정착될 기미가 보이지 않았다. 매일 발음과의 전쟁이 이어졌다. 하루 영어 학습 시간의 80% 이상을 쏟아부어 발음 훈련에 투여한 시간이 영어 귀를 뚫은 후부터만 따져도 300시간을 넘었는데도 조금만 훈련을 멈추면 퇴보하고 여전히 갓난아이와 같은 발음 능력에서 벗어날 줄을 몰랐다. 그 와중에도 듣기 능력은 꾸준히 향상되어 토익 리스닝이 느리게 느껴지고 뉴스가 점점 편안히 들려왔지만 발음 능력의 향상은 너무 더뎠기 때문에 소리 내어 읽기를 충분히 할 수가 없었다. 그래서 스피킹 능력의 향상은 거의 없었고 발음 훈련에 대부분의 시간을 투자했기 때문에 단어 실력이나 문장 이해력의 향상도 더디기만 하였다.

애초에는 낮은 수준의 발음 교정을 천천히 해나가는 것이 계획이었다. 그런데 나이가 들어서 낮은 수준의 발음 교정도 너무 힘들어서 어려울수록 오히려 목표 수준을 더 높여버린다는 정공법을 선택하여 약간 높은 수준으로 발음을 교정하느라 너무 많은 시간이 걸리고 있었다. 또 영어 귀가 완전히 뚫려 원어민의 발음을 계속 듣다 보니 교정된 발음이 완전히 정착되지 않았는데도 들리는 소리와 말하는 소리를 일치시키려는, 들려오는 소리에 더 가깝게 발음하려는 무의식적이고 본능적인 뇌와 근육의 작용에 의하여 발음 수준이 계속 변하고 있었다. 이미 부담스러운 수준의 발음에서 더 부담스러운 높은 수준으로 멈추지 않고 계속 변하는 것이다. 정착될 틈이 없었다.

힘겹게 발음을 훈련해 가는 와중에 정리되지 않은 복잡한 문제들이 불거져서 한 달 이상씩 두 번이나 공부를 중단하게 되자 더디게 향상시킨 발음 능력은 또다시 퇴보하였다. 그래서 마침내 발음 능력을 의도적으로 퇴보시키기로 결정하였다. 영어 학습 시간의 80% 이상, 에너지의 95% 이상을 쏟아부으며 영어 발음을 높은 수준으로 교정하고 교정된 발음을 정착시키려 노력하였지만 결국에는 영어 발음을 후퇴시키기로 결정한 것이다. 그동안의 노력과 시간은 모두 무의미한 헛수고가 될 것이며 발음을 후퇴시키기 위하여 별도의 훈련을 더 해야 했다. 그때의 참담한 심정은 이루 말할 수가 없다.

높은 수준의 발음 교정이 효율성이 전혀 없는 것은 아니다. 아주 빠르게 발음하는 원어민의 소리를 들을 때, 어린이나 노인 등의 발음을 들을 때, 다국적 발음을 들을 때, AP뉴스 같은 상당히 빠른 뉴스를 들을 때 등에는 발음의 교정 수준이 높을수록 효율적인 면은 분명히 있다. 그리고 발음이 원어민에 가까울수록 원어민이 듣기에 좀 더 편안할 것이다. 그래서 노력한 시간이 아깝게 느껴져 높은 수준의 발음을 정착시키려고 애를 쓰다 보니 발음 훈련의 끝이 보이지 않고 있었다.

어떻게 보면 이번 영어 공부에서 발음에 대한 집착은 20년 전 문법에 대한 집착과 비슷한 점이 많았다. 그때도 기초 수준 이상의 문법 공부는 시험 외에는 필요가 없다는 것을 알면서도 그동안 공부한 것이 아까워 쉽게 문법책을 버리지 못했다. 기본 발음 수준이 정착되고 영어 귀가 100% 뚫리면 시간이 흐를수록 특별한 인위적인 노력이 없어도 듣고 읽는 것만으로 자연스럽게 발음이 점차 개선된다. 그런데 그동안 쏟아부은 노력이 아까워 높은 수준의 발음을 정착시키려고 쓸데없이 집착하며 시간과 노력을 낭비한 것이다.

완벽한 딜레마

학습 시간 전부를 발음 훈련에만 투자하여 혀의 위치와 입모양을 한국어 발음 포인트에 좀 더 가깝게 변경한 후 발음 연습을 하며 1주일쯤 지나자 내가 완벽한 딜레마에 빠진 것을 알았다. 지난 몇 달 동안 열심히 원어민식 발음 연습을 한 결과 원어민식의 발음에 발음 관련 근육이 어느 정도 길들여져 후퇴도 쉽지가 않았다. 전진도 힘들지만 후퇴도 결코 쉽지 않은 것이다. 눈앞이 캄캄해져 오는 것 같았다.

전진할 것인가 후퇴할 것인가? 이 질문에 대한 답을 동전던지기 하듯이 결정할 수는 없어서 잠시 학습을 멈추고 발음 훈련과 관련된 실제 사례를 찾고 발음에 대하여 좀 더 연구하기로 했다. 그런데 몸이 반란을 일으키기 시작했다. 치통으로 시작된 질병들이 줄지어 덮쳐왔다.

10개가 넘는 치아에 문제가 생겨 신경 치료를 했으며 신경 치료 도중에 결국 몇 개는 뽑아야 했다. 허리 디스크가 재발하여 기어서 화장실을 가기도 했으며, 양팔을 움직일 수 없어서 몇 주를 두유만 먹으며 버티기도 했고, 자다가 일어나 이불에 시뻘건 피를 몇 번이나 토하기도 했다. 두 달 넘게 거의 매일 병원에서 통근 치료를 받았으며 서로 다른 병원에서 처방된 약을 서너 가지 정도 먹어야 했다. 어떻게든 사업을 정상화시켜 보려 1년이 넘게 몸을 지나치게 혹사하였고, 그 이후로도 1년이 넘는 동안에 몸을 전혀 돌보지 못했으니 이러한 몸의 반란은 어쩌면 당연하고 사실 살아있는 것만도 감사해야 했다.

발음에 대한 연구

어쩔 수 없이 영어 학습을 중단하였고 통증을 견디고 마음을 다스리며 시간을 흘려보냈다. 통증이 견딜만한 날이면 인터넷을 서핑하여 영어 발음 훈련과 관련된 실제 사례들을 찾아보고 책과 자료들을 보며 음성학을 연구하였으며 뇌 과학과 언어 인지이론에 관한 자료들도 다시 보았다. 음성학을 공부하다 보니 오랜만에 지적 호기심이 발동하기도 하고 현실적인 필요성도 있어서 통증이 있는 날도 심하지만 않으면 어느 정도 연구에 집중하였다.

　발음 훈련과 관련된 실제 사례들을 찾고 음성학을 연구한 결과는 상당히 허무하였다. 먼저 한국인의 영어 발음 훈련과 관련된 사례들을 찾아보니 원어민식의 영어 발음 훈련에는 최소한 1년 이상의 기간이 소요된다는 공통점을 발견할 수 있었다. 이것은 외국에 유학 가거나 이민간 20대의 한국인들이 쓴 블로그들을 통해서 얻은 결론이었다. 계속해서 영어를 접해 왔었고 아직 젊은 층인 20대가 원어민 국가에서 거주하며 한국어를 한마디도 하지 않고 하루 종일 영어를 말하고 듣는 상황에서도 1년 이상이 걸리는 것이다.

　그중에서도 캐나다에 유학중인 한 20대는 공개 학습 일지 형식으로 20차례 넘게 연재한 글에서 자신의 경험을 있는 그대로 자세히 서술하여 나에게 많은 도움을 주었다. 그 글을 읽고 나서 한국인을 위한 최소 발음 포인트를 반드시 찾아야겠다고 결심하였다. 이 자리를 빌려 그 젊은 친구에게 감사드린다. 그는 1년이 넘는 기간을 원어민식 발음 연습에 매달렸지만 6개월 동안은 제대로 말할 수 없었고 1년이 지났는데 아직도 천천히 말하는 수준밖에 안 되며 정상 속도로 말하는 것은 아직 어렵다고 글을 썼다.

　그리고 어떤 책의 저자는 지도하는 사람이 잘 지도하면 6개월이면 기본적인 발음 문제를 어느 정도 해결할 수 있고 1년 정도면 원어민들과 잘 통하는 수준까지 갈 수 있으니 희망을 품고 꾸준히 연습하라고 쓰고 있었다.

1년 정도면 영어를 준 원어민 수준까지 정복하고도 남는 시간인데 그동안 발음 연습만 하며 원어민을 흉내 내는 수준까지 가라는 것이다. 발음이 좋아진다고 단어가 저절로 외워지는 것도 아니고 문장 이해력이 좋아지는 것도 아니며 스피킹이 완성되는 것도 아니다. 단지 발음만 좋아지고 리스닝에서 소리를 듣는 데 도움이 되는 것뿐이다. 그래서 발음을 힘들게 교정하고 나면 소리는 들리는데 그 소리가 이해되지는 않는 현상이 나타난다. 그런데 1년을 투자하라는 것이다. 말이 투자이지 발음 연습을 해본 사람만 안다. 리스닝 집중 훈련보다 더 고통스러운 인내력 훈련을 해야 하고 잠시만 훈련을 멈추면 후퇴한다.

물론 그 저자는 순수한 연구자적인 자세를 일관하고 있었으나 엄청나게 착각하고 있었다. 미국 사람과 영국 사람이 서로 발음이 달라도 별문제 없이 의사소통한다는 평범한 사실을 전혀 자각하지 못한 것이다. 원어민과 발음이 조금 달라도 서로 의사소통할 수 있다는 점은 아예 생각도 해보지 못하고 어떻게 하면 원어민을 잘 흉내 낼 수 있는가만 연구한 것이다. 그리고 그 연구 결과가 1년 정도 죽어라고 연습하면 조금은 흉내 낼 수 있다는 것이다.

상상을 초월한 어리석음

한 선교단체의 미국인들은 한국에 온 지 6개월만 되면 한국 사람이 미국에서 10년 살아야 구사할 수 있는 수준으로 외국어를 잘 구사한다. 이유는 간단하다. 낡이지 않고 합리적이고 상식적인 방법으로 원리에 따라서 언어를 습득하며 불필요한 곳에 시간을 낭비하지 않기 때문이다. 미국인을 상대로 한국어를 가르치는 것은 전혀 돈이 안 되기 때문에 낚시꾼도 없고 그 사람들은 한국어 문법을 배우거나 한국어 원어민의 발음을 흉내 낼 것은 아예 꿈도 꾸지 않는다.

그리고 비교적 엄격한 종교적인 단체라서 은어나 속어, 욕설이나 유행어 그리고 빈정대는 말투 등을 배우려 하지도 않는다. 또 일정이 바빠 한가한 사람들과 수다를 떨거나 한국 드라마를 볼 시간도 별로 없어서 오로지 자신들의 비즈니스인 선교 목적 의사소통이나 건전한 한국인과 일상적인 의사소통에만 초점을 맞추어 한국어를 학습한다. 또 그들은 자신들이 판단해서 굳이 배울 필요가 없다고 생각되는 한국어는 전혀 배우지 않는다. 반말 표현을 거의 배우지 않으며 한자성어나 속담 같은 어려운 표현들을 일부러 학습하지는 않는다.

그들은 "아뇽하세요?" 수준의 인사말만 익히고 입국하여 한국에서 처음 한글을 배운 왕초보이다. 하지만 6개월이면 선교 활동과 건전한 친교 활동 그리고 일상생활에서 언어적 장애를 거의 느끼지 않으며 한국어 책을 읽고 한국어 글을 쓰는데도 별다른 어려움이 없어진다. 또 자신들의 일상생활과 안전에 밀접하게 관련된 날씨, 재난, 사건, 사고, 유행병 등에 관한 한국어 뉴스를 듣고 대부분 이해한다. 그들이 가끔 문법에 안 맞는 말을 하거나 한글 맞춤법이 조금 틀려도 그 말이나 글을 이해하지 못하는 한국인은 아무도 없다. 또 유행어나 속어 그리고 비아냥거리는 말투를 대부분 이해하지 못하기 때문에 저질스러운 사람들과는 잘 사귀지 못한다.

어린아이에게도 존댓말을 쓰는 그들에게 한국어를 못한다고 말하는 한국어 원어민은 아무도 없으며 아주 예의 바르고 모범적인 미국 청년들이라는 평판을 얻어 그들의 비즈니스인 선교 목적을 달성하는데 오히려 도움이 된다. 원어민에 비하여 부족한 한국어 실력이 오히려 그들의 이미지를 더 좋게 하고 그들의 비즈니스를 더 잘되게 하고 비정상적인 사람들이나 저질스러운 사람들과의 접촉을 자연스럽게 차단하여 낯선 외국 생활을 더 안전하게 해주는 것이다.

그들은 처음에는 반말 표현을 잘 모르지만 존댓말을 정복하고 나서 반말을 배우는 것은 별로 어려운 일도 아니기 때문에 6개월 정도 지나면 반말도 능숙하게 사용할 수 있게 되고 계속 한국어를 듣고 말하기 때문에 발음도 처음보다 훨씬 좋아진다. 6개월 정도 지나면 한국 사회에 대해서 많이 알게 되기 때문에 반말 실력이 이제는 그들의 안전을 위협하지도 않는다. 또 그들은 단순히 소리 한국어만 익히는 것이 아니라 한국어 글도 꾸준히 읽기 때문에 문법에 맞는 글도 잘 쓸 수 있게 된다. 만약 한국어 시험을 본다면 문법 공부를 하지도 않았지만 문법 문제도 술술 잘 풀 것이다. 그리고 만약 그들 중 누군가 한국이 마음에 들어 정착하기로 마음먹고 한국 국적 취득을 위한 한국어 능력 평가시험을 본다면 모의문제 5회분만 풀고 나서 시험을 봐도 아마 거의 수석을 할 것이다.

이들의 언어 습득법과 태도는 구시대의 망령처럼 여전히 문법이 중요하다고 외치는 사람들이나 소위 현지 영어나 미국 드라마를 지나치게 강조하는 사람들에게 시사하는 바가 클 것이다. 그리고 그들의 언어에 대한 태도나 언어 습득법은 내가 주장하는 바와 거의 일치한다. 바로 이러한 선택과 집중을 통해서 6개월 이내에 영어를 준 원어민 수준으로 정복할 수 있는 것이다.

 한국인이 영어를 잘 듣지 못하고 발음하지 못하는 원인과 영어 원어민이 한국어를 잘 듣지 못하고 발음하지 못하는 원인은 거울에 비친 또 하나의 모습처럼 본질적으로는 동일하다. 그런데 한국에 온 한 선교 단체의 미국인들은 불과 한 달 정도면 한국인이 알아듣는 발음을 하고 모르는 단어가 없으면 한국인 정상 속도의 대화를 대부분 이해한다. 철도레일은 두 개다. 한쪽에서 다른 쪽의 레일로 옮겨 가는데 한 달 정도면 해결이 되는데 반대편에서는 1년이 넘어도 옮겨 갈 수 없다. 어떻게 이런 일이 있을 수 있는가? 무언가에 낚였거나 상상을 초월할 정도로 비효율적인 어리석은 방법을 사용하기 때문이다.

 어리석은 방법이란 쉽고 간단한 방법이 있는데 거의 불가능한 방법을 사용하는 경우에 쓰는 표현이다. 언어 계열이 전혀 다른 한국어와 영어는 그 차이가 심해서 10대 초반을 넘어서면 원어민이 들어서 원어민의 발음처럼 느껴지려면 수십 년이 걸려도 쉬운 일이 아니다. 그런데 우리는 낚이거나 어리석어서 원어민의 발음을 따라 하려 하는 것이다. 외국어를 배우는 것은 문자나 소리를 통해서 정보를 얻거나 소통하려는 것이 목적이다. 따라서 자신의 출신 국가를 속일 이유가 없다면 원어민의 소리를 듣고 이해할 수 있고 원어민이 자신의 소리를 듣고 이해할 수 있으면 발음에 관한 한 목적이 달성된 것이다. 그러므로 그것이 가능한 최소 포인트를 찾아서 연습하면 된다. 그런데 그런 목적과 무관하게 좀 더 원어민을 흉내 내려는 어리석은 집착 때문에 발음과 관련된 시행착오가 생겨나는 것이다.

원어민의 발음을 따라 하는 것이 아니라 한국식 발음이라도 원어민이 이해할 수 있는 발음을 익히면 된다. 그리고 원어민 국가에서 거주할 일이 있으면 하루 종일 원어민들의 발음을 듣고 말하는 것만으로도 점차 원어민식의 발음이 생겨난다. 지방 출신의 한국인이 특별한 노력을 기울이지 않아도 서울에서 오래 거주하는 것만으로 자기도 모르게 사투리가 사라지고 서울 말씨가 생겨나는 것과 같은 이치이다.

영어 발음 그 허무한 결론

그렇다면 그 최소로 교정이 필요한 발음은 무엇인가? 음성학을 연구해 보니 그 결과는 허무하게도 20년 전에 소리 내어 읽기 오리지널판 학습법을 통하여 이론적으로 알고 있던 발음들에서 몇 가지만 추가된 것이고 옵션으로 네 가지 발음만 더 찾아낸 것이다. 다만 이번에는 남의 이야기를 이해한 것이 아니고 연구를 바탕으로 스스로 찾아낸 것이며 나 자신과 이웃에 살고 있던 대학생들에게 테스트하여 혀의 위치와 입모양의 정확한 포인트 그리고 호흡까지 찾아낸 것이다.

그 발음은 아래와 같다. 일부 발음은 옵션으로 그 사람의 발음 습관과 학습 목적에 따라서 교정하지 않아도 되는 발음도 있으며 이 책에서 주장하는 영어 학습법에 따라 그대로 학습하는 경우 교정해야 하는 발음은 훨씬 더 적어진다. 다만 이 책에서 주장하는 학습법을 사용하지 않는 경우에는 그 사람의 학습법이 비효율적일수록 아래에 있는 발음보다 더 많은 발음을 교정할 필요가 생겨난다. 학습법이 아주 비효율적인 경우에는 모든 자음과 모음 그리고 이중모음 삼중모음까지 다 교정해야 하는 경우도 있다.

[b] [d] [f] [l] [p] [r] [s] [t] [v] [w] [z] [θ] [ð] [ʃ]

[tʃ] [ʒ] [dʒ] [ʌ] [æ] [e] [iː] [ɔː] [u] [uː] [ɔːr] [əːr]

[ai] [au] [ou] [auər] [aiər]

제대로 된 듣기 교재로 이 책에서 주장하는 듣고 읽기 학습을 제대로 한 다면 위의 발음 중에서 15가지 정도만 낮은 수준으로 교정하고 악센트를 정확히 하여 발음하는 것으로 듣기와 의사소통에 도움이 되는 한국인을 위한 영어 발음은 끝인 것이다. 그 당시 이웃의 대학생들은 테스트에 협조한 대가로 나의 지도를 받아 그 테스트 결과를 스스로 입증하였으며 그 후 공식적인 강의에서 5년 동안 1,000여 명의 수강생들에게 100% 똑같은 결과로 검증이 완벽히 끝났다. 평범한 10대라면 5시간 정도에, 20대라면 10시간 정도에, 평범한 30대라면 15시간 정도에 발음 교정이 완벽히 끝난다.

다만 원어민과 똑같이 발음해야 할 특별한 필요가 있는 사람들은 50개쯤 되는 영어 발음 전부를 원어민식으로 교정하여야 할 것이고 원어민과 똑같은 발음 능력을 갖추려면 10대 초반이 넘었다면 십 년을 넘게 노력해야 할지도 모른다.

발음은 글로 설명할 수 있는 분야가 아니기 때문에 동영상과 음원이 딸린 별도의 발음 교재로 곧 만날 것을 약속하며 몇 가지만 간단히 언급하기로 한다.

첫째, 발음에서 중요한 요소는 혀의 위치, 입모양 그리고 호흡 등이며 혀의 위치와 입모양이 90%를 결정한다. 따라서 발성이나 호흡을 지나치게 강조하는 분에게 발음을 배우면 훈련에 너무 많은 시간이 걸린다.

둘째, 혀의 위치와 입모양이 발음의 90% 이상을 결정하므로 혀의 위치와 입모양만 배우면 될 것 같다. 하지만 각각의 발음들이 서로 자연스러운 계열화가 되어있어야만 발음이 빨리 정착되고, 정상 속도로 스피킹할 때 자연스러운 발음 법칙이 이루어지며, 발음 근육과 혀가 서로 꼬이지 않아서 빠른 스피킹도 가능하게 된다. 따라서 속성으로 배운다고 신뢰할 수 없는 사람에게 혀의 위치와 입모양만 배우거나 너무 똑똑해서 여러 사람이 말하는 발음의 핵심만 뽑아서 혼자 정리하며 배우다가는 영원히 자연스러운 발음이 불가능할 수도 있다. 신뢰할 수 있는, 한 사람에게만 제대로 배우기 바란다.

셋째, 발음에는 모음과 자음이 있는데 자음 교정은 쉽지만 모음 교정은 굉장히 어렵다. 자음 전체를 교정하는 시간보다 모음 한 개를 교정하는 시간이 더 걸린다. 따라서 발음 훈련을 할 때 쉬운 자음부터 먼저 교정한 후에 모음을 교정하는 것이 좋다. 모음을 먼저 가르치는 분에게 발음을 배우면 훈련에 너무 많은 시간이 걸린다.

발음 함정에 갇혀서 전진도 후퇴도 하지 못하고 출구도 찾지 못하여 헤맬 때 받은 스트레스는 말로 표현하기도 어렵지만 시간이 흐르니 그것도 그저 아련한 추억일 뿐이다. 돌아보니 이로써 영어 학습에서 중요한 부분은 모두 다 시행착오를 직접 경험해 보았다는 점에서 축복처럼 느껴지기도 한다. 그리고 그 시행착오 결과 한국인을 위한 가장 효율적인 최소 발음 교정이 이론과 경험의 완벽한 조화를 이룬 채 탄생한 것이다.

영어 임계점 완벽 돌파

영어 학습은 중단한 채 약간의 발음 테스트와 훈련을 하면서 음성학에 대해 연구하는 동안 3개월 정도 지나자 질병의 증상이 완화되기 시작하고 통증도 잦아들기 시작했다. 치과 치료는 상당 기간 더 계속되었지만 일주일에 1번 정도로 견딜만한 수준이 되었다.

아픈 만큼 성숙해진다고 갖은 병마에 시달리며 인생과 삶의 의미에 대해 다시 돌아보는 동안 영어 학습의 목적과 목표 수준에도 상당히 큰 변화가 있었다. 무역 업무를 하는 정도의 수준이라면 그 상태에서 1개월 이내에 원하는 수준에 도달할 수 있어서 조만간 학습을 마쳐도 될 일이었다. 그런데 블로그에 올린 몇 개의 글을 보고 많은 문의 쪽지들이 도착하였다. 그런 문의 글들을 보며 한국 영어 학습 상황이 너무 안타깝기도 하고 살아오면서 별다르게 세상에 도움 되는 일을 한 적도 없는 것 같아 뭔가 보람되고 의미 있는 일을 해보자고 생각했다. 그래서 경제적인 여유를 가질 때까지는 생업에 종사하되 어느 정도 여유가 생기면 영어교육 분야에 뛰어들거나 상황이 여의치 않으면 나의 개인 비용을 털어서라도 한국의 영어 학습 상황을 개선시키는데 조금이라도 보탬이 되자고 마음을 먹었다. 그래서 영어 학습 목표 수준을 훨씬 높여 남을 지도할 수 있는 수준의 실력을 갖추기로 계획을 변경하였다. 그것은 계획보다 학습 기간이 길어진다는 의미였다.

다시 공부를 시작할 때의 영어 실력 상태를 꼼꼼히 점검해 보았다. 영어 실력이 전반적으로 상당히 후퇴해 있었다. 가장 큰 문제는 약한 단어 실력과 탄탄하지 않은 문장 이해력이었다. 아직 정상적인 고3 수준의 단어 실력도 제대로 갖추지 못한 상태에서 시사영어 단어만 500여 개 정도 추가로 이해하고 있을 뿐이었다. 그동안 대부분의 시간을 발음 훈련에 빼앗겨 100% 이해하며 반복해서 읽은 문장이라고는 200페이지도 되지 않았고 대부분 학습 효율이 상당히 떨어지는 문장들이 많았다. 그래서 다시 서점에 가서 꼬박 이틀을 소비한 끝에 그나마 학습 효율이 조금은 나은 교재 5권 정도를 어렵게 골라 수준에 따라서 1~5회 정도 반복해서 눈으로만 읽었다.

아직 치과 치료가 끝나지 않아 소리 내어 읽는 것이 불가능하기도 했지만, 영어에 뇌가 상당히 길들여지고 영어 귀뚫기가 사실상 끝났고 영어 스피킹도 어느 정도의 기초가 닦였으므로 이제는 소리 내어 읽느냐는 결정적인 요소가 아니라고 판단했다.

교재 읽기가 끝나고 원어민이 작성한 글 500페이지 정도를 추가하여 3회 독하였으며 매일 30분 정도 꾸준히 영어 뉴스를 청취했다. 이 과정을 통하여 기초 단어 실력과 기초 문장 이해력이 탄탄히 다져졌다고 판단되어 영어 공부를 시작한 이래 처음으로 본격적인 영어 뉴스 듣기와 읽기를 시작하였다. 매일 최소한 1시간 이상 영어 뉴스를 청취하였고 30페이지 이상의 뉴스를 읽었으며 날마다 시사단어를 100~150개 정도 찾았다. 기초 단어 실력이 닦인 후에는 그날 찾아서 정리한 단어들을 빠른 속도로 한두 번 다시 보는 것 외에는, 단어를 암기하려 특별한 노력을 기울이지는 않았다. 기초가 닦이고 나니 일종의 파닉스적인 능력이 생겨나 단어 10개당 7~8개 꼴로 영어 스펠링이 단어를 찾는 와중에 외워졌고, 시간이 지남에 따라 문장 속에서 그 단어들이 자연스럽게 내 것이 되어 갔다.

다시 영어를 접한 지 오래지 않아 리스닝 능력이 회복되었고 단어 실력과 문장 이해력의 기초가 탄탄히 닦인 이후에는 100% 들리고 이해되는 문장들은 들으면서 동시에 속으로 따라 하니 별도의 스피킹 훈련도 필요가 없었다. 그리고 영어 리딩 속도가 빨라지기 시작하여 모르는 단어나 표현이 가끔 등장하는 문장은 분당 영어 정독 속도가 250단어를 넘어서게 되었다.

그렇게 꾸준히 학습해나가자 얼마 지나지 않아 마침내 영어 임계점의 완전한 돌파를 의미하는 일들이 일어났다.

운동 삼아 등산을 다녀오다가 우연히 버스 정류장에서 미국인 선교사들을 만났다. 영어 공부를 시작한 이후로 주제를 정하여 혼자서 떠들어 본 적은 있지만, 한국인이든 외국인이든 영어로 대화를 나눠본 적이 없어서 좋은 기회다 싶어 눈이 마주치자 미소를 보내고 눈인사를 했다. 예상대로 그들은 나에게 접근했다. 두 명 모두에게 한국에 온 지 얼마나 되었는지 물어보았다. 그중에 한 명은 6일이 되었다고 했다. 아직 한국인의 영어에 익숙해지지 않은 원어민을 만났다는 생각에 속에서 환성이 터져 나왔다. 버스 정류장에 앉아서 1시간 정도 대화를 나누는데 익숙지 않은 종교적인 표현들에서 조금 헤맸을 뿐, 편안하게 들으며 대화할 수 있었다. 헤어질 때 초대를 받아 1주일 뒤에 선교사무실에서 다시 만나, 두 사람과 3시간이 넘는 긴 대화를 했어도 문제가 없었다.

얼마 후에는 딱딱한 영어 문장만 접하는 것 같아서 부담 없이 읽을 요량으로 도서관에 가서 영문 서적 두 권을 골랐다. 그런데 한 권은 가볍게 읽기에는 모르는 단어가 많아서 망설였는데, 해석이 되어 있어서 발음기호는 파닉스적인 능력으로 해결하고 뜻은 해석을 참조하여 해결하기로 하고 빌렸다. 그런데 재미있게 읽다가 모르는 단어들이 연이어 등장하여 해석을 찾아보니 해석이 없었다. '분명히 해석이 된 책이었는데…'라고 생각하며 한참 기억을 더듬어보니 빌리기 전에 어떤 내용인지 내 수준에는 맞는지 몇 군데를 훑어볼 때 그 문장들이 너무 편안하게 이해가 되어 한국어 문장을 읽은 것으로 착각한 것이다.

1주일쯤 뒤에는 비교적 느리고 쉬운 CBS, FOX 뉴스 정도는 대충만 주의를 기울여도 즐길 수 있게 되어 밥을 먹거나 이빨을 닦을 때나 들었다. 그 뒤로 오랜만에 토익과 토플을 들어 보았으나 너무 싱겁고 느리게 느껴져 장문 몇 개만 듣고 그만두었다.

마침내! 영어로 긴 꿈을 꾸었다. 영어에 뇌가 길들여진 수준이 아니라 뇌에 한국어와 영어의 듀얼 프로세서가 장착된 격이다. 영어의 임계점을 완전히 돌파한 것이다. 이제 남은 것은 단어 실력뿐이었다. 영어 정상이 얼마 남지 않은 것이다.

환상적인 영어 임계점

사람들은 왜 컴퓨터 오락에 빠지고 중독될까? 현실에서는 불가능한 실력의 향상 속도에 빠지고, 어렵지 않게 장벽을 넘어서는 재미에 빠지고, 금방 늘어나는 실력을 사용하는 즐거움에 중독되기 때문일 것이다. 그때 내가 그랬다. 영어에 빠지고 영어에 중독되었다. 영어 임계점을 완전히 돌파하자 나의 영어 실력은 엄청난 속도로 향상하고 있었다.

말문이 터진 아이가 하루 종일 "이건 뭐야? 저건 뭐야? 그건 왜 그렇지?"라고 질문하며 하루에 수백 개의 단어와 표현 그리고 의미를 배우듯이, 나의 영어 두뇌는 블랙홀처럼 폭발적으로 영어의 모든 것을 빨아들이고 있었다. 영어 공부나 영어 학습을 하고 있었던 것이 아니다. 영어에 중독되어 영어 폐인이 되어 있었다. 증상은 컴퓨터 오락에 빠진 사람과 거의 흡사하였다. 눈을 뜨자마자 컴퓨터를 켜 미국의 이 방송 저 방송을 돌아가며 듣고 영국 방송, 호주 방송을 듣고 U-TUBE나 TED를 들었다. 영어 뉴스나 영어 문장을 읽다가 사전에도 안 나온 표현을 찾아 인터넷으로 검색하다가 위키피디아 영문판을 읽는데 빠지기도 하였다. 너무 즐기다 보니 식사를 컵라면으로 때우며 몰두할 때도 있었고, 대문 밖을 한 번도 나가지 않은 날도 많았고, 잘 시간이 넘어서도 영어 문장을, 영어 소리를 쉽게 떠나지 못했다.

　그러나 이 영어 폐인 상태를 그렇게 걱정하지는 않았다. 이 중독의 근본은 실력의 향상 속도에 있으니 영어 실력이 높은 수준에 오르면 속도가 조금 느려지고 그러면 자연스럽게 이 중독 상태에서 벗어나게 될 것을 아주 오래전이지만 한 번 경험해 봐서 잘 알았기 때문이다. 이러한 중독 혹은 몰입은 사실 영어 훈련을 끝마친 선물이자 축복이다. 노력하거나 인내할 필요 없이 환상적인 중독 상태를 신이 나서 즐기다 보면 영어 실력이 높은 수준에 이르게 되고 어느 정도의 수준에 이르게 되면 점차 그런 중독 상태에서 벗어나게 된다.

　매일 최소 200페이지 이상의 영어 문장을 읽고 2시간 이상의 영어 소리를 머릿속으로 따라 하며 듣고 200개 이상의 단어나 표현이 익혀졌다. 모든 영어 문장은 하나의 거대한 영영사전처럼 느껴졌다.

　이 단계까지 오는 데 물리적인 기간으로는 약 10개월, 그중 5개월은 영어를 중단한 기간이니 실질적인 기간으로는 5개월이 걸렸다. 시간으로는 대략 900시간이 채 안 되었다. 중학교 2학년도 안 되는 영어 실력으로 시작하여 한 달 넘게 영어 학습을 중단한 적이 세 번이나 있었고 슬럼프도 겪으며, 발음 함정에 엄청난 시간을 빼앗기고 비효율적인 교재 때문에 많은 시간을 낭비하고, 단어와 발음 찾기에 엄청난 시간을 소모하고도 900시간이 채 안 걸렸다. 발음 함정에 빠지지 않았다면 500시간 정도면 이 수준에 도달했을 것이다.

이 영어 임계점 완벽 돌파는 영어 기초 실력과 무관한 것은 아니지만, 그렇다고 전적으로 기존의 영어 실력에 좌우되는 것도 아니다. 영어에 대한 엉터리 고정관념에 사로잡힌 비효율적인 영어 공부 습관에서 벗어나기만 하면 된다. 효율적인 학습법을 사용하면 중1을 마친 평범한 학생이 100시간이면 영어 임계점 1단계에 도달하고, 300시간이면 영어 임계점을 완벽히 돌파할 수 있으며 단어 실력이 높을수록 당연히 그 시간은 단축된다. 이 단계에 이르면 영어에 관한 모든 것이 해결된다. 열심히 공부하는 정상적인 학생들이 방학 때 최소한 하루에 2시간 이상 영어를 공부하는 것을 감안하면 중고등학교 6년 동안 영어 공부 시간이 최소한 2,000~3,000시간이 된다. 그런데 불과 300시간에 영어 임계점을 완벽히 돌파하여 수능 정도는 가볍게 해결하고 영어를 완전히 정복하여 차원이 다른 인생의 미래를 설계할 수도 있다.

영어 임계점을 완전히 돌파한 사람과 완전히 돌파하지 못한 사람은 영어 습득 능력에서 엄청난 격차가 발생한다. 비슷한 실력으로 한 사람은 임계점을 완전히 돌파하지 못하고 다른 사람은 완전히 돌파했다면 한 달도 안 되어 두 사람의 어휘력, 문장 이해력, 리딩 속도, 문법적 감각, 작문 실력, 회화 능력 전반에 걸쳐서 엄청난 차이가 발생한다.

영어 임계점 최종 단계를 완전히 돌파한 사람이 차를 타고 달리는 사람이라면, 영어 임계점 1단계를 돌파한 사람은 언어라는 두 발 자전거 타기를 익혀서 무거운 배낭은 짐칸에 싣고 신나게 페달을 밟으며 달리는 사람이고, 영어 임계점의 1단계도 돌파하지 못한 사람은 무거운 짐을 짊어지고 힘들게 인내하며 땀 흘리며 열심히 걸어가야 하는 사람에 비유할 수가 있다.

아무리 영어 실력이 높다 하더라도 영어 임계점 1단계도 돌파하지 못하면 참고 인내하며 공부해야 하는 상황은 절대로 끝나지 않는다. 그 대표적인 사람들은 영어 문장에 반드시 문법 잣대를 들이대야 하는 사람, 단어장만 열심히 외우는 사람, 영어 듣기, 말하기, 읽기, 쓰기를 서로 분리하여 공부하는 사람, 소리 영어와 문자 영어를 분리하여 공부하는 사람, 영어를 반드시 한국어로 해석해야 직성이 풀리는 사람, 기초 실력도 닦지 않고 평생 학교 시험, 수능 시험, 토익 시험 등 시험용 교재만 학습하며 시험에 끌려다니는 사람 등이다. 이런 사람들은 평생을 해도 참고 견디며 인내해야 하는 공부가 끝나지 않는다.

영어는 오랜 기간 꾸준히 열심히 하는 것 외에는 왕도가 없다고 말하는 고급실력자들, 그리고 영어가 쉽고 재미있다는 말을 전혀 하지 않는 고급실력자들도 아마 영어 임계점 1단계도 돌파하지 못한 사람들이라는 강한 심증을 나는 가지고 있다. 그러니 그런 사람들의 주장은 한결같다. 그저 꾸준히 열심히 해야 한다는 것이다. 어느 정도의 열정으로 어느 정도의 기간이 지나면 어떤 수준에 도달한다는 말은 전혀 없다. 그것이 한 달인지 일 년인지 10년인지도 모르는 기간을 그저 꾸준히 열심히 하라는 말뿐이다.

중학교 1학년 수준만 되도

중학교 1학년 수준에서 시작해도 원리에 따라 제대로 학습하면 50시간 정도만 지나면 영어가 재미있어지고, 100시간 정도면 귀가 뚫리며 스피킹의 기초가 닦이고, 200시간 정도면 영어가 영어 그대로 이해되어 내 안에 쌓인 영어가 말이 되어 나오기 시작한다.

중학교 1학년 수준에서 시작해도 200시간 정도면 영어 임계점을 돌파하여 영어에 미쳐서 영어를 공부하지 말라고 하면 숨어서라도 해야 한다. 중학교 1학년 수준에서 시작해도 300시간 정도면 입이 터지고 귀가 뚫린 채 중고등학교 6년 영어가 끝이 난다.

그저 꾸준히 열심히 하라고만 주장하는 사람들은 이런 이야기가 꿈만 같을 것이다.

평생 개헤엄 외에는 다른 수영법을 배워본 적이 없어서 수영장에서만 수영하는 사람들은 자유형을 배워서 강을 건너고 호수를 건너며 대한 해협을 건너기도 한다는 것을 상상도 할 수 없을 테니…. 그런 사람들에게 배울 것은 인내력 외에는 아무것도 없다. 지식은 있을지 모르나 지혜는 전혀 없는 사람들이 우리를 가르치며 영어 공부의 노예로 만들어 온 것이다.

영어 정복자

이제 영어는 단순히 영국의 언어가 아니다. 이미 오래전에 국제 공용어가 되었고 21세기 글로벌한 지식 정보 세상에서 인터넷 정보의 70% 이상이 영어로 되어 있는 요즈음에는 영어를 정복한 자는 정보를 가진 자, 힘을 가진 자가 되어버렸다.

영어 임계점을 완벽히 돌파하여 영어라는 산의 정상에 서서 보면 높은 산맥 너머 저 넓은 대양이 보이고 좁은 한반도를 벗어나 전 세계가 시야에 들어온다. 영어라는 산의 정상에 서서 담대한 야망을 품고 정복자의 눈으로 세계를 내려다보노라면 가슴 벅찬 환희가 솟아오르고 우물 안 개구리들의 아우성을 흘려들을 수 있게 된다. 영어에 대한 근거 없는 고정관념들과 그로 인해 생긴 비효율적인 영어 학습 습관에서 완벽히 벗어나면 영어에 관한 진실이 뚜렷하게 보인다. '영어는 평범한 하나의 언어일 뿐이고 외국인이 배우기에도 그리 어렵지 않은 언어'라는 것이다. 영어는 결코 금테를 두르고 있지 않다.

영어 선생이 되다

제정신이 아닌 것 같은 환상적인 영어 중독 상태를 미친 듯이 즐기며 두 달 정도 지나자 영어 방송이 한국어 방송처럼 편안하게 들리고 이해되었다. 그리고 평범한 원어민을 능가하는 리딩 능력을 지닌 채 단어 실력, 작문 능력, 스피킹, 리스닝, 문법 실력이 균형을 이룬, 충분히 남을 지도할 수 있는 영어 실력이 완성되었다. 두 달 정도만 더 영어를 즐기며 무의식에까지 영어가 파고들 수 있게 하고 싶었다. 하지만 지인과 약속한 기한에서 너무 많은 시간이 흘렀고 경제적 여유도 바닥이 나서 바로 예정된 일을 시작하기로 하고 공부를 중단할 수밖에 없었다. 결국 이번에도 2%의 시간이 부족한 채 공부를 끝내야 했다.

그런데 그때 세월호 사건이 터진 것이다. 묘한 우연의 일치가 나를 괴롭혔다. 맨 처음 영어 귀뚫기에 성공하여 영어 뉴스 보기를 시작할 때 아시

아나 항공 샌프란시스코 불시착 사건이 터졌고 영어 공부를 끝마쳐가는 때에 세월호 참사가 터진 것이다.

어느 나라나 속보 경쟁에서 자유로운 언론사는 없다. 하지만 이 두 사건에 대한 국내 언론과 국외 언론의 보도에는 많은 차이가 있었다. 외국 언론에 두 사건의 원인을 분석하는 데 있어서 가장 많이 등장한 단어는 hierarchy(상하 관계의 구별이 엄격한 조직 또는 그 시스템)와 obedience(복종) 그리고 nonsense(터무니없는 생각이나 말)이었다. 그들의 시각이 모두 맞는다고 할 수는 없겠지만 아주 틀린 분석은 아니라고 생각한다.

개인보다 집단이 강조되는 사회는 개인이 합리적인 이성을 발휘할 기회를 잘 제공하지 않는다. 묵묵히 따르는 것이 중요하고 튀는 것은 금기사항이다. 상하 관계의 구별이 엄격한 사회에서는 상식이 잘 통하지 않는다. 상식이 잘 통하지 않는 상명하달식 사회에서는 위만 바라볼 뿐, 아래를 바라볼 현실적인 이유가 별로 없다. 그러한 사회에 위기가 닥치면 평상시에는 견고해 보이던 조직이 모래알처럼 흩어져 조직력을 잃어버리고 구성원들은 자발성을 발휘하지 못하여 맹목적이거나 수동적으로 되기 쉽다. 비합리적인 지시나 주장이라도 권위를 가진 사람이 주장하면 그대로 믿고 따르고 권위가 없는 사람의 합리적인 주장은 묵살되는 경우가 많다. 그리고 그 결과는 많은 경우에 참혹하고 끔찍하다.

수십 명을 감옥에 보내고, 정치인들이 앞다투어 고개를 숙이고, 언론이 소란을 피우고, 법을 바꾸고, 새로운 조직과 시스템을 만들어도 이 사회가 이성과 상식이 잘 통하는 사회로 바뀌지 않는 이상, 이런 참사는 또 일어날 가능성이 높다. 이성과 상식이 잘 통하는 사회를 만드는데 별다른 기여를 하지 못한 사람으로서, 이 사회의 희생양이 되어버린 가슴 아픈 희생자들을 보며 일종의 책임감과 사명감이 생겨나기 시작하였다.

내 눈에는 한국의 영어 학습 상황이 이성과 상식이 잘 통하지 않는 사회의 모습을 그대로 반영하고 있었다. 혼란스러울 정도로 많은 영어 학습법들과 너무 많은 비효율적인 학습 자료들로 인해 한국 영어는 제대로 된 출구로 인도하는 안내원도 없이 방향을 잃고 미로 속에서 헤매고 있는 듯했다. 어떤 면에서는 20년 전보다 상황이 더 안 좋아졌다. 그런데 그러한 사실을 누구보다 잘 알고 있는 나 자신은 그것을 방관하고 외면하려 하고 있었다. 나 혼자만 영어라는 강력한 무기를 지닌 채 잘 포장된 꽃길을 걸어갈 준비를 마친 것이다.

인터넷을 기반으로 한 지식 정보화 시대에서 영어는 과거처럼 단순한 시험 과목이 아니라 수많은 한국의 지식 노동자들이 평생 짊어지고 가야 할 멍에와 같은 것이 되어버렸다. 소수의 언어 수재나 장기간 외국 체류 경험을 가진 사람들을 제외한 대부분의 평범한 한국 영어 학습자들은 아마 은퇴해서나 그 멍에에서 벗어날 수 있을 것이다. 그런데 그 멍에를 100시간 남짓이면 벗어버릴 수 있다는 사실은 꿈에도 생각하지 못할 것이다.

이러한 생각들이 영어 공부를 끝마쳐가는 나를 괴롭혔다. 그러나 뾰족한 방법이 없어서 서둘러 상경 준비를 마치고 그동안 도움을 받았던 고향 친구들과 송별회를 겸한 술자리를 가졌다. 술잔을 몇 잔 기울이다가 이런 나의 답답한 심정을 토로했는데 뜻밖의 일이 생겼다. 그런 일을 하려는데 경제적으로 여유가 없어서 못 한다는 것이 너무 안타깝다며 형편도 넉넉지 않은 친구들이 십시일반 하여 초기의 무료스터디를 후원한 것이다. 어쩌면 스터디 후원 명목으로 나에게 격려와 용기를 주고 싶었던 것인지도 모른다.

　이 후원이 계기가 되어 그 뒤에 고향 친구, 학교 동문, 사업상 지인 등으로 구성된 영어 임계점 후원회(회장 윤만원)가 탄생하였고 영어 임계점 후원회의 경제적 지원과 사업적인 투자가 있었기에 어려운 상황에서도 여기까지 올 수 있었다. 이 자리를 빌려 그분들께 진심으로 감사드린다.

5장
한국 영어의 발자취

모든 언어의 공통된 습득 원리를 다시 설명하면 '잘 듣고 따라 하고 많이(반복) 읽고, 어느 정도 능숙해지면 대화를 많이 해보고, 쓰기가 필요한 사람은 철자법을 분명히 익히고, 전문적인 작문이 필요한 사람은 많은(다양) 독서를 하고 많이 써보고 권위 있는 사람의 첨삭지도를 받는다'이다. 진실이 항상 그렇듯이 당연하고 상식적인 이야기다.

그 어디에도 문법을 배우라는 말은 없다. 전문적인 작문이 필요한 사람만 첨삭지도를 받는 과정에서 문법을 익히게 될 뿐이다. 그래서 우리도 한국어를 처음 배울 때나 사실상 한국어가 완성되는 초등학교 때까지는 문법을 배우지 않았고, 미래에 전문적인 글을 쓸 가능성이 생겨나기 시작하는 중학생부터나 한국어 문법을 조금씩 배우기 시작했을 뿐이다. 전문적인 작문이 필요한 사람들만 문법을 배울 필요가 있는데 우리는 겨우 "I am a girl."을 배우는 단계에서부터 영어 문법에 매달린다. 대부분 시험을 잘 보기 위해서 영어 공부를 시작했기 때문이다. 과거의 영어 시험에서는 문법 문제가 많이 나왔고 원어민도 맞추기 힘든 까다로운 문법 문제들도 출제되었기 때문에 문법 공부를 열심히 할 수밖에 없었다.

그러나 지금은 토플에서 문법 문제가 아예 없어져 버렸고 수능 시험에도 한 개 정도 밖에 나오지 않기 때문에 문법 공부를 열심히 할 이유가 없는데도 여전히 학교에서는 문법을 주로 가르치고 대부분의 학교 시험에는 문법 문제가 많이 출제되고 있다. 왜 이런 일이 생긴 걸까? 평범한 사람들은 자신이 배운대로 가르친다. 현재 학교에 계신 선생님들은 과거에 자신들이 배운 것이 문법뿐이라서 배운대로 가르치는 것이다. 한 사회 시스템 전체가 변화하는 데는 많은 시간이 걸리기 때문에 이러한 상황은 앞으로도 한참은 계속될 것 같다.

한국 영어의 문제점에 대해서만 장황하게 말하는 것보다 문제의 원인과 해법을 찾기 위해서 한국 영어가 어떤 길을 걸어왔는지 간단히 살펴볼 필요가 있다.

최초의 영어 학습법

중세 유럽에서 가장 중요한 책인 성경은 오랜 기간 라틴어로만 쓰여졌고 당시의 지배층들은 성경을 반드시 읽어야 했다. 그런데 당시 유럽의 많은 국가들 입장에서 보면 라틴어는 현실에서 사용되지 않은 사실상 죽은 언어였기 때문에 오직 문자로 접할 수밖에 없었다. 죽은 언어가 되어버린 라틴어를 문자로만 배우고 익히다 보니 자연스럽게 문법에 의존하여 라틴어를 이해하기 시작했고, 시간이 흐를수록 점점 더 많은 사람들이 외국어인 라틴어를 이해하는 데 라틴어 문법에 의존하게 되어 문법을 배우는 것이 일반적인 현상이 되었다. 이러한 현상이 천년 넘게 이어져 오는 동안 서양에서는 외국어를 배우려면 문법을 반드시 배워야 한다는 생각이 굳어져 문법 중심의 외국어 학습이 유일한 외국어 공부 방법으로 자리 잡게 되었다.

한국은 1960년대 이후 정부 주도하에 급속한 공업화가 이루어졌다. 그런데 한국의 공업화 정책은 기본적으로 일본 메이지 정부의 공업화 정책에서 가져온 것이었고 그 메이지 정부의 공업화 모델은 독일 비스마르크 정부의 공업화 정책이었다. 그리고 그 비스마르크 정부의 공업화 정책에 이론적 기반을 제공한 것은 불균형 성장이론이라는 경제이론이었다.

일본에서는 그 경제이론과 독일의 경제 상황 전반을 연구하기 위하여 독일어를 배우는 붐이 일어났고 독일어를 배우는 과정에서 유럽에 널리 퍼져있던 외국어 학습법인 문법 위주의 학습법을 비판 없이 그대로 받아들였다. 오디오도 없고 원어민도 없던 시절에 소리 언어를 익히는 것은 어려웠고 또 독일어는 문법이 복잡하고 까다로운 언어라서 문법 위주의 독일어 학습은 어느 정도 효율성이 있었다. 독일어는 비교적 완벽한 표음문자(表音文字 = 소리글자 : 소리를 그대로 기호로 나타낸 문자. 뜻을 몰라도 글자만 보고 발음할 수 있는 언어)이다. 그래서 철자 읽기법을 배우고 나면 스펠링만 보고 발음하여도 거의 문제가 없는 언어이며 영어에 비하면 한국어나 일본어와 발음 차이가 훨씬 더 적은 언어이다. 따라서 소리 언어를 익히지 않고 문자로만 언어를 배우고 주로 문법에 의존하여 독일어를 배웠어도 치명적인 문제는 많지 않았을 것이다.

이런 과정을 통하여 일본에서는 문법 중시 학습이 곧 외국어 학습이라는 고정관념이 확실하게 형성됐고 이러한 고정관념을 그대로 이어받은 한국은 독립 후에 문법이 비교적 단순하고 상당히 불완전한 표음문자인 영어를 가르치는데 그대로 적용하였다. 그래서 한국 학교에서 영어 시간은 곧 영어 문법을 배우는 시간이 되었다.

거기에다 굉장히 어려운 영어 문장의 번역 문제와 아주 수준 높은 영어 단어 문제, 그리고 원어민도 맞추기 힘든 까다로운 문법 문제들로 이루어진 명문대 입학시험 문제는 한국 영어의 학습 방향을 결정지어 버렸다. 전국의 모든 중고등학교 영어 수업은 명문대 입시 문제에 맞추어 진행되었다. 영어는 언어가 아니고 어려운 학문이 되어 버렸고 영어 학습은 언어 습득이 아니라 영어 시험 공부라는 말이 되어버렸다. 오직 문자 영어만 접하면서 살아 숨 쉬는 언어를 문법이라는 칼로 토막 쳐서 한국어라는 현미경을 통하여 따지고 분석한 후 한국어로 정확히 번역하고 암기하며 60년을 넘게 보냈다. 한국에서 생겨난 최초의 영어 학습법은 대학입시 영어 공부법이다.

영어를 배우기 위해 생겨난 것이 아니라 어려운 대학 입학시험을 잘 보기 위해서 생겨난 최초의 영어 학습법이 "영어는 원래 어렵다"라는 고정관념을 우리의 유전인자에 각인시켜 버리고 그 이후 모든 영어 학습법의 기본 토대와 틀과 방향을 결정 지어 버렸다. 그래서 지금도 대한민국의 수많은 영어 학습법들은 암기 천재나 엄청난 인내력을 가진 불굴의 영웅들만 따라 할 수 있는 것뿐이다. 들리지도 않는 소리를 따라 하라거나 영어를 공부하는데 한국어 발음으로 따라 하라는 등 말도 안 되는 소리를 하거나, 몇

백 시간 동안 큰 소리로 떠들라거나 책 한 권을 통째로 외우라는 무시무시한 말을 아무렇지도 않게 하며 그것이 영어 학습법이라고 주장한다.

영어 학습법이 상식적이고 쉽고 재미있으면 오히려 이상하다. 뭔가 어려운 학문을 하는 것 같아야 영어 공부하는 것 같고 어렵고 힘들어야만 제대로 된 영어 학습법인 것처럼 느껴지게 만들어버린 최초의 영어 학습법, 그렇지 않으면 뭔가 기상천외해야만 관심을 받게 만들어 버린 최초의 영어 학습법. '대학입시 영어 시험공부법.' 첫 단추가 잘못 끼워진 것이다.

소리 내어 읽기 학습법

1960년대 이후 급속한 공업화로 경제가 성장하고 해외 무역 규모가 커지자 시험 영어가 아닌 현실의 영어, 특히 소리 영어의 필요성이 점차 커져갔고 소리 영어에 대한 수요가 늘어나기 시작하였다. 그런데 모든 언어의 공통된 습득 원리인 '잘 듣고 따라 하고 소리 내어 많이 읽고 능숙해지면 대화를 많이 해본다'에서 MP3는커녕 아직 휴대용 카세트도 없던 시절에는 들어보기도 쉽지 않고 들어보아도 잘 들리지 않아서 1970년대 말까지 ① '잘 듣는다'와 ② '따라 한다'는 포기하고 ③ '소리 내어 많이 읽는다'와 ④ '능숙해지면 대화를 많이 해본다'로 쪼개져서 각각 하나의 학습법으로 자리를 잡았다.

'소리 내어 많이 읽는다'에 착안한 소리 내어 읽기 오리지널 학습법은 가장 먼저 등장한 제대로 된 영어 학습법이었다. 그런데 표의문자(表意文字 : 한자처럼 모르는 단어는 발음할 수도 없는 글자)가 아닌 표음문자(表音文字 : 한글처럼 모르는 단어도 발음은 할 수 있는 글자)인 영어의 경우 발음기호와 정확한 발음을 배우고 학습법의 자세한 내용을 완벽히 이해하면 혼자서 독하게 학습할 수 있는 사람들은 강사나 교사에 크게 의존하지 않아도 되기 때문에 상당수의 학습자들이 2~3개월 강의를 들은 후 혼자서 학습하였다.

그리고 이 학습법에 따른 수업은 실습 위주로 진행되기 때문에 일반적인 영어 강의와 수업 풍경이 굉장히 달랐다. 따라서 시험 공부법에 익숙한 사람들이 처음 수업을 들어보면 다른 영어 강의와 너무 다를 뿐만 아니라 외우고 분석하는 것도 없이 너무 평범하고 너무 쉬운 상식적인 방법이라서 '이렇게 해서 영어 실력이 정말로 늘어날까?' 하는 의문이 들 수도 있었다. 그래서 점차 재야의 학습법으로 지위가 하락하고 시간이 흐름에 따라 재야에서도 점차 힘을 잃고 그 명맥이 거의 끊어졌는데 최근에 강사의 역할이 반드시 필요하게끔 변형되어 부활하였다. 그 후에 이와 유사한 학습법들이 계속 생겨나더니 소리는 빠진 채 '다양하게 많이 읽자'를 거쳐 '빠르게 읽자'로 언어 학습법이라기보다는 아예 속독법으로까지 진화하였다.

이 소리 내어 읽기 오리지널 학습법은 나름대로 상당한 효율이 있는 학습법인데 지금은 사실상 그 정확한 학습법의 맥이 끊겨 버렸다. 진품은 없고 유사품만 있는 셈이다. 소리 내어 읽기이기 때문에 ① 어떤 교재를 ② 어떤 발음으로 ③ 어떤 방식으로 읽을 것인지가 가장 중요하다.

그런데 현재는 그것을 정확히 이해하고 소리 내어 읽기를 가르치는 사람은 없어 보이고 대략 이해하며 가르치는 사람이 대부분인 것 같다. 소리를 내기 때문에 발음이 가장 중요한 내용 중 하나인데 현재 국내에서 소리 내어 읽기를 주장하는 사람들 중에서 발음에 대하여 정확히 이야기하는 사람조차 없으며 어떤 소리 내어 읽기 유사 학습법은 오리지널판에서 주장하는 성격의 교재와 정반대되는 교재를 기본으로 하여 지도하고 있기도 하다.

그리고 어떤 방식으로 읽을 것인가에 대해서 크게 읽자 혹은 반복해서 읽자는 주장만 있을 뿐 오리지널 학습법의 방식대로 읽을 것을 주장하는 사람은 아직 보지 못했다. 참고로 정확하지 않은 발음으로 오랫동안 소리 내어 읽기를 하면 현지의 원어민들이 전혀 알아들을 수 없는 발음이 되어 버리고 그 학습 기간이 길수록 발음 교정이 불가능해질 수도 있다. 그러니 정확한 영어 발음을 배우지 않고 소리 내어 읽기를 하는 것은 굉장히 위험한 영어 학습이라는 점을 알고 신중히 시작하여야 한다.

나의 제자들 중에서 몇몇 분들은 정확한 발음을 배우지 않은 상태에서 오랫동안 소리 내어 읽기를 한 탓에 발음을 교정하는데 너무 많은 시간과 에너지가 필요해서 스스로 발음 교정과 학습을 포기한 경우가 꽤 있었다. 그중에 비교적 젊은 한 사람만 200시간 정도 오직 발음 교정에만 매달리며 악을 쓰며 훈련해서 겨우 교정하였다.

기적의 스피킹 비법?

1980년대까지 학교 교사는 일반적으로 스피킹 능력이 없었기 때문에 학원가에 ④ '능숙해지면 대화를 많이 해본다'가 하나의 외국어학습법으로 자리 잡게 되었는데 스피킹을 잘하는 사람이 적어서 '능숙해지면 대화를 많이 해본다'에서 '능숙해지면'은 빠지고 '대화를 많이 해본다'만 남아서 아직 대화할 능력도 없는 사람들이 대화(?)만 많이 하기 시작했다.

영어로 대화할 능력도 없는데 대화를 많이 할 수 있는 기적 같은 방법이 무엇일까? 한국의 평범한 영어 학습자들이 이제는 습관이 되어버려 가장 좋아하는 것…. 암기! 그렇다! 회화 학원이 아니라 영어 문장 암기 학원이 되어 버렸다. 열심히 외워 와서 강의 시간에 암기한 것을 한 번 떠들어 보는 것이다. 극소수의 암기 천재들은 수업 시간에 기적 같은 스피킹 능력을 보여주기도 한다. 그러나 아무리 암기 천재라 하더라도 모든 말을 외워서 할 수는 없어서 곧 한계에 부딪히게 되고 암기 천재가 아닌 보통의 초보자들은 오랫동안 회화 학원에 다녀도 회화 실력이 많이 늘어날 까닭이 없다.

이런 상황이 수십 년간 계속되고 있었는데 1990년대 후반 이후 선진국들의 고용 사정이 악화되어 원어민 강사의 공급이 원활해지고 선진국과 환율 차이가 줄어들어 원어민 강사비용이 절감되자 '원어민과 대화를 많이 해보자'로 발전하여 현재에 이르고 있다. 요즈음에 인터넷을 보면 원어민의 영어 강의가 홍수를 이루고 있는데 패턴식이나 상황별 대화를 외워서 말해보는 것이 본질이라는 점에서는 큰 차이가 없다.

참고로 학원 강사에 대해서 언급하자면 한국인 강사들은 발음에 문제가 있는 경우도 있고 가끔 어색한 문장을 구사하는 등 한계가 있지만 그래도 영어 교육을 직업으로 선택한 일종의 교육 전문가이다. 또한 모국어가 아닌 외국어로 영어를 배워서 실력자가 되었기에 나름대로 영어 습득의 노하우를 가지고 있고 그 노하우가 어느 정도 수강생들에게 전달된다.

그런데 원어민 강사들은 영어를 외국어로 습득한 노하우가 전혀 없고 교육과 관련된 경험이 짧은 경우가 대부분이다. 우연한 기회에 한국에 왔고 힘들면 언제든지 고국으로 돌아가면 되는 입장이라서 원어민이라는 프리미엄만 빼면 특별한 영어 학습 효과를 애초에 기대하기가 어렵다. 다만 원어민과 대화를 해본다는 장점이 있을 뿐이다. 이러한 사정은 교포 2세 강사나 외국어 습득이 용이한 어린 나이에 조기유학을 갔다 돌아온 강사의 경우도 어느 정도 비슷하다.

원어민의 강의를 자세히 들여다보면 원어민은 원어민이라는 프리미엄을 어필하기 위하여 일반적인 한국의 영어 학습자들에게는 익숙하지 않은 현지 영어를 가르치는 경우가 많다. 현지 영어는 말 그대로 현지에서 생활할 때 필요한 영어로 원어민 국가에서 몇 년 이상 거주할 것이 아니라면, 그중의 일부를 제외하고는 현실의 국제 비즈니스 현장이나 외교 현장에서 듣거나 말할 일이 별로 없는 표현들이다. 그래서 암기해야 할 필요성도 적고 정확한 뜻과 뉘앙스를 모른 채 별로 친하지 않은 원어민이나 국제 비즈니스 현장, 외교 무대에서 함부로 사용했다간 큰 낭패를 보거나 천추의 한을 남길 수 있는 표현들도 적지 않다.

듣기 집중 훈련법

1970년대 후반에 휴대용 카세트가 등장하고 영어 오디오를 구하기가 쉬워지자 그 이전에는 포기했던 ① '잘 듣는다'에 도전하는 사람들이 생겨나기 시작했다. 들어보아도 잘 들리지 않아서 대부분은 듣다가 포기하였는데 불굴의 의지를 가진 영웅적인 학습자들을 중심으로 안 들리면 들릴 때까지 듣자는 움직임이 생겨나 '들릴 때까지 듣는다'는 학습법이 하나의 학습법으로 확고하게 자리 잡게 되었다. 그런데 이 방법은 들릴 때까지 듣고만 있어야 하므로 오랜 기간 강한 인내력과 집중력이 요구되는 기본적으로 청각 집중력이 강한 사람들에게나 가능성이 있는 방법이다. 또 지나치게 수동적인 방법이어서 평범한 사람들에게는 절망과 좌절만 선사하는 경우가 많았다.

그래서 좀 더 적극적인 방법인 DICTATION(받아쓰기)이란 학습법으로 진화하였다. 재미있는 것은 받아쓰기는 '들을 수 있는데 쓸 수는 없는 사람'을 위한 쓰기 학습법인데 거꾸로 '쓸 수는 있는데 들을 수는 없는 사람'을 위한 학습법으로 둔갑하는 웃지 못 할 현상이 발생한 것이다. 받아쓰기는 쓰는 시간과 답을 확인하는 시간이 오래 걸리기 때문에 실제로 문장을 듣는 시간이 적으므로 '들릴 때까지 듣자'는 학습법보다 시간 대비 효율이 훨씬 떨어진다. 따라서 집중력이 떨어질 때 가끔 문장을 통째로 받아쓰기 하는 수준 이상으로 이 학습법에 매달리는 것은 굉장히 비효율적인 방법이다.

쉐도잉 학습법

앞에서 살펴보았듯이 원래 하나였던 학습법이 잘 들을 수 없다는 이유 때문에 여러 개의 학습법으로 토막이 나고 변형되었으니 그 학습 효율은 말할 수 없이 낮다. 그래서 두 가지라도 연결하자는 취지에서 영어 소리를 듣기에 성공한 고수들이 들리는 소리가 아직은 잘 이해되지 않거나 스피킹 실력이 약할 때 큰 노력 없이 추가로 공부하는 방법인 '완벽히 들리는 문장은 들으면서 속으로 따라' 하는 비법(秘法)에 착안하여 쉐도잉(듣고 따라 하기)이란 이름의 새로운 학습법이 등장하였다.

그러나 아직 제대로 들리지도 않는 초급자들의 듣지 못하는 문제는 해결해주지 못한 채 따라 하라는 것은 안 들려도 어떻게든(?) 대충 하라는 것으로 엄격한 의미에서는 언어 학습법이라고 할 수도 없는 것 같다. 들리지 않는데 어떻게 따라 하란 말인가? 잘 안 보이는 것을 따라 그릴 방법은 없듯이 잘 안 들리는 것을 듣고 따라 할 방법은 없다. 그저 시험용으로 대충 듣고 대충 따라 하자는 것일 뿐이다. 내공이 강한 고수들의 비법(秘法)을 내공이 약한 초보자에게 적용하려 애쓰는, 그래서 실패할 수밖에 없는 노력이다. 바라보는 고수들의 마음은 안쓰러울 따름이다.

한번 상식적인 관점에서 천천히 생각 보고 스스로 판단해 보길 바란다.

원리 : ① 잘 듣고 ② 따라 하고 ③ 소리 내어 많이 읽고 ④ 어느 정도 능숙해지면 대화를 많이 해본다.

여기서 읽는 대상은 문법을 잘 지키는 스토리가 탄탄한 책을 말하는 것이지 단문이나 패턴을 말하는 것이 아니고 문법을 잘 안 지키는 책들이나 문법의 예외사항인 관용적 표현이 많이 등장하는 책들이 아니다. 그래서 많이 읽으면 당연히 문법 감각이 생겨나 따로 문법 공부를 할 필요가 없게 된다.

①: 들릴 때까지 오로지 듣기만 한다. / 듣고 받아쓰기를 한다. / 들으면서 보다가 빈칸을 채운다.
① + ②: 잘 안 들리지만 듣고 어떻게든 따라 해본다.
③: 소리 내어 많이 읽는다. / 크게 소리 내어 읽는다. / 다양하게 많이 읽는다. / 빨리 읽는다.
④: (말할 능력이 없어도 어떻게든) 대화를 많이 해본다. 그래도 원어민과 대화이니까.

이것이 지금 한국의 대표적인 영어 학습법들의 실체다.

코끼리의 다리나 꼬리를 잘라내어 하나씩 들고 "이것이 진정한 코끼리다!"라고 외치는 모습을 보는 것 같다. 위에 언급한 4가지 요소 중 한 가지도 포함하지 않는 학습법은 신비주의적인 학습법으로 그것은 종교와 같다. 믿느냐 믿지 않느냐의 문제이지 여기서 언급할 대상은 아니다.

거의 모든 시행착오를 겪어보고 국내에서 두 번이나 영어를 정복하여 영어라는 산에 나의 피와 땀, 한숨과 절망이 스며들지 않은 곳이 없고 그 정상에 이르는 길에 피어 있는 풀 한 포기, 구르는 돌멩이 하나 생생하지 않은 것이 없는 나의 눈에는 상당수의 영어 학습법들이 초등학교 앞의 가게에 예쁘게 진열된, 그러나 유통기한이나 성분 표시도 없는 과자들처럼 보인다.

6장
영어가 쉬워지는 법

1. 영어가 어려워진 이유

영어는 독일어 같은 언어에 비하면 문법도 단순하여 외국인이 배우기에도 쉬운 언어이다. 동아시아를 2천 년 넘게 사실상 지배한 중국의 언어인 중국어는 배우기 어려운 언어라서 동아시아에서도 국제어가 되지 못했다. 반면에 영어는 배우기 쉬운 언어이기 때문에 미국이 세계에 영향력을 행사하기 시작한 지 반 세기도 안 되어 전 지구적인 국제 공용 언어가 되었다.

오직 시험 점수

외국인도 배우기 쉬운 영어가 유독 한국인에게는 어려워진 첫 번째 이유는 앞에서 살펴보았듯이 시험 위주의 학습 습관 때문이다.

운전면허증을 딴 사람은 대부분 경험하는 이상한 사실이 두 개가 있다. 하나는 학원에서 오랫동안 열심히 운전을 배우고 면허증까지 땄는데도 실제로 운전할 능력은 없어서 추가로 도로연수를 받는 경우가 많다는 사실이다. 또 하나는 더 이상하다. 면허증을 딴 후 몇 년이 지나 운전학원에서 배운 것을 다 잊어먹은 상태에서 실제로 운전할 일이 생겨서 다시 운전을 배우면 오래 걸리지 않아 금방 배운다. 그런가 하면 시골에서는 동네 사람에게 몇 시간 운전을 배운 뒤 가볍게 면허증을 따는 사람도 많다.

 면허증을 따기 전에는 시험 점수를 목적으로 암기와 요령 위주로 운전을 배우는데 실제로 운전을 배울 때는 원리에 따라 종합적으로 익히기 때문에 처음만 조금 더딜 뿐 훨씬 더 빨리 종합적인 실력이 늘기 때문이다. 운전면허 시험은 기본적으로 운전 능력을 측정하는 것이기 때문에 운전하는 법을 제대로 배우고 나면 시험대비 몇 가지 조심할 점 외에는 공부할 것이 없다. 그래서 시골에서는 학원에 다니지 않고도 금방 면허증을 따는 것이다.

 지금 한국의 영어 학습 상황이 이와 똑같다. 요즘처럼 토익 시험에 대한 요령과 분석이 정교하지 않았던 과거에 토익 900점대는 오랫동안 신의 점수로 불려졌다.

 그런데 암기와 요령과 비법에 집중하여 토익 900점을 돌파하여 이미 신이 되어버린 존재가 현실의 스피킹과 리스닝 실력을 늘리기 위해 인간들이나 다니는 학원에 다시 다니거나 인간들이나 하는 공부를 더 해야 하는 웃지 못할 일이 생기기도 한다. 그러나 시험 위주 학습법의 폐해는 단지 여기에 그치지 않는다. 아무리 요령을 익혔다고 해도 어느 정도 실력을 갖추어야만 시험에서 고득점을 할 수가 있다. 그래서 고득점자는 많은 시간을 투자하지 않아도 듣고 말하고 읽는 능력을 발휘할 수 있어야 정상이다.

그런데 현실에서는 전혀 그렇지가 않다.

암기와 요령에 너무 의존하는 문제 풀이 위주의 공부 습관 그리고 지나치게 따지고 분석하는 이론 중심의 시험 공부 습관이 너무 몸에 배어서 원리에 대한 이해와 적응력 그리고 순발력 위주인 실전 실력을 늘리는 데 걸림돌이 된 것이다. 즉 살아있는 언어를 토막 내어 학습하던 습관이 현실에서의 종합적인 언어 사용 능력을 방해하고 있다. 따지기 좋아하고 이론만 지나치게 밝은 사람들은 실천력이 떨어지는 것과 같은 이치이다.

또 토익에서 고득점을 했다면 같은 영어 시험인 텝스나 토플 같은 시험에서도 높은 점수를 받아야 하는데 문제 풀이 능력만 있을 뿐 실제 영어 실력은 기초가 탄탄하지 못하여 학교 시험 공부, 수능 시험 공부, 토익 시험 공부, 토플 시험 공부 등 시험을 볼 때마다 거기에 맞는 요령을 배워야 하는 시험 공부 감옥에서 벗어나지 못하는 사람들이 너무 많다. 뿐만 아니라 같은 시험 공부를 하다가도 유형이 조금만 바뀌면 공부를 다시 시작하는 경우도 많다. 시험 점수를 높이려고 문제 풀이 능력만 키우기 때문에 영어 실력 자체는 허약하기 그지없어 결국 평생 시험에 끌려다니게 된다.

그러므로 시험을 한 번만 보고 영어를 영원히 옷장 속에 고이 보관할 예정이 아니라면, 영어 시험 수험생은 제대로 된 영어 기초 실력을 쌓은 다음 간단한 요령을 익혀 고득점을 받는 방식으로 전략을 바꾸어야 한다. 원리에 따라서 영어를 배우면 처음에만 조금 더디게 실력이 늘 뿐 결과적으로는 공부 시간도 훨씬 더 적게 걸리고 재미까지 느낄 수 있다. 모든 영어 시험은 결국 영어를 잘하는지 묻는 시험이기 때문에 영어 실력 자체를 올려 버리면 영어 시험 감옥에서 영원히 탈출할 수 있다.

전문가가 드물다

영어가 어려워진 둘째 이유는 영어 시험 공부 조련사는 많지만 한국어와 영어와의 언어적인 특성 차이를 정확히 이해하고 자연스러운 원리에 따라서 가르치는 언어 지도 전문가가 거의 없기 때문이다. 사람은 배운 대로 가르치기 때문에 영어 실력자라 하더라도 시험과목으로 영어를 처음 접했고 어려서는 시험 위주로 영어를 공부해왔기 때문에 원리에 따른 방식으로 남을 지도할 수가 없다. 수영도 바닷가 출신과 산악지역 출신의 사람에게는 가르치는 법이 달라야 한다. 산악지역 출신에게는 물을 겁내지 않고 물에 익숙해지는 법부터 먼저 가르쳐야 한다. 산악지역 출신이 물에 익숙해지기 전에 헤엄치는 법을 배우면 수영을 배우기는커녕 물에 대한 공포심만 커질 수가 있다.

한국어와 영어는 다른 점이 많기 때문에 먼저 한국어와 다른 영어의 특성에 충분히 익숙해질 수 있게 해야 한다. 그리고 하루의 대부분 시간을 한국어만 사용하며 생활하는 상황도 충분히 고려하여 영어를 가르쳐야 한다. 그런데 원어민이 모국어를 배우는 방식이나 같은 언어권인 유럽 사람들이 영어를 배우는 방식으로 가르치거나 하루 24시간 내내 영어에 노출되는 이민자나 유학생들이 배우는 방식 혹은 시험을 공부하는 방식으로 가르치기 때문에 수많은 학습자들이 영어에 두려움만 키우며 시험 점수라는 나무 조각 하나에 의지하여 영어라는 바다를 표류하고 있다.

영어를 잘하는 사람들

한국 사람은 대부분 영어에 한도 많고 관심도 많다 보니 영어를 조금만 잘하게 되면 스스로 영어 전문가로 자처하는 사람들이 너무 많다. 우수한 선수들이 모두 우수한 감독이나 코치가 되는 것은 아니다. 본인만 잘하면 되는 학습과 다양한 개성과 능력 그리고 습관을 지닌 남들을 잘하게 해야 하는 교육은 기본적으로 다른 분야이다. 그런데 가르칠 능력이나 지도할 능력이 부족한 사람들이 자신이 영어를 잘한다고 너나 할 것 없이 영어 학습 시장에 뛰어들었고 그 사람들이 깊은 연구 없이 오로지 자신의 영어 실력이나 주관적인 경험 혹은 검증되지 않은 이론들을 내세워 근거 없는 다양한 주장을 하며 엉터리 고정관념을 우리에게 심어 놓았고 탈출구가 보이지 않는 미로 속에서 헤매게 하였다.

지금 인터넷을 한번 검색해보면 아마 1천 가지 이상의 학습법을 찾아낼 수 있을 것이다. 그중에는 여기저기서 들었던 이론들을 적당히 짜맞추기 하여 자신이 전문가인 것처럼 행세하는 사람도 많다.

과거에는 나도 그런 사람들에게 휘둘려 말도 안 되는 방법으로 많은 시간과 땀을 헛되이 낭비하였고 영어를 영원히 포기할 뻔한 적도 있었다. 어떻게 보면 한국 영어는 영어를 좀 한다는 사람들이 더 망쳐놓았는지도 모른다.

2. 엉터리 고정관념

외국어인 영어를 잘하는 것이 아주 쉬운 일은 분명 아니다. 그러나 지금 한국에서는 영어가 외국어라서 어려운 것이 아니라 영어에 대한 근거 없는 고정관념들과 엉터리 학습법들로 인하여 영어가 마치 외계인의 언어처럼 느껴질 만큼 어려워졌다. 앞의 사례에서 미처 언급하지 못한 중요한 고정관념만 살펴보기로 한다.

1) 영어 실력은 계단식으로 상승한다

이 엄청난 거짓 신화를 퍼트리는 사람은 반드시 다음의 질문에 답해야 한다.

"그 계단은 높이가 얼마이고, 총 몇 개인지. 그리고 계단 하나를 오르는 데 어느 정도의 에너지와 시간이 필요한지. 그리고 오를 수 없다면 무엇으로 어떻게 부수어 버려 천천히 조금씩 오를 수 있는지."

이 모든 질문들에 정확히 답할 수 없다면 영어보다 백만 배쯤 더 어려운 무책임한 말을 퍼트리지 말고 다음부터는 솔직히 이렇게 말하기 바란다. "① 어떻게 해야 영어 실력이 ② 언제쯤 ③ 얼마나 오를지는 사실은 나도 잘 모른다"라고.

선생님도 열심히 가르쳤다. 제자가 보기에 선생님의 영어 실력이 낮은 것 같지는 않다. 학생도 열심히 공부했다. 그런데 학생의 영어 실력은 좀

처럼 늘지 않는다. 이러한 상황에서 "영어 실력은 계단식으로 상승한다!" 이 말처럼 열심히 공부했는데도 실력이 늘지 않는 학생에게 위로가 되고 열심히 가르친 선생님도 면피가 되는 말이 어디 있겠는가? 그냥 이런 이유로 생겨난 말이다. 아무런 근거가 없다. 굳이 근거가 있다면 국내파 영어 고수들의 경험에서 나온 이야기이다. 그러나 그 숨은 의미는 엉터리 고정관념에 집단적으로 세뇌되어 있고 효율적인 학습 교재가 거의 없다시피 한 한국에서 독학으로 영어 고수가 되려면 시행착오를 피하기가 어렵다는 의미일 뿐이다. 그러므로 가르치는 사람이 이 말을 사용한다면 스스로 엉터리라는 자기 고백에 불과한 것이다.

분명히 단언한다. 절대로 영어 실력은 계단식으로 상승하지 않는다. 이 순간부터 이 고정관념을 무의식에서도 지워 버려야 한다. 그렇지 않으면 절대로 낚싯줄과 함정을 피하지 못한다. 설사 이 책에서 주장하는 학습법을 따르지 않더라도 어느 정도라도 효율적인 학습법을 사용하면 영어 실력은 시간이 갈수록 가파르게 상승한다. 하루 평균 1시간 이상씩 10시간을 했는데도 영어 실력이 늘어나는 것을 스스로 느낄 수 없다면 방법이 잘못됐거나 엉뚱한 곳에서 헤매고 있는 것이다.

영어 실력은 계단식으로 상승한다? 영어는 원래 어렵다? 이 두 가지 고정관념만 완벽히 벗어나도 우리들은 이미 영어 정복을 향한 산의 중턱에 서 있는 것이다. 이 무시무시하고 심각한 거짓 신화에 속지만 않았다면 나의 시행착오 기간도 1/10 이하로 줄었을 것이다. 되지도 않을 일들은 하지도 않았을 것이다.

영어는 그렇게 어렵지 않다. 영어 실력은 가파르게 상승한다. 이 말에 강한 확신이 있다면 의욕적으로 영어 학습을 시작할 수 있고 일정 기간 열심히 해도 실력이 늘지 않는다면 뭔가 방법에 문제가 있다는 것을 바로 알 수 있다. 아무리 교묘한 함정이 많다 해도 일정 기간 열심히 해도 실력이 늘지 않는다면 우리는 곧 갇혔다는 것을 알 수가 있다. 그래서 오래지 않아 그 함정에서 빠져나와 효율적인 학습법을 만날 수 있다. 그러나 원래 영어는 어려운 데다가 그 기간이 얼마인지 속 시원하게 말해주지도 않는, 알 수 없는 기간에는 실력이 늘지 않는 것이 당연하다고 한다.

그래서 우리는 인내하고 자신의 언어적 재능만 한탄하며 다만 열심히 꾸준히 공부하다가 포기하고 다시 시작하고를 끝없이 반복한다. 출구가 없는 미로 속에서 헤매고 있는 줄은 꿈에도 상상하지 못하면서 다만 인내하며 열심히 할 뿐이다. 영어는 원래 어렵고 계단식으로 상승하니까….

이런 악순환에서 벗어나려면 영어 실력은 계단식으로 상승한다는 말을 이 순간부터 무의식에서도 지워 버려야 한다.

2) 사라지지 않는 망령 : 영어 문법

문법이 과거에는 중요했다. 원어민도 잘 틀리는 까다로운 문법 문제가 대입시험에 많이 나왔기 때문이다. 그러나 지금은 토플에서 문법 문제가 아예 없어졌고 수능에도 어렵지 않은 문법 문제가 한 개 정도 나올 뿐이다. 따라서 지금은 문법책을 달달 외우는 식의 영어 문법 공부를 할 필요가 전혀 없다.

토익에 문법 문제가 25% 나온다고 하는데 토익 문법 문제를 자세히 살펴보면 영어 문장을 빠르고 정확하게 이해할 수 있는지를 묻는 문제가 절반을 넘고 나머지 문제들 중에서 2/3 정도는 8품사의 기초 개념만 알고 있어도 풀 수 있는 문제이다. 따라서 문법책을 달달 외워야만 풀 수 있는 문제는 전체의 5% 정도 밖에 되지 않는다. 그러므로 단어 실력만 갖추어져 있다면, 영어 소리를 100% 듣고 영어를 영어 그대로 이해할 수 있으면 어렵지 않다. 모의 문제를 5회분 정도만 풀고 함정 문제의 유형을 파악하면 독해는 제한 시간을 여유 있게 남기면서 95% 이상, 리스닝은 거의 100% 득점할 터이니 문법의 아주 기초만 이해하고 그 외의 문법을 전혀 몰라도 토익 950점 정도는 아무런 문제가 없다.

어떤 언어든 문법을 해결하는 가장 확실한 방법은 문법을 잘 지킨 글을 많이 읽고 문법에 맞게 하는 말을 많이 들어보는 것이다. 그러면 문법적인 감각이 생겨나 암기에 의한 문법 지식이 없어도 어지간한 문법 문제는 거의 만점을 받을 수 있고 이런 방식의 학습은 문법 실력뿐만 아니라 단어와 독해, 리스닝 그리고 스피킹 능력까지 키워 준다.

문법은 쓰고 말하기의 기초가 어느 정도 닦여진 사람이 그 문장을 좀 더 정확하게 사용할 때 필요한 것이라서 쓰고 말하기의 기초도 약한 사람은 오랜 기간 문법을 익혀 보았자 문제 풀이 요령만 늘어날 뿐, 읽기, 쓰기, 말하기 능력 자체가 크게 향상되지는 않는다. 따라서 문법을 잘 지킨 글을 많이 읽고 글을 읽다가 미심쩍은 부분을 만나면 마치 사전을 이용하듯이 잠깐씩 정리하는 수준으로 문법책을 이용하면 충분하다. 이제는 문법 위주의 영어 학습에 대하여 비판하는 사람이 너무 많아 이런 비판이 식상해지기까지 하는데도 문법이라는 망령이 완전히 사라지지 않는 것은 흡연이 해로운 것을 모르는 사람이 없는데도 흡연자가 사라지지 않는 것과 비슷한 이유이다. 오랜 기간 시험 때문에 문법 공부를 해왔던 습관에 중독된 것일 뿐이다. 문법 공부를 해야 영어 공부를 한 것 같은 느낌이 들기 때문이다.

사실상 한국어가 거의 완성된 초등학교 6학년까지 우리가 한국어 문법을 거의 배우지 않았듯이 전 세계 어떤 국가의 국민도 모국어를 배울 때 문법을 먼저 배우고 난 후에 읽기, 듣기, 말하기, 쓰기를 배우지 않는다. 그것은 미국과 영국도 마찬가지이다. 원어민도 문법을 먼저 배우지 않는데 외국인이 골치 아픈 문법을 먼저 배우는 것은 난센스이다. 외국어를 배울 때 먼저 문법을 배워야 한다는 고정관념의 노예가 되었거나 오래된 시험 공부 습관에 중독된 것일 뿐이다.

백 마디 말보다 실제로 경험을 통해서 느껴보자.

사례 1) 문법 위주의 영어 공부

※여기 사례 1의 문법 해설을 읽다가 머리가 아픈 독자는 대충만 읽어도 되고 머리가 많이 아프면 문법 해설은 아예 읽지 않아도 된다. 하지만 영어 문법에 대한 분명한 결론을 내리고 싶으면 사례 1의 문제들은 반드시 풀어보기 바란다

(1) 다음 중 맞는 문장을 고르시오.

- I go to school.
- I go school.

(2) 다음 중 맞는 문장을 고르시오.

- I go home.
- I go to home.

(3) 다음 중 맞는 문장을 고르시오.

- "Who is it?" "It's me."
- "Who is it?" "It's I."

(1)번 문법 해설

전치사(前置詞 : 앞에 위치하는 품사)는 명사나 대명사 등의 앞에 놓인다고 하여 붙여진 이름으로 명사나 대명사 앞에 놓여 다른 명사나 대명사와의 관계를 나타내는 단어들을 말한다. 또한 전치사 뒤에 오는 단어나 구, 절 등을 전치사의 목적어라고 한다. 전치사의 목적어는 명사나 대명사 혹은 명사의 역할을 하는 동명사, 부정사 등으로 전치사는 전치사의 목적어와 결합하여 형용사구나 부사구 등의 역할을 한다.

여기서 school은 [학교]라는 뜻의 명사이고 의미상으로는 [학교로]라는 부사의 의미이므로 to 전치사와 결합하여 부사구를 이루어야 하므로 go to school이 맞는 문장이다.

(2)번 문법 해설

home은 ① [집, 가정]이라는 명사의 의미 ② [집의, 가정의, 집에서 만든]이라는 형용사의 의미 ③ [집에, 집으로]라는 부사의 의미가 있다.

그런데 여기서 home은 [집으로]라는 부사로 사용되었기 때문에 명사나 대명사처럼 전치사의 목적어가 되지 못한다. 따라서 전치사인 to가 앞에 올 수 없으므로 go home이 맞는 문장이다.

(3)번 문법 해설

동사에는 목적어가 필요한 타동사가 있고 목적어가 필요 없는 자동사가 있으며 자동사는 보어를 필요로 하지 않는 완전 자동사와 보어를 필요로 하는 불완전 자동사가 있다. 한편 보어는 주어를 보충 설명하는 주격 보어가 있고 목적어를 보충 설명하는 목적격 보어가 있다. 주어를 보충 설명하는 주격 보어에 명사가 쓰이는 경우에는 반드시 주격이 와야 한다.

It's는 It is의 준말이며 여기서 is는 불완전 자동사이다. 즉 여기서 is는 [~이다]의 의미이며 문장 전체의 뜻은 [그것은 ~이다]라는 의미이기 때문에 목적어는 필요 없고 보충 설명을 해주는 보어가 필요하다. 여기서 보어는 주어를 보충 설명하는 것이기 때문에 주격보어이며 주격 보어에 오는 명사는 주격이어야 한다. 따라서 주격 보어 자리에 목적격인 [me]가 오면 틀린 문장이고 주격인 I가 오는 [It's I.]가 문법적으로는 맞는 문장이다.

그런데 [나야] 혹은 [접니다]라는 의미로 원어민들은 관용적으로 [It's

me.]를 사용하기 때문에 문법적으로는 틀리지만 [It's me.]가 실제로는 맞는 문장이다.

[추가 질문]

자 이제 문법 사항을 다 배웠으니 영어 몇 마디를 쓰고 말해보자(위의 내용을 보지 말고 말해보자). 다음의 내용을 영어로 말해보세요. ① [아침을 먹은 후에 나는 학교에 간다] ② [학교를 마치고 나는 집에 간다] ③ 친구 집에 방문하여 초인종을 눌렀더니 친구가 안에서 "누구세요?"라고 묻는다. 이때 [응, 나야. 나 톰이야]를 영어로 말해보세요.

사례 2) 원리에 따른 영어 학습

(이 부분은 반드시 약간의 정성을 기울여 전체를 읽고 질문에도 답해보자)

다음의 영어 문장을 읽어보세요.

(1) "Who is it?"[1] "It's me.[2]" "Who?" "It's me. I'm Tom.[3]"
   "Who?" "It's me! I'm Tom!" "Tom...?" "Yes! It's me!"

(2) After breakfast, I go to school.[4] After breakfast, you go to school.
   After breakfast, we go to school. After breakfast, my sister goes to school.
   After breakfast my brother goes to school. After breakfast, he goes to school.
   After breakfast, she goes to school. After breakfast, they go to school.

---

1. Who is it? : 누구세요?
2. It's me. : 나야.
3. It's me. I'm Tom. : 나야. 나 Tom이야.
4. After breakfast, I go to school. : 아침 식사 후에 나는 학교에 간다. → 아침을 먹은 후에 학교에 간다.

(3) After school, I go home.⁵⁾ After school, you go home.
After school, we go home. After school, my sister goes home.
After school, my brother goes home. After school, he goes home.
After school, she goes home. After school, they go home.

〔질문 1〕

다 읽었으면 영어 몇 마디를 쓰고 말해보자(위의 내용을 보지 말고 말해보자). 다음의 내용을 영어로 말해보세요. ① [아침을 먹은 후에 나는 학교에 간다] ② [학교를 마치고 나는 집에 간다] ③ 친구 집에 방문하여 초인종을 눌렀더니 친구가 안에서 "누구세요?"라고 묻는다. 이때 [응, 나야. 나 톰이야]를 영어로 말하세요.

〔질문 2〕 문법을 전혀 배우지 않았지만 아래의 문법 문제를 풀어보자.

다음 중 맞는 문장을 고르시오.
- I go to school.
- I go school.

다음 중 맞는 문장을 고르시오.
- I go home.
- I go to home.

---

5) After school, I go home. : 학교 후에 나는 집에 간다. → 학교를 마치고 나는 집에 간다.

다음 중 맞는 문장을 고르시오.

- "Who is it?" "It's me."
- "Who is it?" "It's I."

자! 문법 공부를 하면서 문법 문제를 풀고 작문과 스피킹을 해 보았다. 그리고 전혀 문법 공부를 하지 않고 영어 문장만 읽고 작문과 스피킹을 해 보았고 심지어 문법 문제까지 풀어보았다.

영어 문법 공부를 전혀 하지 않았던 사람이라면 사례 1의 한국어 문법 설명을 읽는 것이 사례 2의 영어 문장을 읽는 것보다 머리가 더 아팠을 것이며 시간도 더 걸렸을 것이다. 영어 실력이 낮은 사람이 사례 1의 방식으로 공부한다면 반드시 몇 차례 더 읽어서 어려운 문법 설명을 완전히 이해하고 암기까지 마쳐야 문법 문제도 풀 수 있을 것이고 그렇게 문법 공부를 마쳐도, [아침 식사 후에는 나는 학교에 간다]와 같은 간단한 문장도 쓰거나 말할 수 없어서 별도로 영어 문장을 또 암기해야 할 것이다.

한편, 아주 영어 실력이 낮은 사람이라도 사례 2의 영어 문장을 조금만 정성 들여 읽었다면 문법 지식이 없어도 명사, 전치사 등의 문법 용어마저 몰라도, 문법 감각으로 대부분의 문법 문제를 맞힐 수 있었을 것이고 간단한 영어 문장을 쓰거나 말할 수 있었을 것이다. 그것도 암기를 전혀 하지 않았는데도….

그대는 어떤 방법으로 공부하고 싶은가? 어떤 방법이 더 제대로 된 영어 공부 같은가?

위의 사례에서 직접 경험해 보았듯이 어떤 언어든 문법을 해결하는 가장 빠르고 확실한 방법은 문법을 잘 지킨 글을 많이 읽거나 문법에 맞는 말을 많이 들어보는 것이다.

그런데 한국인들의 뼛속 깊이 새겨진, 영어 문법을 잘해야 한다는 고정관념 때문에 초보자는 자신의 문법 실력이 낮아서 영어를 못한다는 생각에 사로잡혀 있는 경우가 많다. 또한 영어 문장을 많이 읽어서 영어 문법 감각과 영어 실력 전체를 올리려 해도 초보자가 부담 없이 읽어가며 문법 감각을 키울 수 있도록 만들어진 교재가 현재는 거의 없는 실정이라서 이러한 나의 주장은 현실에서는 해결책이 될 수 없었다.

바로 이런 현실적인 문제를 해결하기 위하여 이 책의 완성을 뒤로 미루고 초보자들을 위한 영어 문법책을 먼저 완성하였고 이 책에 이어서 곧 출판될 예정이다. 영어 단어 실력이 약하고 문법 감각도 거의 없는 초보자라 하더라도 두껍지 않은 그 책을 부담 없이 몇 차례 읽는 것만으로 기초 단어 실력도 탄탄해지고 영어 문법에 대한 감각을 키우고 영어 독해 능력도 빠르게 향상시킬 수 있도록 세심하게 기획된 책이니 이러한 답답한 문제들을 조금은 해결할 수 있으리라 생각한다.

3) 해석을 잘해야 한다

아주 오래전에 대입 본고사에서 영어 시험이 주관식으로 나왔을 때는 해석을 잘하는 것이 중요했다. 어렵고 긴 영어 문장을 주고 "한국어로 해석하시오"라는 주관식 문제가 나왔기 때문이다. 그리고 번역 작가나 동시통역사들도 한국어로 해석하는 능력이 당연히 중요하다. 그 외의 사람들은 한국어로 해석하는 습관을 끊고 영어 그대로 이해하는 능력을 키워야 하며 한국어로 해석을 잘할수록 오히려 영어 실력은 잘 늘지 않는다.

그 이유를 간단히 살펴보자. 한 학생이 도서관에서 열심히 한국어로 해석하며 영어 독해 공부를 하였다. 그렇다면 이 학생의 두뇌에 최종적으로 저장된 정보는 한국어인가 영어인가?

이 부분은 중요하기 때문에 실제로 체험을 해보자. 다음의 영어 문장과 한국어 문장을 한 번만 가볍게 읽어보자. You should have told him to go the way that I suggested. 내가 제안한 길로 가자고 너는 그에게 말했어야만 했다. 절대로 앞의 문장을 다시 읽어보면 안 된다. 다시 읽지도 말고 절대로 암기하려고도 하지 말고 한번 읽어보았다면 책에서 눈을 떼고 방금 읽은 내용을 영어와 한국어로 기억해 보자. 실제로 기억해 보시기 바란다. 한국어 해석은 거의 기억나겠지만 영어 문장은 조금밖에 기억이 안 날 것이다. 만약 영어 문장이 거의 그대로 기억이 난다면 그 사람은 영어 실력이 상당히 좋은 사람이거나 이 책의 지시를 어기고 찬찬히 꼼꼼히 영어 문장을 읽었거나 아니면 다시 읽은 사람일 것이다.

영어 문장을 읽고 한국어로 해석하며 이해하였기 때문에 영어 문장은 잠시 그의 두뇌를 스쳐 간 것에 불과하고 최종적으로 그의 두뇌에 저장된 정보는 한국어 해석이다. 열심히 영어 공부를 한 것 같지만 최종적으로 두뇌에 남은 것은 한국어이기 때문에 바로 얼마 전에 읽은 영어 문장도 한국어로는 내용이 기억나지만 영어로는 잘 기억나지 않는다. 이런 까닭으로 영어 문장을 한국어로 해석하면서 이해하면 열심히 공부해도 영어 실력은 별로 늘지 않는다.

수학 공부를 열심히 하면 수학이 머리에 남는다. 그런데 영어 공부를 열심히 해도 한국어로 해석하는 한, 영어가 머리에 남지 않는다.

영어를 한국어로 해석하지 않고 영어 그대로 이해할 때 영어가 저장되어 영어 리딩 능력도 빠르게 향상되고 저장된 양이 많아지며 여러 차례 반복되어 저장될 때, 그 저장된 영어가 스피킹이나 작문으로 나올 수 있다. 한국어 해석이라는 절차를 거치지 않고 영어 그대로 이해하여 두뇌에 저장되고 그 저장된 정보가 영어 그대로 나갈 수 있을 때 비로소 영어 모국어화가 진행된다. 따라서 아무리 많은 영어 문장을 암기하였다 하더라도 한국어로 해석하며 암기하였다면 그 힘든 고생에 비해 생각보다 영어 실력이 별로 늘지 않는다.

4) 영어는 원어민에게 배워야 한다

이 글을 읽고 있는 그대는 세상에서 가장 한국어를 잘하는 한국어 원어민이다. 그리고 한국어가 확실하게 완성된 사람이다. 그런데 그런 그대는 미국인에게 한국어를 잘 가르칠 자신이 있는가?

만약 자신이 있다면 좀 더 구체적인 질문을 해보겠다. 어떤 교재를 가지고 어떤 방식으로 지도할 것인가? 구체적으로 한국어 리딩은 어떻게 가르칠 것이고 한국어 리스닝과 한국어 스피킹은 어떻게 가르칠 것인가? 한국어 작문은 어떻게 가르칠 것이며 한국 국적 취득을 위한 한국어 시험 공부는 어떻게 시킬 것인가? 한국어 단어 실력과 한국어 문법 실력은 어떻게 향상시킬 것인가?

원어민에게 영어를 배우는 것이 좋다는 사람들이 가장 먼저 예로 드는 것은 발음이 좋기 때문이라고 한다. 그렇다면 그대는 어떻게 한국어 발음을 가르칠 것인가? 확실한 한국어 발음을 들려주고 따라 하라고 했는데 잘 따라 하지 못하면 어떻게 지도할 것인가? 잘할 때까지 계속 따라 하라고만 할 것인가? 아니면 무슨 다른 방법이 있는가?

이 질문들을 가볍게 여기지 말라. 그대는 왜 이 책을 읽고 있는가? 영어를 잘하는 방법을 알고 싶어서 이 책을 읽고 있는 것이 아닌가? 앞의 모든 질문에 대하여 자신 있게 대답할 수 있고 그 방법에 분명한 확신이 있다면 그대는 더 이상 이 책을 읽을 필요가 없다. 그 방법대로 영어를 공부하면 된다. 한국인이 영어를 잘 못 하는 이유나 미국인이 한국어를 잘 못하는 이유는 동전의 양면처럼 본질적으로는 같기 때문이다.

만약 앞의 질문들에 자신 있게 구체적으로 답할 수 없다면 원어민에게 영어를 배워야 좋다는 말의 근거는 무엇인가? 물론 영어를 잘하는 사람에게 배울수록 배울 것이 더 많은 것은 사실이고 원어민이 구사하는 영어 발음과 영어 문장은 확실히 신뢰할 수 있다. 그러나 주변에 신뢰할 만한 영어 발음 오디오가 없고 신뢰할 만한 영어 문장으로 된 교재가 없어서 우리의 영어 실력이 늘지 않는 것인가? 요즈음에 그런 자료들은 홍수처럼 넘쳐난다. 배울 것은 너무 많은데 내 실력이 늘지 않아서 문제인 것이다. 가르치는 사람의 실력은 그 사람의 실력일 뿐이고 그 사람의 실력이 내 실력이 되어야 하는데 그것이 잘 안 돼서 문제인 것이다. 앞에서도 말했듯이 자신이 잘한다고 다른 사람들을 잘하게 할 수 있는 것은 아니다.

원어민은 한국인에게 없는 장점을 분명히 가지고 있다. 그러나 그런 장점의 대부분은 교재나 오디오를 통하여 커버할 수 있다. 원어민의 여러 장점에도 불구하고 가장 치명적인 단점은 우리가 한국어를 배운 기억이 잘 나지 않는 것처럼 자신이 영어를 배운 경험을 구체적으로 정확히 기억하지 못한다는 점이다. 설사 생각이 난다 하더라도 자신이 영어를 모국에서 모국어로 배운 경험밖에 없고 외국에서 외국어로 배운 경험은 전혀 없다. 이론이 아니라 실제 언어를 가르치려면 가르치는 사람의 직접적인 자기 경험이 반드시 필요한 데 바로 그 직접적인 자기 경험이 없어서 기대하는 만큼의 성과가 나오기 쉽지 않다.

원어민에게 영어를 배우면 좋은 경우는 외국인을 위한 영어 교육에 관하여 깊은 지식과 충분한 경험이 있는 사람에게 배우거나 매일 일정한 시간 이상 개인지도를 장기간 받을 수 있을 때이다. 또 배우는 사람이 영어 실력을 확실하게 갖추고 있어서 프리토킹이 가능할 때에 기대하는 결과를 얻을 수 있을 것이고 원어민을 접해보지 않은 사람은 원어민에 대한 울

령증을 극복하는 데 도움을 얻을 수도 있다. 그 외의 경우에는 평범한 한국인 강사에게 배우는 것보다 더 성과가 없을 수도 있다. 한국인 강사가 자격미달이 아니라면 최소한 그 한국인 강사는 영어를 외국에서 외국어로 배운 직접적인 자기 경험과 노하우가 있기 때문이다.

5) 영어 발음

영어 발음에 관해서는 앞의 사례에서 충분히 다루었으나 현재 한국에서 영어 발음에 대한 주장은 극과 극으로 대립하고 있어서 정리하는 의미에서 전체적으로 한 번 살펴보자.

첫째, 외국으로 이민갈 계획이 있는 사람이나 어린 나이에 조기유학을 가는 사람은 원어민식의 높은 수준으로 발음을 교정하는 것이 좋다고 생각한다. 이민갈 사람과 장기간 유학가는 어린이는 다양한 원어민들의 영어 발음에 노출될 것이고 현지 영어도 빠르게 익힐 필요가 있는데 아무래도 발음 교정 수준이 높을수록 도움이 되기 때문이다.

특히 이민가는 사람은 결국 현지인이 되기 때문에 현지인과 잘 융화하기 위해서라도 원어민식 발음을 익힐 필요가 있다. 다만 한꺼번에 모든 발음을 교정하면 앞의 사례에서 언급했던 문제들이 발생하기 때문에 교정이 빨리 이루어지는 자음부터 하나씩 천천히 교정하기 바란다.

'하나씩 천천히'라는 말을 정확히 이해해야 한다. 이 말을 정확히 이해하지 못하면 발음은 교정했는데 정상 속도로 말할 수가 없어 거의 언어 장애인으로 1년을 보내야 하는 일이 생길 수도 있다. 학원의 발음 전문 강의처럼 하루에 한 개씩만 배우라는 의미가 아니다. 한 개의 발음을 배우고 익혀서 거의 한국어 발음하듯이 편안하게 발음할 수 있는 수준으로 그 발음이 완전히 정착된 다음에 다른 발음을 교정해 나가라는 의미이다.

그리고 발음에는 모음과 자음이 있는데 모음이라는 말에서 알 수 있듯이 모음은 어머니의 소리 즉, 근원의 소리이다. 따라서 모음은 교정도 쉽지 않지만 교정된 모음이 모국어 수준으로 정착되는 데는 생각보다 훨씬 많은 시간이 걸린다. 자식은 1년이면 새로 만들 수 있지만, 어머니는 이번 생에 새로 만들 수가 없는 것처럼 자음 전체를 교정하여 정착시키는 시간보다 모음 한 개를 교정하여 정착시키는 시간이 더 걸린다.

따라서 자음 중에서도 모음의 성격이 있는 [ʃ], [ʒ], [tʃ], [dʒ], [r], [w] 발음은 자음 중에서 가장 나중에 교정하는 것이 좋다. 그런 연후에 모음을 하나씩 천천히 교정해 나가면 발음을 교정하면서도 정상 속도로 영어를 말할 수 있는 능력을 유지해 나갈 수 있다. 다만 원어민식의 높은 수준의 발음 교정은 20대만 넘어도 최소 1년 이상의 시간이 소요될 수 있다는 점을 분명히 알고 시작하길 바란다.

여기서 1년 이란 말을 잘 이해해야 한다. 하루 1시간 정도 영어 발음 연습을 하고 나머지 시간은 한국어를 사용할 때의 그런 1년이 아니다. 원어민 국가에서 한국어를 전혀 사용하지 않고 하루 종일 영어를 듣고 말하는 상황에서 하루 평균 최소 1시간 이상 발음을 연습하는 그런 1년을 말한다.

그래서 한국에서 일상적으로 한국어를 사용하는 상황에서 원어민식의 높은 수준으로 발음을 교정하는 경우에는 그 기간을 정확히 예측하기도 어렵다.

둘째, 주로 한국에서 거주하고 현재 외국인과 의사소통에 지장이 없고 영어 소리가 100% 들리는 경우에는 굳이 발음을 교정할 필요는 없다고 본다. 특별히 출신 국가를 속일 목적이 아니라면 외국어 발음을 배우는 것은 상대방이 나의 말을 잘 알아듣게 하기 위해서인데 이런 상황이라면 이미 발음 교정의 목적이 달성되었기 때문이다. 그리고 100% 영어 소리를 들을 수 있으면, 별도로 발음 훈련을 하지 않아도 많이 듣고 많이 대화할수록 발음이 자연스럽게 점차 원어민의 발음에 가까워져 가기 때문이다. 이런 이유로 이민가려는 사람도 굳이 원어민식의 높은 수준으로 발음을 교정할 필요는 크지 않다. 원어민이 알아들을 수 있는 정도로만 교정하여도 100% 영어 소리를 들을 수 있다면 현지에서 생활하는 동안 자연스럽게 원어민 발음에 가까워져 가기 때문이다.

셋째, 영어 발음을 이야기하기 전에 영어 발음기호를 익혀야 한다. 요즈음에는 영어 발음기호를 모르는 사람이 너무 많다. 특히 젊은 층이 더 그렇다. 전자사전 등 각종 오디오 자료가 흔해져서 그런 것으로 보이는데 영어 발음기호를 모르고 소리 영어를 정복하려는 것은 알파벳을 익히지 않고 영어 독해를 하려는 것과 마찬가지이다.

영어 발음기호를 익힐 때 주의할 점은 발음기호와 발음 자체를 동시에 익혀야 한다는 것이다. 영어 발음기호를 하나도 몰라서 한국어 발음으로 익힐 수밖에 없다 하더라도 한국어 발음으로 영어 발음기호를 익히는 기간을 최대한 짧게 해서 발음기호를 어느 정도 익혔으면 바로 영어 발음으로 영어 발음기호를 익혀야 한다. 영어 발음기호를 익히는 데 한국어 발음을 사용하는 기간이 길어지면 사실상 콩글리시 발음을 익히고 있는 것이니 주의하여야 한다.

따라서 두세 시간 정도로 아주 짧은 시간 동안 한국어 발음으로 영어 발음기호를 배울 때를 제외하고는 한국어로 표기된 영어 발음은 보지도, 참조하지도 말아야 한다. 한국어로 영어 발음을 잘 표현할 수 있다면 영어 발음기호를 배울 필요도 없고 영어 소리도 잘 들려야 정상이다. 영어가 안 들리는 것은 한국어로 표현할 수 없을 정도로 차이가 큰 발음들이 있기 때문이고 그래서 힘들게 영어 발음기호를 배우고 영어 발음을 배우는 것이다. 그런데 오직 한국어 발음만 이용하여 오랫동안 영어 발음기호를 배우거나 영어 발음을 한국어로 표기하여 읽는 것은 엄청난 시행착오를 하는 것이며 사실상 소리 영어를 포기하는 결과를 가져올 수도 있다.

넷째, 일부에서 영어 발음 교정이나 지도가 전혀 필요 없다고 주장하는 사람들이 있는데, 주로 변형된 소리 내어 읽기 학습법을 주장하는 사람들이 그렇다. 그러나 소리 내어 읽기 오리지널 학습법은 절대로 영어 발음을 가볍게 이야기하지 않으며 영어 발음 훈련이 그 학습법에 포함되어 있다. 한국어와 발음 차이가 큰 발음들은 낮은 수준에라도 반드시 교정이 필요하다. 이것이 이루어지지 않으면 듣기나 말하기에서 더 많은 시간을 투자해야 하고 경우에 따라서 엄청난 시행착오를 할 수도 있다.

6) 영영 사전을 보아라

영한사전을 보는 것보다 영영사전을 보는 것이 더 편한 사람은 당연히 영영사전을 보는 것이 좋다. 문제는 영한사전을 보는 것이 더 편한데 굳이 일부러 영영사전을 보아야 하는지이다. 결론만 먼저 말하자면 영한사전이 더 편한데 스트레스를 받아가며 불편한 영영사전을 억지로 보아야 하는 이유는 전혀 없다. 원리에 따라서 영어를 배우면 영영사전을 보는 것이 더 편해지는 때가 온다. 그때 영영사전을 보면 된다.

영영사전을 보라고 강하게 주장하는 사람들을 보면 크게 보아 두 부류이다.

첫째, 외국에서 장기간 체류하며 영어 실력을 완성한 사람이다.
둘째, 국내에서 하루에 몇 시간 이상 집중적으로 학습한 사람들 중에서 주로 소리 영어는 포기하고 독해나 작문 등 문자 영어 학습에 집중한 사람들이다.

이 두 부류 사람들의 공통점은 영어에 노출 시간이 많다는 것이다. 그중 국내파는 주로 소리 영어는 포기한 사람들이다. 거꾸로 말하자면 국내에서 소리 영어까지 정복한 사람들 중에는 억지로 영영사전을 보라고 주장하는 사람은 거의 없다.

영어 실력을 어느 정도 갖추고 나가 외국에서 장기간 체류한 사람은 한국어를 사용하지 않고 영어 노출이 늘어 가며 영어를 영어 그대로 받아들이는 영어 문장 이해력이 빠르게 상승한다. 그래서 일본 사전을 베낀 흔적이나 번역의 한계를 가지고 있는 영한사전보다 영영사전이 더 편해진다. 그러면 그때부터 영영사전을 보고 그전까지는 영한사전을 보면 된다. 조금만 시간이 흐르면 자연스럽게 영영사전을 보게 될 것인데도 빨리 영영사전을 보아 그 시기를 앞당기자는 것이 영영사전을 보자는 사람들의 주장인데 아직 편하지 않은 영영사전을 보면서 받는 스트레스까지 감안하면 그렇게 큰 장점이 없다. 편해질 때 보면 된다.

또 국내에서 문자 영어에만 집중적으로 시간을 투자하는 사람은 문자에 관한 영어 문장 이해력이 빠르게 향상하기 때문에 마찬가지의 과정이 일어난다. 조각난 단문에 불과한 사전의 문장을 보는 시간에 차라리 스토리가 있는 긴 문장을 더 보는 것이 영어적인 사고를 키우는데 훨씬 효율적이다. 그리고 조금 뉘앙스가 다른 한국어로 단어를 익혀도 반복된 독서를 통하여 영어 문장 속에서 그 단어의 의미가 점점 더 분명해지기 때문에 아직 불편한 영영사전을 보는 스트레스까지 감안하면 이점이 별로 없다고 봐도 좋다. 시험 영어 공부 습관에서 벗어나지 못해서 영어 공부는 뭔가 어려워야만 직성이 풀리는 사람들의 주장일 뿐이다.

국내에서 소리 영어까지 완성한 사람들 중에 왜 영영사전을 보라고 주장하는 사람은 거의 없는지가 궁금할 것이다. 나의 경험과 몇 사람의 주장을 참조해 보면 소리 영어까지 정복하려면 듣기, 말하기, 발음, 리딩, 단어 등 신경 써야 할 부분이 너무 많다. 따라서 단어를 찾고 익히는 데까지 스트레스를 받을 여력이 없기 때문인 것 같다. 또 리딩을 완성한 국내파는 많으나 소리까지 완성한 국내파가 드문 것은 그만큼 소리 영어 완성이 어렵다는 이야기이다. 따라서 학습 효율이 상당히 높은 방법을 사용하여야만 국내에서 소리 영어까지 완성할 수 있기에 소리 영어를 완성한 사람은 효율적인 영어 학습에 대한 선구안이 상당히 높은 사람들이다. 그래서 그들은 영영사전을 보느냐 마느냐는 별로 중요한 문제가 아니라는 사실을 일찌감치 간파하여 영영사전이 편해지기 전에는 보지 않았고 과거 자신의 경험을 그대로 이야기하는 것뿐이다.

영어 노출 시간이 적은 사람은 심심해서 취미로 영어를 공부하지 않는다면 영영사전을 보지 않는 것이 좋다. 영영사전을 보라고 주장하는 이유는 영어를 영어 그대로 이해하는 습관을 들이고 영어 단어의 뉘앙스를 제대로 익히라는 것이다. 그런데 그런 목적을 달성하려면 스토리가 있는 영어 문장을 반복해서 읽는 것이 가장 좋다. 단어 하나 때문에 그런 문장을 보는 흐름만 끊기고 이미 영어 문장을 재미있게 열심히 읽고 있는데 단어 몇 개 때문에 재미있게 할 수 있는 영어 공부를 스트레스받아가며 해야 할 이유는 전혀 없다.

영어 학습은 언어 학습이지 인내력 훈련이 아니다.

7) 영어는 외국에 가야만 정복할 수 있다

원어민 국가에 가면 영어를 정복하는데 유리한 점이 딱 하나 있다. 바로 24시간 영어에 노출된다는 점이다. 더 정확히 말하자면 영어에의 노출보다는 한국어를 사용하지 않는다는 점이다. 그 외에는 특별한 장점이 없다. 주변에 어학연수를 갔다 온 사람들의 영어 실력을 참고하고 이 말이 사실인지 확인해 보기 바란다.

어학연수를 가도 한국인들과 자주 어울리고 한국의 친구들과 자주 메일을 주고받고 통화한다면 별다른 장점이 없다. 영어에만 몰입하여 원리에 따라 학습하면 국내에서도 6개월이면 영어를 준원어민 수준으로 정복할 수 있는 기간인데도 어학연수 6개월 만에 그 정도 수준을 달성하고 오는 사람은 거의 없다. 그 정도는 아니지만 그래도 많이 늘어서 왔다고 말하는 사람들이 있는데 그 사람이 원어민 국가에서 지내는 동안 한 일이라고는 영어를 하는 것 외에는 아무것도 없었다.

어학연수를 가 보았자 현지 어학원은 한국의 어학원보다 효과가 더 없으니 틈나는 대로 아주 능동적으로 자신을 영어에 노출시켜야 한다. 개인 학습을 효율적으로 열심히 해야하고 적극적으로 원어민에게 접근하여 대화해야 한다. 그런데 그게 말처럼 쉽지 않고 말이 통하는 사람도 없으니까 외로움에 못 이겨 한국인과 어울리고 한국에 있는 친구와 자주 전화나 메일을 주고받으며 한국 인터넷 사이트를 기웃거리고 한국 방송이나 한국 영화를 보거나 한국어 책을 보기도 한다. 심한 경우 외로움에 시달리고 생각보다 별로 늘지 않는 영어 실력에 좌절하여 우울증에 걸려 조기에 귀국하기도 한다.

이미 10대 초반이 넘었다면 외국에 간다고 무조건 영어가 되는 것은 아니다. LA 한인촌에 사는 미국 생활 10년을 넘긴 교포 중 영어 소리라도 100% 들을 수 있는 사람이 많지 않고 간단한 생활 영어 이상의 영어 스피킹을 할 줄 아는 사람도 생각보다는 훨씬 적다. 나의 7기 제자 중 한 사람은 캐나다에 이민간 지 1년이 넘었는데도 영어 실력이 거의 늘지 않아서 여러 차례 메일을 보내고 몇 달을 기다린 후에 온라인 스터디가 열리자 참여하기도 하였다. 또 최근의 17기 중에는 미국에서 5년 동안 한국인을 거의 만나지 않고 살았는데도 영어 소리조차 100% 듣지 못하여 애를 태우다가 우연히 나를 알게 되었는데, 내가 더 이상 온라인 강의를 하지 않는다는 것을 알고 나서는 귀국하여 강의를 수강해서 소원을 성취하고 기쁘게 다시 미국으로 돌아간 제자도 있었다.

그대가 어학연수를 가고 싶은데 여러 가지 이유로 가지 못한다면 한국에서 그 소원을 달성하는 법이 있다. 한국에서 똑같은 상황을 만들면 된다. 한국에서 한국어를 거의 사용하지 않고 영어책과 영어 신문만 보고 영어 방송만 들으며 영어 학습에만 몰입하면 된다. 대화하지 못하는 것이 답답하고 외로우면 요즈음에는 한국에 외국인이 흔하니까 서울이면 이태원에 자주 가서 외국인과 대화를 나누면 된다. 한국에서 어떻게 그럴 수 있냐고 반문하는 사람이 있는데 한국에서 그럴 수 없다면 원어민 국가에 가서도 마찬가지이다. 막연히 원어민 국가에 가기만 하면 영어가 늘 것으로 생각하고 일단 출국해서 적당히 지내다가 오니까 생활 영어 수준의 회화만 조금 늘고 귀국하는 어학 연수생이 그렇게 많은 것이다.

이제 그렇게 극단적인 환경이 아니어도 많은 사람들이 한국에서 영어를 정복할 수 있도록 도움이 될 만한 교재 몇 권이 완성되어 곧 세상에 나올 수 있게 되어 그나마 다행스럽게 여겨진다. 초보자라 하더라도 하루에 세 시간 정도만 영어에 몰입해도 한국에서 5~6개월 정도면 준원어민 수준으로 영어를 정복하고 현존하는 모든 영어 시험도 가볍게 고득점 할 수 있게 도와줄 교재 10권을 추가로 1년 이내에 완성할 수 있도록 현재도 최선을 다하고 있다. 앞으로 나의 모든 시간과 에너지를 거기에 쏟아부을 예정이다.

3. 영어가 어려운 진짜 이유

시험 점수만을 위하여 공부하다 보니 언어를 배운 것이 아니라 문제 풀이 요령만 배우며 암기했고, 언어 습득 원리도 제대로 모르면서 큰소리치는 사람들에 휘둘리다 보니 제대로 언어를 배우고 싶어도 덫에 걸리고 함정에 빠져서 영어를 지나치게 어렵게 느껴왔다는 사실을 이제는 분명히 알게 되었을 것이다.

그렇다면 시험 공부 습관을 버리고 엉터리 고정관념에서 탈출하기만 하면 영어를 배우는 것이 아주 만만한 일이 될까? 영어가 모국어가 아니라서 그렇지는 않다. 시험 공부 습관과 엉터리 고정관념과 상관없이 실제로 영어가 아주 만만하지만은 않은 이유를 먼저 살펴보자.

1) 영어는 잘 들리지 않는다

앞에서 언급한 '모든 언어에 공통된 습득 원리'를 이론적으로 엄밀하게 표현하다 보니 조금 어려운 것 같으니 그 원리를 평범하고 쉬운 말로 바꾸어 보자.

"잘 듣고, 정확한 발음을 배워서 소리 내어 읽고, 말도 해보고, 글자를 배워서 읽고 써보아야 한다. 글을 잘 쓰려면 독서를 많이 해야 하고 수준 높은 작문을 하려면 문법도 배워야 한다"는 말이다. 지극히 상식적인 말이다. 외국어 공부를 전혀 해보지 않은 사람도 당연한 이야기라고 고개를 끄덕일 것이다. 그런데 영어는 그 원리의 첫 번째 단추인 듣기가 잘 안 되는 것이다. 그래서 많은 영어 학습자들이 들릴 때까지 무한한 인내력을 가지고 듣다가 대부분은 포기하고 마는 것이다.

2) 영어는 발음하기가 어렵다

잘 들리지 않아서 듣기는 포기하고 발음이라도 해보려고 하면 45개가 넘는 영어 발음을, 자음과 모음 모두를 배우고 익힌다는 것은 굉장히 많은 시간과 노력이 필요한 일이기 때문에 대부분 중도에 포기하게 된다. 소리가 100% 들리지 않기 때문에 정확히 따라 할 수도 없고 대충이라도 소리 내서 읽어보려고 하면 발음을 제대로 배우지 않았기 때문에 자신 있게 발음하지도 못한다. 또 악센트는 스펠링에 표시도 없다. 따라서 정확한 발음과 악센트로 소리 내어 읽는 것마저 포기하게 된다.

3) 영어는 해석이 잘 안 된다

듣기도 포기하고 발음마저 포기한 후에 눈으로라도 읽어보려고 하면 뜻이 잘 이해가 안 된다. 영어는 한국어와 문법 구조가 다르고 어순이 다르기 때문에 모르는 단어가 없어도 문장의 뜻이 이해가 안 되는 경우가 너무 많다. 그래서 어쩔 수 없이 문법을 이용하여 문장을 낱낱이 분해한 후에 한국어의 어순에 맞추어 단어의 순서를 바꾸고 조사를 집어넣어 한국어로 해석하며 이해한다. 언어를 학습하는 것이 아니라 문법이라는 도구로 분해하고 조립하는 연습만 하는 것이다. 그러나 긴 영어 문장을 만나거나 문법을 잘 지키지 않는 문장들을 만나면 문법도 쓸모가 없어져서 원서는 읽을 엄두도 내지 못한다.

4) 스피킹이 안 된다

모든 것을 포기하고 말이라도 몇 마디 해보려 하면 외우지 않고 말해볼 방법이 없다. 결국 앞의 시행착오 사례에서 언급한 것처럼 패턴식이나 상황식 영어 회화책을 열심히 외우다가 생각보다 실력이 늘지 않아서 포기하게 된다. 아니면 100페이지가 넘는 영어책을 통째로 외우려는 영웅적인 시도를 하다가 너무 힘들어서 포기하게 된다.

여기까지 읽다가 어떤 독자들은 '뭐야 결국 영어가 어렵다는 이야기잖아?' 하고 실망할 수도 있을 것이다. 그러나 섣부른 판단을 하지 말고 몇 페이지만 더 읽어보기 바란다. 이제부터는 빛을 향해, 출구를 향해 걸어가게 될 것이다.

4. 영어가 쉬워지는 방법

앞에서 열거한 영어가 진짜 어려운 원인 네 가지만 제거하면 영어는 배우기 쉬운 언어라는 자신의 맨얼굴을 드러낸다.

1) 소리에만 집중하여 듣는다

소리도 잘 안 들리는데 소리의 뜻까지 이해하려 하니 안 들리는 소리가 더 안 들린다. 따라서 아직 영어 소리도 다 듣지 못하는 사람은 영어 소리를 이해하려 하지 말고 오직 소리 그 자체에만 집중해서 들어야 한다. 소리에만 집중해서 듣는 훈련을 하고 들으면 소리가 훨씬 더 잘 들려온다. 그리고 들리기 시작하는 소리에만 집중하면서 들으면, 들리는 소리 영역들이 빠르게 늘어난다.

2) 효율적인 발음을 배운다

엄밀한 의미에서 한국어 발음과 똑같은 영어 발음은 단 한 개도 없지만 앞에서 언급한 것처럼 15개 정도의 영어 발음을 제외하면 한국어 발음과 아주 큰 차이가 나지 않는다. 따라서 15개 정도의 영어 발음을 낮은 수준으로 교정하는 훈련만 하면 된다.

3) 영어 그대로 이해한다

한국어와 영어는 역사 이래로 몇천 년 동안 상호 접촉 없이 발전해온 언어이기 때문에 서로 너무 다르다. 문법도 다르고 어순도 다를 뿐만 아니라 뜻과 뉘앙스가 똑같은 단어들도 거의 없어서 영어 단어와 한국어 단어를 일대일로 정확히 번역할 수도 없다. 그래서 전문가가 해석해도 의역하지 않고 직역하면 해석한 문장이 뭔가 이상해서 뜻이 팍팍 이해되지 않은 경우가 많다. 따라서 한국어로 해석하지 않고 영어 그대로 이해하는 훈련을 하여야 한다.

4) 유일한 스피킹 비법

어떤 영어 학습자가 있다. 영어 발음을 제대로 배워본 적도 없다. 그리고 영어 소리를 100% 듣지도 못한다. 소리도 다 듣지 못하니까 당연히 들리지도 않는 그 소리를 100% 이해할 리도 없다. 그리고 그 사람은 영어를 항상 한국어로 해석하면서 이해한다.

자! 이 사람이 영어 스피킹을 잘할 수 있는 방법이 무엇 무엇이 있을까? 미안하지만 단 한 가지도 없다. 그 사람의 단어 실력이 아무리 좋고 영어 시험 점수가 아무리 높다 하더라도 스피킹은 아예 불가능하다. 띄엄띄엄 단어로 의사표시를 할 수 있지 않느냐고 반문할 수도 있을 것이다. 그러나 발음을 제대로 배워본 적이 없다면 그 사람이 단어를 띄엄띄엄 말할 수 있다고 하더라도 원어민이 알아들을 수가 없으니 그것은 스피킹이 아니라 뭐라고 띄엄띄엄 중얼거리는 것에 불과하다. 억지로 인정하자면 한국인끼리 혹은, 한국에 오래 산 외국인만 이해하는 콩글리시는 할 수 있다고 인정해 줄 수는 있다.

그 사람이 발음을 배웠다고 하자. 그러면 이제 그 사람이 영어 스피킹을 잘할 수 있는 방법이 무엇이 있을까? 대한민국 거의 모든 스피킹 학원에서 하는 단 한 가지 방법만 있다. 패턴식이든 상황식이든 혹은 학원에서 그 방식을 뭐라고 이름 붙였는지 상관없이 그 본질은 암기 즉, 외워서 말하는 것밖에 없다. 그런데 수많은 말들을 다 외워서 할 수는 없기 때문에 외워서 스피킹을 잘할 수는 없다. 그리고 그 사람이 발음만 배웠을 뿐 영어 소리를 다 듣지 못한다면 자기 혼자서만 신나게 떠들고 동문서답할 수는 있어도 영어로 대화하는 스피킹을 하고 있는 것은 아니다.

그렇다면 스피킹을 잘할 수 있는 방법은 정말 없는 것일까? 있다. 단 한 가지 방법만 있다. 어이없을 정도로 상식적인 방법이 딱 하나 있다. 발음을 배웠다면 내 안에 있는 영어를 내보내기만 하면 된다. 내 안에 영어가 있으면 내보낼 수 있다. 영어가 내 안에 있게 만들기만 하면 된다. 우리가 한국말을 잘할 수 있는 것은 내 안에 한국어가 충분히 있고 한국인이 이해할 수 있는 한국어 발음을 익혔기 때문이다. 내 안에 충분히 있는 한국어를 한국 발음으로 내보내는 것이 한국어 스피킹을 잘하는 유일한 비법이다. 내 안에 한국어가 충분히 있게 된 것은 한국어 소리를 100% 듣고 한국어 그대로 이해할 수 있으며 한국어 책을 읽고 한국어 그대로 이해하기 때문이다. 한국말을 잘하는 비법은 따로 없다. 한국어 발음을 배웠고, 한국어 소리를 100% 들을 수 있고, 한국어 소리나 한국어 책을 한국어 그대로 이해할 수 있으면 곧 한국말을 잘할 수 있게 된다.

마찬가지로 영어 스피킹을 잘하는 방법도 따로 없다. 영어 발음을 배웠고, 영어 소리를 100% 들을 수 있고, 그 영어 소리를 (한국어로 해석하지 않고) 영어 그대로 이해할 수 있고, 영어책을 읽고 (한국어로 해석하지 않고) 영어 그대로 이해할 수 있으면 내 안에 영어가 쌓이기 시작하고 머지않아 곧 영어 스피킹을 잘할 수 있다. 말을 할 수 있으니 작문도 당연히 가능하게 된다. input(입력)이 충분히 이루어지면 곧 output(출력)이 생긴다. 듣고 읽는 것은 외부에 있는 언어를 내 안에 집어넣는 행위(input)이고 말하고 쓰는 것은 내 안에 있는 언어를 밖으로 내보내는 행위(output)이다. 따라서 영어 소리와 영어 문자가 (한국어 해석과정을 거치지 않고) 충분한 양만큼 영어 그대로 내 안에 들어와서 쌓이면 조금만 시간이 흐르면 output(출력)인 말하기 쓰기도 영어로 가능하게 되는 것이다.

영어 소리도 100% 듣지 못하고 영어 소리나 영어 문장을 (한국어로 해석하지 않고) 영어 그대로 이해하지도 못해서 내 안에 한국어만 가득할 뿐 영어는 전혀 쌓여있지 않는데도 스피킹만 열심히 연습해서 스피킹을 잘하려고 하는 것은 우물 안에 물도 없는데 물을 퍼내려고 죽어라 애쓰는 것과 같다. 물도 없는 우물에서 물을 퍼내려 애쓰는 사람을 그대가 본다면 그대는 아마도 그 사람에게 정신과에 가보라고 조언을 할 것이다. 이 글을 읽고 나서도 발음도 안 배우고, 소리도 100% 못 듣고, 영어를 영어 그대로 이해하지도 못하면서 스피킹 실력만 높이 올리려고 하는 사람이 있다면 나도 그 사람에게 정신과에 가보라는 조언을 해주고 싶다.

5) 간단하고 상식적인 결론

"원어민이 듣고 이해할 수준 정도의 발음만 간단히 익히고, 소리를 들을 때는 소리에만 집중해서 듣고, 영어를 듣거나 영어를 읽을 때는 영어 그대로 이해한다. 그래서 내 안에 영어 소리와 영어 글이 충분히 쌓이면 그때 말이나 글로 내보낸다."

너무나 상식적인 간단한 결론을 알았으니 이제부터 영어는 아주 만만해진다. 이제부터 100시간이면 영어는 내 손안에 들어오기 시작할 것이다.

5. "애개…. 영어가 겨우 이거야?"

영어 발음을 배운 다음에 영어 소리를 100% 들을 수 있는 능력을 얻고, 한국어로 해석하지 않고 영어 그대로 이해하는 능력을 키우면 빠른 영어 소리도 편안하게 이해할 수 있게 되고, 다양한 영어 문장을 이전과 비교도 안 되는 빠른 속도와 높은 이해도로 읽어 나갈 수 있게 된다.

영어는 문법 체계가 굉장히 단순하고 단어의 어미 변화도 없기 때문에 다양한 문장을 빠르게 이해하며 읽어나감으로써 단기간에 문법 실력과 단어 실력도 급상승시킬 수 있게 된다. 당연히 내 안에 쌓인 영어가 점점 많아져서 간단한 훈련을 통해 곧 영어로 말과 글을 뿜어낼 수 있게 된다.

여기까지 오고 나면 상당히 허무하고 너무 어처구니가 없어서 한마디 하게 될 것이다. "애개…. 영어가 겨우 이거야?"

6. 수능, 토익, 토플 시험 문제는 바보들의 문제

영어 소리를 100% 들을 수 있고 들려오는 영어 소리를 영어 그대로 이해할 수 있게 되면 영어 소리와 한국어 소리의 차이가 별로 없어진다. 마찬가지로 영어 문장을 영어 그대로 이해할 수 있게 되면 영어 문장이 한국어처럼 읽혀진다. 따라서 듣기 시험 시간에는 너무 쉬워서 집중이 안 되어 일부러 긴장하여야 하고, 시험 시간이 절반도 더 남았는데 시험 문제를 다 풀어버려서 영어 독해 시험 시간에는 한숨 자고 나와야 한다. 그렇게 영어를 영어 그대로 이해하게 되고 영어 소리를 다 들을 수 있으면 가끔 모르는 단어가 좀 나와도 모든 영어 시험 문제가 바보들의 문제라는 것을 알게 된다.

영어 소리가 100% 다 들리고 영어 그대로 이해되고, 영어 문장도 영어 그대로 다 이해된다고 가정하면 그 사람은 영어가 한국어처럼 느껴지는 것은 당연한 일이 아니겠는가? 그렇다면 다 들리고 편하게 이해되는 영어 소리를 듣는 것이나 그 소리를 한국어로 듣는 것이나 차이가 없어질 것이고 마찬가지로 영어 문장을 읽는 것이나 한국어 해석을 읽는 것이나 차이가 없어질 것이다. 그러니 현재 시험을 준비하는 수험생은 머지않아 달성할 그 수준에 이미 도달했다고 가정하고 수능이나 토익 문제를 한국어 해석만 보고 풀어보기 바란다. 정말 바보들의 문제라는 것을 온몸으로 느낄 수 있을 것이다. 바보들이나 풀어야 할 이런 시험 문제 때문에 그동안 애를 쓴 것이 너무 억울해서 원리에 따른 영어 공부로 영어 실력 자체를 올려버려서 바보들의 문제를 다시는 풀 필요가 없는 수준이 빨리 되고 싶은 뜨거움이 가슴 깊은 곳에서부터 솟구쳐 올라올 것이다.

 그런 뜨거운 열정을 가지고 이제는 만만해 보이는 영어를 정복하기 위한 본격적인 여행을 시작해보자.

7장
100시간 영어 학습법

1. 10시간이면 알 수 있다

사례들을 통하여 근거 없는 엉터리 고정관념들에서 어느 정도 자유로워졌고 비효율적인 학습 습관의 심각성도 살펴보았으니 이제 이 학습법에 집중하여 살펴보도록 하자.

결론을 먼저 보면 100시간 영어 학습법의 핵심은 다음과 같다.

① 정확한 영어 발음을 배우고 익힌다.
② 1시간 정도 분량의 좋은 교재를 구한다.
③ 정확한 발음으로 소리 내어 읽는다.
④ 소리에만 집중해서 듣는다.
⑤ 영어 그대로 이해하여 내 안에 영어를 쌓아간다.
⑥ 내 안에 쌓인 영어를 말과 글로 쏟아낸다.

진실은 항상 단순하듯이 이 학습법의 기본 방법도 이처럼 간단하다. 다만, 고정관념을 가진 상태에서 이 학습법을 여러 유사한 학습법으로 오해하면 열심히 해도 성과가 별로 없으니 대충 읽으며 여기까지 온 독자들은 시간 여유를 가지고 앞부분을 천천히 다시 읽어보기를 권한다. 10년, 20년 어쩌면 평생 우리를 괴롭혀온 영어 학습에 혁명적인 변화를 가져다줄 학습법을 요점만 간단히 이해해서 해결할 수 있다면 이 학습법을 온 세상 사람들이 이미 다 알고 있었을 것이다.

"자라 보고 놀란 가슴 솥뚜껑 보고 놀란다"라는 속담처럼 고정관념에 사로잡혀 있으면 보이는 것과 들리는 것들을 있는 그대로 인식하지 못한다. 한국인 거의 모두가 사로잡혀 있는 영어에 대한 엉터리 고정관념과 비효율적인 학습 습관으로부터 완벽히 탈출하지 못한 상태에서 이 학습법을 대충 이해하고 섣불리 따라 한다면 내가 이 글에서 아무리 '솥뚜껑'이라고 해도 여러분은 '자라'라고 생각할 것이다. 강의실에서 여러 차례 이론 강의를 하고 몇 차례 실습한 후에도 고정관념과 오염된 습관에서 벗어나지 못하고 전혀 다르게 이해하고 받아들여서 잘못된 방법으로 학습하는 사람들이 항상 절반 가까이 있었다. 영어 공부를 열심히 했던 사람일수록 더 그랬다. 그 사람들은 여러 차례에 걸친 반복 실습과 교정을 통하여 겨우 엉터리 고정관념과 과거의 습관에서 벗어날 수 있었다.

고정관념에 사로잡혀 있다는 것은 세뇌되어 있거나 최면에 걸려있는 것과 같은 상태이며 오랜 습관에 젖어 있다는 것은 제2의 천성이 되었다는 것이다. 이러한 세뇌와 최면 그리고 제2의 천성으로부터 완벽히 벗어나야만 '영어는 쉽고 재미있다'는 진실을 비로소 만날 수 있다. 세뇌와 습관으로부터 벗어나는 유일한 길은 정확한 이해를 바탕으로 한 믿음 그리고 제대로 된 실천에 따른 반복된 새로운 경험이다. 정확히 이해한 후 믿고 제대로 학습해 나간다면 10시간 정도만 지나도 자신의 실제 체험을 통해 그 막연한 믿음은 점차 굳은 확신으로 바뀌어 나갈 것이며 100시간 정도 지나면 그 확신은 마침내 '곧 영어를 정복할 수 있다'는 확고한 신념으로 바뀔 것이다.

이제부터 서술하는 내용은 구체적인 테크닉에 관한 부분이며 아주 세밀한 학습 지침이니까 꼼꼼히 읽어서 완벽히 이해하고 정확히 학습해 나가기 바란다. 이제부터 우리는 안개에 쌓인 미로와 같은 숲길에서 이 책의 학습 지침들에 의존하여 영어 정복의 정상으로 향하는 길을 찾아가야 한다. 예를 들면, 단어장으로 단어를 외우지 말라고 했는데 습관처럼 단어장으로 단어만 따로 외운다면 여러분은 이미 습관의 함정에 또 빠진 것이며, 발음을 정확히 배우고 익히는 것을 완전히 끝마치지도 않고 섣불리 소리 내어 읽기를 시작한다면 더 짙은 안개 속으로 스스로 걸어들어 가는 것이며, 음원에 있는 원어민의 소리를 따라 하지 말고 배운 대로 정확한 발음으로 소리 내어 읽으라고 했는데 100% 깔끔하게 들리지도 않은 소리를 억지로 따라 하려고 한다면, 여러분은 자발적으로 엉터리 고정관념으로 세뇌된 출구가 없는 미로 속으로 다시 돌아가는 것이다.

만약 여러분이 급한 마음에 대충만 이해하고 서둘러 길을 떠난다면 나의 의도와 전혀 상관없이 여러분의 성급한 마음이 만든 함정에 빠지게 될 수도 있고 여러분이 만든 미로 속에서 헤맬 수도 있다. 여기서 한 말을 부디 가벼이 여기지 말기 바란다.

2. 구체적 방법

1) 정확한 영어 발음

발음기호

알파벳을 익히지 않고서 영어 단어나 영어 문장을 읽을 수 없는 것처럼 발음기호를 배우지 않고 빠르게 영어 발음을 익힐 수는 없으니 영어 발음기호를 먼저 익혀야 한다. 소리글자는 글자 자체가 발음기호 역할을 하기 때문에 완벽한 소리글자인 경우 발음기호를 따로 배울 필요가 없다. 따라서 한국어, 일본어 그리고 독일어 등은 거의 완벽한 소리글자이기 때문에 따로 발음기호를 배울 필요가 없다. 그런데 영어도 소리글자인 것은 맞지만 상당히 불완전한 소리글자이므로 발음기호를 먼저 익힌 다음에 발음을 배워야 한다.

이 말이 잘 이해가 안 되는 독자를 위하여 간단히 예를 들어보자. 다음의 한국어와 영어 단어를 소리 내서 읽어보자. 청동미르, 토사구팽, 펫슝, 쾍퍡, 퍞텩. Korea, particular, carousel, coup, choir, chore, corps[1]. 한국어 단어 중에서 앞의 두 개는 실제로 있는 단어이고 뒤의 세 개는 실제로는 없는 단어이다. 한국어 글자와 한국어 읽는 법을 마스터 한 사람은 한국인이든 외국인이든 상관없이 모르는 단어라 하더라도 청동미르, 토사구팽이라는 단어를 읽을 수 있을 것이며 심지어 실제로는 존재하지 않는 단어들도 정

---

[1] 앞에 나온 단어들의 발음을 한글 발음과 함께 표기해 보면 다음과 같다.
Korea[kɔːˈriə 코리어: 악센트가 2음절이다](한국), particular[pərˈtikjulər 퍼티큘러](특별한),
carousel[kærəˈsel 캐러셀](회전목마), coup[kuː 쿠](쿠데타), choir[kwaiər 쿠와이어](합창단),
chore[tʃɔːr 초어](하기 싫은 따분한 일), corps[kɔːr 코어](콥스가 아님)(부대)

확한 발음으로 읽을 수 있을 것이다. 그런데 뒤에 나온 영어 단어는 모두 다 실제로 존재하는 단어들인데도 그 단어를 모르는 사람은 정확한 발음으로 읽을 수 없다. 심지어 아는 단어인데도 발음과 악센트를 잘못 알고 있는 독자들도 있을 것이다. 앞에 나온 영어 단어들의 스펠링과 뜻은 아는데 발음과 악센트를 잘못 알고 있는 독자가 있다면 잠시 책 읽기를 멈추고 과연 아는 단어라는 의미가 무엇인지 다시 생각해 보아야 한다.

만약 뜻과 스펠링은 아는데 정확한 발음과 정확한 악센트를 잘못 알고 있다면 그 단어는 제대로 아는 단어가 아니다. 글만 읽고 영어 듣기나 영어 말하기를 영원히 포기할 사람이라면 몰라도 스피킹과 리스닝까지 정복하려는 사람은 단어 뜻을 안다고 해도 정확한 발음과 정확한 악센트를 모른다면 그 단어는 모르는 단어라는 점을 이 순간 분명히 깨달아야 한다. 소리 영어까지 하려는 사람은 단어의 뜻, 스펠링, 정확한 발음, 그리고 정확한 악센트를 모두 다 알아야 그 단어가 아는 단어라는 것을 지금 이 순간부터 머릿속에 각인시켜야 한다.

정확한 발음과 정확한 악센트를 묻는 문제가 시험에 나오지 않는다고 뜻과 스펠링만 외우고 발음과 악센트는 대충 넘어가면서 그 단어를 아는 단어라고 생각했던 엉터리 고정관념과 점수만 따려고 어영부영 대충하던 시험 공부 습관과도 지금 이 순간, 지금 이 자리에서 영원히 이별하여야 한다. 앞으로는 발음과 악센트를 모르면 모르는 단어라고 인정하고 발음과 악센트를 정확히 익혀야 하고, 새로운 단어를 익힐 때는 단어의 뜻과 함께 단어의 발음과 악센트도 정확히 익혀야 한다. 소리 영어의 기초가 조금만 쌓이면 발음과 악센트 문제는 금방 해결되기 때문에 그렇다고 너무 겁먹을 필요는 없다.

앞에서 이미 언급한 내용이지만 영어 발음기호를 익힐 때 주의할 점은 영어 발음기호와 영어 발음 자체를 동시에 익혀야 한다. 영어 발음기호를 거의 몰라서 한국어 발음으로 익힐 수밖에 없다 하더라도 한국어 발음으로 영어 발음기호를 익히는 기간을 최대한 짧게 해서 발음기호를 어느 정도 익혔으면 곧바로 제대로 된 영어 발음으로 발음기호를 익혀야 한다. 영어 발음기호를 익히는 데 한국어 발음을 사용하는 기간이 길어지면 사실상 콩글리시 발음을 익히고 있는 것이니 주의하여야 한다. 한국어 발음만 이용하여 오랫동안 영어 발음기호를 배우거나 영어 발음을 한국어로 표기해서 읽는 것은 엄청난 시행착오를 하는 것이며 사실상 소리 영어를 포기하는 결과를 가져올 수도 있다.

악센트와 발음

원어민과 비슷한 발음을 갖고 싶은 20대 중반 이전의 학습자로서 시간과 경제적인 여유가 충분하고 오직 발음에만 1년 정도를 투자할 수 있는 사람은 원어민식으로 영어 발음을 교정해도 상관없다. 할렘식으로 심하게 굴리는 발음만 아니라면 원어민과 유사한 발음 능력을 갖춰서 나쁠 것은 없다. 나이가 어리거나 이미 영어 발음 능력이 좋은 사람은 3~4개월 정도에 상당한 수준으로 발음을 교정할 수도 있다. 하지만 이 기간을 정확하게 예측할 수 있는 사람은 거의 없다고 보면 된다.

따라서 이미 20대 중반을 넘긴 사람은 원어민식으로 발음을 교정하는 것은 신중하게 선택하여야 하고 20대 이전의 사람이더라도 긴 시간을 발음에만 투자할 여유가 없는 사람들은 원어민식 발음 교정을 하지 않는 것이 좋다. 시간이 부족하기 때문에 원어민식 발음을 익힐 수도 없지만 오랜 기간 발음 훈련을 하다가 중도에 포기하면 오히려 교정하지 않은 것보다 더 못한 경우가 너무 많기 때문이다. 이에 관해서는 앞에서 이미 충분히 설명하였다.

따라서 이 책에서 말하는 발음이란 특별한 경우를 제외하고 원어민식의 발음을 의미하는 것이 아니라 원어민이 듣고 알아듣는 발음을 말한다. 또 스펠링만 보고 한국식으로 대충하는 발음이 아니라 정확한 악센트로 발음기호대로 정확히 발음하는 것을 말한다. 예를 들면 'Korea'나 'particular'란 단어를 스펠링만 보고 '코리아'나 '파티큘러'로 발음기호와 악센트를 틀리게 발음하는 한국인들이 많은데 발음기호대로 두 번째 음에 악센트를 주고 [kɔːˈriə : 코리어], [pərˈtikjulər 퍼티큘러]로 발음해야 한다는 것이다.

한국인이 10시간 정도면 익힐 수 있는 효율적인 영어 발음에 관해서는 동영상과 음원이 딸린 별도의 발음 교재로 만나기로 한다. 그 발음 교재는 이 책에 이어서 곧 출간될 예정이다. 엉터리 고정관념과는 다르게 영어 발음 능력은 말하기는 물론이고 듣기와 리딩 그리고 작문 능력에까지 영향을 미친다. 발음은 영어의 알파이자 오메가이다. 이에 관해서는 뒤에서 설명하기로 한다.

2) 1시간 분량의 영어 교재

　스피킹 기초를 닦고 100% 영어 귀뚫기를 달성하는데 녹음 분량이 1시간 정도 되는 오디오가 딸린 교재 한 권이면 충분하다. 다만, 어떤 교재를 선택하느냐에 따라서 학습 효과는 하늘과 땅만큼 차이가 나기 때문에 현실에서는 교재 선택에 첫 번째 승패가 갈린다. 영어 실력이 좋아도 이 학습법을 온전히 이해하지 못하면 선구안이 약한 야구선수처럼 효율적인 교재를 잘 선택하지 못한다. 이 학습법을 잘 이해한다고 해도 영어 실력이 약한 사람은 교재를 판단할 안목을 가지고 있지 못하기 때문에 영어 교재 선택에 대하여 간단히 언급하기로 한다.

교재의 수준

　먼저 교재 수준에 대하여 살펴보자. 한국의 영어 학습자들은 시험 실력은 토익 800점, 900점 수준인데 영어 소리를 100% 다 듣지 못하고 스피킹 능력도 아주 약한 경우가 대부분이므로 종합적인 영어 실력을 기초부터 탄탄히 다진 후에 시험까지 가볍게 해결하려면 자신의 리스닝 실력과 스피킹 실력에 맞게 낮은 수준의 교재를 선택하여야 한다. 쉬운 문장도 100% 듣지 못하고 말하지 못하는 사람이 자신의 독해 수준에 맞추어 교재를 선택하면 듣기 능력을 키우는 것 외에 문장 이해나 단어와 표현을 익히는 데 시간과 에너지를 빼앗겨 소리에 집중하는 힘이 약해진다.[2]

---

[2] 단어와 독해 실력 그리고 듣기 실력도 높은 제자들이 스터디의 리스닝 교재가 너무 쉽다고 상담을 요청하는 경우가 많았는데 그들은 자신이 아주 기본적인 소리인 'S' 소리마저도 제대로 듣지 못했다는 사실을 듣기 실습을 통하여 체험으로 깨닫고 오히려 쉬운 교재가 더 좋다는 것을 나중에는 모두 다 받아들였다.

중3 정도의 단어 실력만 갖추어도 일상적인 영어 대화에는 큰 어려움이 없으며 이 학습법으로 100% 영어 귀가 뚫리고 나면 모르는 단어를 익히는 능력이 굉장히 향상되므로 쉬운 교재를 선택하여 100% 영어 귀가 뚫린 다음에 점차 교재 수준을 높여 나가야 한다. 쉽게 느껴지지 않는 교재를 선택하면 불필요한 에너지 소모가 많아 실력도 잘 늘지 않고 중도에 학습을 포기하는 가장 큰 원인이 된다.

교재의 성격

실질적인 영어 사용 능력을 얻고 시험마저도 가볍게 해결하려면 일상적인 내용으로 구성된 스토리가 있는 교재를 선택하는 것이 좋고 첫 교재이므로 문법을 잘 지킨 문장들로 된 것이 좋다. 입문용은 적당한 학습 시간 단위로 스토리가 완결되는 것이 좋으므로 1분~5분 정도의 챕터들로 이루어진 것을 선택하면 된다.

또 1시간 분량으로 100% 영어 귀뚫기를 달성하려면 단기간에 100% 귀뚫기가 가능하도록 내용뿐만 아니라 음성학적인 배려가 충분히 이루어진 리스닝 전용 교재를 사용하는 것이 좋다. 음성학적인 부분을 충분히 고려하지 않고 만든 교재를 선택한다면 아마 5시간 정도나 더 많은 분량의 교재를 선택하여야 할 것이다. 교재를 선택하는 이런 어려움을 해결하기 위하여 이 학습법에 맞추어진 리스닝용 교재도 곧 출간될 예정이다.

3) 제대로 된 소리 내어 읽기

소리 내어 읽을 때 확실하게 이해해야 할 점이 몇 가지 있다.

첫째, 소리 내어 읽을 때는 정확한 악센트에 신경 쓰며 발음기호대로 정확히 발음하여 소리 내어 읽어야 한다. 악센트에 별로 신경 쓰지도 않고 발음을 제대로 익히지도 않으며 대충 소리 내서 읽는 것은 이 책에서 말하는 소리 내어 읽기가 아니다.

둘째, '따라 하기'가 아니라 '정확히 소리 내어 읽기'이다. 앞에서 수도 없이 언급하였지만 100% 다 들리지도 않는 소리를 따라 한다는 것은 애초에 말도 되지 않는 엉터리 학습법이다. 100% 제대로 들리지 않는 소리를 따라 하는 방법은 '대충 들리는 대로' 따라 하는 방법밖에 없기 때문에 자신은 '따라 한다'고 생각하겠지만 실제로는 '대충' 따라 하는 것에 불과하다. '듣고 (대충) 따라 읽기'와 '정확한 악센트로 정확히 발음하며 소리 내어 읽기'는 학습 효과에서 여러분이 '상상하는 이상'으로 엄청난 차이가 발생한다. 다시 강조하지만 이 학습법은 항간에 유행하는 '쉐도잉(따라 읽기)'과는 근본적으로 다른 학습법이다. 앞에서 언급한 것처럼 쉐도잉은 100% 귀가 뚫린 다음에야 가능한 고수들의 기법이다. 소리를 들을 때는 오직 소리에만 집중하여 들은 다음, 읽을 때는 자신의 발음에만 신경 쓰며 정확히 소리 내어 읽어야 한다. 듣고 정확히 소리 내어 읽음으로써 우리의 두뇌가 들려오는 소리와 자신이 발음한 소리와의 차이를 점점 더 정확히 인지하여 마침내 들려오는 소리를 100% 정확히 인식하게 되는 것이다.

어설프게 대충 남의 흉내나 내는 비굴한 따라하기가 아니다. '들을 때는 남의 이야기를 집중해서 잘 듣고 말할 때는 당당하게 자기 소리를 내는, 잘 듣고 말 잘하는' 초등학생 때 배운 아주 평범한 학습인 것이다. 이 평범

속의 진리를 어기고 학습하면 여러분은 사서 고생을 하게 될 것이다.

셋째, 처음에는 아주 천천히 읽어야 한다. 영어 발음을 새로 배웠기 때문에 아직은 새로 배운 발음이 완전한 습관이 되지 않았기 때문에 급하게 서두르면 과거의 콩글리시 발음이 나오게 된다. 따라서 처음에는 정확한 혀의 위치와 입모양 등에 신경 쓰며 배운 대로 정확히 발음하고 악센트도 정확히 하며 천천히 소리 내어 읽어야 한다.

넷째, 점점 빠르게 읽는다. 천천히만 읽어서는 스피킹 능력이나 영어 그대로 이해하는 능력이 생길 수 없으므로 천천히 정확히 소리 내어 1~2차례 읽은 후에는 점차 빠르게 소리 내어 읽어야 한다.

다섯째, 영어 그대로 이해하며 읽어야 한다. 1~2차례 천천히 소리 내어 읽기가 끝나고 난 후에 조금씩 빠르게 소리 내어 읽을 때는 한국어로 해석하지 말고 영어 그대로 이해하며 읽으려고 노력하여야 한다.

영어 그대로 이해하며 읽는 방식에는 여러 가지 방법이 있는데 혼자서도 쉽게 할 수 있는 방법 몇 가지만 소개한다. ① 예를 들면 "I love you."처럼 영어 문장이 아주 쉬워서 굳이 한국어로 해석하지 않아도 이해가 되는 영어 문장인 경우 2~3차례 반복해서 읽음으로써 영어 그대로 이해하는 습관을 강화시킬 수 있다. ② 상상이 가능한 영어 문장은 생생하게 이미지를 떠올리며 읽고 공감이 가는 문장은 그 정서를 강하게 느끼며 감정을 실어서 읽으며 가능한 모든 문장을 제스처를 써가며 읽으면 영어 그대로 이해하는 능력이 빠르게 커진다. ③ 영어를 읽는 속도가 빠르면 한국어로 해석할 시간적인 여유가 없기 때문에 아주 빠르게 소리 내어 읽으면 영어 그대로 이해하는 능력이 커진다.

여섯째, 아주 빠르게 읽는다. 소리 내어 읽을 때 마지막에는 아주 빠르게 한 번은 읽어 주어야 한다. 앞에서 설명한 것처럼 아주 빠르게 읽으면 해석할 틈이 없기 때문에 영어 그대로 내 안에 들어오게 되어 리스닝 능력과 리딩 능력이 빠르게 상승한다. 또 아주 빠르게 읽어주어야 발음도 부드러워진다. 뿐만 아니라 빠르게 소리 내서 읽어야 영어가 입에 붙기 때문에 암기하지 않아도 스피킹 능력이 빠르게 늘어난다. 빠르게 읽는 방식 하나만으로 1타 4피의 효과가 나는 것이다. 그러나 시너지 효과 때문에 실제로는 1타 10피의 결과가 나온다.

여기서 소개한 소리 내어 읽기 요령은 소리 내어 읽기 오리지널판 학습법과 80% 정도 동일한 방법이다. 독자들은 내가 왜 제대로 된 소리 내어 읽기 학습법이 시중에 없다고 말했는지 이제는 이해할 수 있을 것이다.

4) 소리에만 집중해서 듣는다

안 들려도 이해하는 기적

소리가 정확히 들리지 않는데 그 뜻을 다 이해할 수 있는가? 예를 들면 소리가 "You sh$$% him % go $%@ that I %$." 처럼 들려오는데 그 뜻을 이해할 수 있는가? 당연히 다 들리지도 않는 소리를 이해할 수 있는 방법은 없다. 그런데 우리는 다 들리지도 않는 소리를 들으며 퍼즐 맞추기 하듯이

문장을 추측하여 악으로 깡으로 시험 문제 푸는 요령을 익힌다. 그래서 위의 문장이 "You sh$$% him % go $%@ that I sugge$."정도만 들려도 미리 문제를 보고 집중해서 들어야 할 부분을 예상하기도 하고, 다 들리지도 않는데 다음에 들려올 문장을 예상하기도 하는 등의 요령을 통하여 때로는 만점을 받는 기적을 만들기도 한다. 그래서 열심히 시험 요령을 익힌 학습자는 50% 정도의 소리만 들려도 거의 만점을 받는다. 정말 눈물겨운 기적이 아닐 수 없다.

그러나 그렇게 만점을 받은 학습자도 시험 전날이면 항상 불안하다. 만점을 받았지만 자신이 요령으로 시험 문제를 풀고 있다는 사실을 잘 알기 때문에 문제 유형이 조금만 바뀌어도, 모르는 단어가 조금만 나와도 시험을 완전히 망칠 수도 있기 때문에 항상 조마조마하다. 더구나 소리의 속도가 조금만 빨라지면 아예 소리마저도 거의 들을 수가 없기 때문에 멘붕에 빠지게 된다. 원리에 따라 학습하면 요령을 익히는 그 고통스러운 시간의 1/3 정도면 아예 100% 귀를 뚫을 수 있다는 것은 상상도 하지 못하고 시험 전날마다 불안에 떨며 오지 않는 잠을 억지로 청한다.

들으면 들린다

따라서 처음에는 들리는 소리의 의미를 이해하려 하지 말고 소리 자체에만 집중하여 소리만이라도 정확히 들으려고 노력하여야 한다. 그렇게 소리에만 집중해도 신기하게도 금방 10% 정도는 소리가 더 잘 들린다. 소리에만 집중해서 듣고 앞에서 설명한 소리 내어 읽기를 한 세트로 삼아 반복하다 보면 점점 더 많은 소리가 들려오고 그 소리를 이해할 수 있게 된다.

잘 듣고 제대로 소리 내어 읽는 훈련을 조금만 반복하면 "You sh$$% him % go $%@ that I %$." 처럼 들려오던 소리가 마침내 "You should've told him to go the way that I suggested."라고 아주 또렷하고 분명하게 그리고 처음보다 훨씬 느리게 들려온다. 그리고 연습을 조금만 더 하면 영어 문장이 마치 한국어처럼 그냥 이해된다. 그 순간이 영어 실력의 기초가 탄탄하게 완성된 순간이며 그때 남은 것은 단어 실력뿐이다. 그러나 그 수준이 되면 단어 실력도 빠르게 향상되기 때문에 평생 경험하지 못한 강렬한 재미를 느끼며 영어랑 놀면서 영어 실력을 완성할 수 있게 되고, 수능이나 토익 같은 시험 문제를 풀 때는 너무 싱거워서 오히려 억지로 긴장하며 풀어야 할 것이다.

듣기 비법 1 : 가까카 듣기

여러 듣기 훈련방법 중에서 일반인도 혼자서 쉽게 할 수 있는 방법 하나를 소개한다. 나의 강의에서 '가까카 듣기'라는 이름으로 지도하는 방법이다.

① 오디오를 들을 때는 집중력을 높이기 위하여 항상 눈을 감고 듣는다. 단순히 눈을 감고 듣는 것만으로도 청각 집중력이 현저히 향상된다. 몇 초짜리 오디오 파일보다 이미지 한 장의 파일 용량이 훨씬 큰 것에서 알 수 있듯이 시각 정보는 처리해야 할 작업량이 많은 정보이기 때문에 눈을 감아 시각 정보가 들어오는 것을 차단하는 것만으로도 우리 두뇌는 많이 한가해져서 소리에 좀 더 집중할 여유가 생긴다. 리스닝 초보자가 시각 정보와 청각 정보가 혼합된 비디오를 보면서 리스닝 연습을 하는 것은 굉장히 비효율적인 학습이며 두뇌를 혹사시키는 훈련 방법이다. 비디오는 귀가

100% 뚫린 사람들이 즐기기 위한 도구로 사용하는 것이고 초보자가 자신의 수준에서 버거운 비디오가 딸린 학습 도구로 두뇌를 혹사시키면 힘든 노력에 비하여 성과는 기대에 훨씬 못 미친다.

② 오디오를 듣기 전에 눈을 감고 "절대로 한국어로 해석하려 하지 않는다. 절대로 무슨 뜻인지 이해하려 하지 않는다. 오직 무슨 소리인가만 집중하여 듣는다. '가'라고 하는지 '까'라고 하는지 '카'라고 하는지 오직 소리에만 집중해서 듣는다"라고 강한 자기 암시를 한 후에 듣는다.

여기서 '가 까 카'라는 소리를 이용하는 것은 '까'와 '카'는 유리나 철판을 긁을 때 나는 소리와 비슷하여 우리의 두뇌 신경을 자극하는 불편한 소리이기 때문이다. 우리는 불편한 자리에서는 평소에 자연스럽던 행동이나 말에서 실수하는 경우가 많은데 우리의 사고와 행동을 지배하는 두뇌는 불편을 느끼면 그 습관적인 작동 능력이 떨어지기 때문이다. 바로 그 두뇌의 작동 능력을 떨어뜨려 들려오는 소리를 한국어로 해석하려는 두뇌의 습관적인 행위를 방해함으로써 소리에만 더 집중하도록 하는 것이다. 그리고 '가 까 카'는 유사한 발음이기 때문에 무의식중에 두뇌가 소리에 더 민감하게 반응하도록 자기 암시를 주는 효과가 있어서 이 말을 사용한다.

오디오를 들을 때마다 이러한 과정을 먼저 거친 다음에 들으면 소리가 점점 더 잘 들려오고 들리는 소리 영역도 점점 더 많아진다. 그리고 듣고 읽기를 계속 반복해 나가면 들리는 소리 영역이 빠르게 늘어나고 영어를 영어 그대로 이해하는 문장 이해력도 강해져서 들려오는 소리가 점차 영어 그대로 이해되어진다.

듣기 비법 2 : 한 놈만 팬다

1990년대에 개봉한 〈주유소 습격사건〉이라는 한국영화가 있는데 그 영화에 유명한 대사가 하나 등장한다. "나는 패싸움을 할 때도 한 놈만 팬다. 그냥 한 놈만 죽어라고 패서 다른 패거리를 다 제압한다"가 바로 그 대사이다. 여러 사람 중에서 한 사람만 골라서 그 한 사람만 계속해서 때리면 여러 사람을 때릴 필요도 없이 다른 패거리들도 겁이 나서 슬금슬금 뒷걸음을 친다. 그렇게 싸워서 혼자서도 많은 사람을 제압하는 것이다.

아직 듣지도 못하는 두 갓난 아이가 열심히 한국어를 배우고 있다고 가정해보자. 한 아이는 엄마의 소리만 주로 들으며 듣기와 말하기를 배우고 있다. 다른 한 아이는 아직 옹알이 같은 발음이 남아 있는 언니의 소리, 텁텁한 아빠의 소리, 이빨이 없는 헐헐한 할아버지의 소리, 걸걸한 옆집 아저씨의 소리, 속사포처럼 떠드는 아줌마들의 수다, 여유 있는 충청도 사투리, 굴러가는 전라도 사투리, 그리고 억세고 거친 경상도 사투리 등을 한꺼번에 들으며 듣기와 말하기를 배우고 있다. 둘 중의 어떤 아이가 더 정확히 더 빨리 한국어를 듣고 말할 수 있을 것 같은가?

상식적으로 생각해보면 정답은 너무나 분명하지 않는가? 그런데 아직 성우들의 표준적인 소리도 제대로 듣지도 못하는 사람이 뉴욕 맨하탄의 상류층 발음, 텍사스 카우보이 발음, 할리우드 길거리 영어 발음, 할렘식

굴러가는 발음, 속사포처럼 쏘아붙이는 드라마 배우들의 대사 등 원어민들의 모든 다양한 종류의 소리를 듣거나 미국식 발음, 영국식 발음 그리고 호주식 발음을 들으며 귀를 뚫으려는 것은 상식 이하의 학습법이다. 서울말이 들리면 억센 경상도 사람의 소리도 곧 들을 수 있듯이 하나의 소리가 확실히 들리면 유사한 다른 소리도 금방 들을 수 있게 된다.

미국식이든 영국식이든 하나만 선택하고 그중에서도 표준적인 성우들의 소리 몇 개만 집중해서 반복적으로 들으면 소리가 금방 들리고 그다음에 다양한 소리도 곧 들리게 된다. 선택과 집중을 해야 한다. 옛날보다 요즈음의 어린이들이 말을 빨리 배우는 것은 핵가족 시대가 되어 아기 때 들려오는 소리가 몇 가지밖에 안 되기 때문이다. 또 일반적으로 전업 주부의 아이들이 맞벌이 부부의 아이들보다 말을 빨리 배운다. 전업 주부들의 육아 시간이 많기 때문이기도 하지만 맞벌이 부부의 아이들은 여러 사람의 손을 타며 굉장히 다양한 목소리들을 들으며 말을 배우지만 전업 주부의 아이는 하루 종일 단 한 사람, 엄마의 목소리만 주로 들으며 말을 배우기 때문에 말을 금방 배우는 것이다.

듣기 비법 3 : 때린 곳만 때린다

'한 놈만 패는 것'보다 더 좋은 패싸움 방법이 있는데 그 방법은 무엇일까? 그것은 '한 사람만 때리는' 데서 더 나아가 그 한 사람의 몸 중에서 '때린 곳만 계속 또 때리는 것'이다. '한 사람만 때리고, 때린 곳을 또 때리는' 방식으로 때리면 그 사람은 금방 정신을 잃고 쓰러지고 다른 패거리들도 곧 겁이 나서 슬금슬금 뒷걸음을 친다.

어떤 학생이 MP3를 들으며 열심히 토익 듣기 공부를 하고 있다. 그런데 영어 소리를 100% 들을 능력은 없어서 30초짜리 지문을 듣고 또 듣고, 쉐도잉(안 들리는 소리를 대충이라도 따라 하기) 하고, 받아쓰기도 하고, 아예 문장을 외우기도 하고…. 어찌어찌하여 5시간 만에 30초짜리 토익 영어지문 하나를 들을 수 있게 되었다. 들어보니 다 들린 것 같아서 다음 지문으로 진도를 나갔다. 그리고 그 학생은 계속해서 같은 방식으로 또 1시간을 더 했다. 자! 이 학생이 얼마 동안 영어 듣기 공부를 한 것 같은가? 그 학생의 듣기 공부 시간이 6시간이라고 생각된다면 그대는 엉터리 고정관념에서 전혀 벗어나지 못한 것이다.

안경 낀 어떤 소녀가 한강 고수부지를 산책하고 있는데 갑자기 소나기가 내렸다. 가까운 곳에 비를 피할 곳이 없어서 그냥 비를 맞으며 천천히 걸어가고 있는데 모르는 한 소년이 말을 걸어왔다. 그 소년의 얼굴을 쳐다보았으나 안경에 습기가 많이 끼어서 그 소년의 얼굴이 잘 보이지 않았다. 그런데 말하는 것을 들어보니 나쁜 사람 같지는 않아서 가끔 그 소년을 쳐다보기도 하며 대화를 나누면서 5분쯤 함께 걸어갔다. 마침내 파라솔에 도착하여 서로 쳐다보며 1분 정도 이야기를 나누는데 그 소년이 말을 재미있게 해서 안경을 벗어 습기를 닦은 후에 다시 그 남학생의 얼굴을 쳐다보았다. 그리 잘생긴 얼굴은 아니었으나 왠지 호감이 가는 얼굴이었다. 소녀가 그 소년의 얼굴을 10초 정도 말없이 쳐다보자 어색함을 느낀 소년이 물었다. "왜 그렇게 빤히 쳐다보는 거예요?" 소녀는 대답했다. "혹시 나중에 만나게 되더라도 얼굴을 기억해서 알아보려고 그러는 거예요. 별로 잘생긴 얼굴도 아닌데 잠깐 보고 어떻게 나중에 알아볼 수 있겠어요?"

자! 이 소녀가 소년의 얼굴을 본 시간은 얼마인가? 당연히 얼굴이 잘 보였던 그 10초뿐이다. 마찬가지로 도서관의 학생이 영어 듣기 공부를 한 시간도 다 들리는 것을 들었던 그 30초뿐이다. 그 외의 공부 시간도 듣기 공부라고 생각하는 것은 습기가 낀 안경으로 본 것도 본 것이 아니냐고 우기는 것이다. 우기고 싶다면 우겨도 된다. 대신, 그대는 이미 보았던 사람을 영원히 알아보지 못할 것이고 영어 소리도 영원히 알아듣지 못할 것이다.

우리는 청각 장애인이어서 영어가 안 들리는 것이 아니고 또 영어 소리가 전부 다 안 들리는 것도 아니다. 한국어처럼 또렷하게 다 들리지 않고 어렴풋하게 들리는 것이다. 그것은 흐린 안경 너머로 바라본 사람의 얼굴과 같다. 영어 듣기 공부를 하던 학생이 다 들린 다음에 들어본 30초, 그 30초만이 듣기 공부를 한 시간이다. 창문 너머 어렴풋이 보는 것은 본 것이 아니듯이 또렷하게 다 듣지 못한 시간은 들은 시간이 아니다. 굳이 말하자면 들으려고 용을 쓴 시간에 불과하다. 소리를 다 듣지 못하면서 듣고 있는 것은 책의 글자가 다 보이지 않는 책을 보고 있는 것과 같다. 글자가 다 보이지도 않는 책을 보는 것을 공부 시간이라고 말하는 사람은 없는데, 다 들리지도 않는 영어 소리를 듣고 있는 시간을 공부 시간이라고 생각하는 것 자체가 엉터리 고정관념에 사로잡혀 있다는 증거이다. 여기까지 읽었으면 공부머리가 있는 독자는 "가까카로 듣고 한 놈만 패고 때린 곳만 또 때린다"라는 말의 뜻을 눈치챘을 것이다. 그러나 나 같은 평범한 독자들을 위해서 조금 더 설명해보기로 한다.

① 소리가 들려오는 것, ② 그 소리를 100% 다 듣는 것, ③ 그 소리를 알

아 듣는 것, 그리고 ④ 그 소리의 뜻을 이해하는 것은 각각 다른 것이다. 이론적으로 좀 더 엄밀하게 설명할 수도 있으나 이론은 어렵고 머리 아프니까 예를 들어보자. 길을 걷다 보면 앞에서 걸어오는 수많은 사람들이 보인다. 많은 사람들이 보이지만 스쳐 지나가는 사람일 뿐 우리는 그 사람들을 다 보는 것은 아니다. 길을 걸으면 ① 사람들이 보인다. 사람을 보았는데 ② 그 사람을 모른다면 그것은 본 것에 불과하고 그 사람을 알아본 것은 아니다. 사람을 보고 그 사람이 누구인지 알 때 그것이 ③ 알아본 것이다.

안개 속에서 대충 보이는 사람을 보았다면 우리는 제대로 본 것이 아니다. 또 수많은 사람들이 보이지만 별 관심을 두지 않았다면 역시 제대로 본 것이 아니다. 사람을 처음 보면 보기는 보았지만 누군지는 모른다. 또 어떤 사람을 보았을 때 얼굴은 익숙한데 누구인지 기억이 나지 않는다면 마찬가지로 보기는 보았지만 누군지는 모른다. 이미 알고 있는 사람을 다시 보고 그 사람이 누구인지 기억이 날 때 비로소 누구인지 알아본 것이다. 그러나 이름도 모르고 얼굴만 알고 있는 동네 사람을 길거리에서 본다면 알아본 것일 뿐 그 사람을 아는 사람이라고 하기는 어렵다. 따라서 얼굴만 아는 동네 사람을 본 것은 알아본 것일 뿐 '아는 사람을 본 것'은 아니다. 친구나 가족 혹은 직장 동료 등을 보았을 때 비로소 우리는 ④ 아는 사람을 본 것이다. 즉 ① 사람이 보인다 ② 사람을 본다 ③ 사람을 알아본다 ④ 아는 사람을 본다는 각각 다른 뜻이다.

겨우 형체만 대강 보거나 모르는 사람들을 보는 것은 사실 별 의미가 없다. (물론 아름다운 사람은 처음 보아도 좋지만) 우리가 원하는 것은 사람을 알아보거나 아는 사람을 보는 것이다. 사람을 알아보려면 그 전에 최소한 한 번은 본 '경험'이 있어야 하고 그 경험을 '기억'해내야 한다. 그리고 아는 사람이 되려면 '본 경험'과 '본 것을 기억'하는 것과 '반복적인 여러 차례의 만남'이라는 과정이 반드시 필요하다. 이러한 과정은 소리도 마찬가지이다. 한편, 한 번도 보지 않은 사람을 처음 보고 알아보는 경우가 있는데 예를 들면 사진으로 여러 번 본 적이 있는 경우이다. 소리도 마찬가지로 처음 들었지만 글로 여러 번 본 적이 있는 경우에는 처음 들어도 알아들을 수 있다. 다만 그러기 위해서는 소리 자체는 100% 다 들려야 하고 소리와 문자의 연결고리도 있어야 한다. 소리와 문자의 연결고리에 관해서는 뒤에서 설명하기로 한다.

듣기 비법 4 : 들리는 것을 듣는다

① 사람이 보인다 ② 사람을 본다 ③ 사람을 알아본다 ④ 아는 사람을 본다는 각각 다른 뜻이며 서로 수준이 다르다. 마찬가지로 ① 소리가 들린다 ② 소리를 듣는다 ③ 소리를 알아듣는다 ④ 아는 소리를 듣는다는 각각 다른 뜻이며 수준이 다른 것이다. 100% 귀를 뚫는다는 것은 최소한, ③ '소리를 알아듣는다'는 것을 의미하며 ④ '아는 소리를 듣는' 것은 좀 더 높은 수준이라는 점을 분명히 깨달아야 한다. 따라서 이미 들리는 소리를 반드시 더 들어야 한다. 때린 곳을 반드시 더 때려야 한다. 수학 문제를 풀 때 문제가 어려워서 풀이를 보아가면서 푼다면 그것은 풀려고 애쓰는 시간이지 수학 문제를 푼 시간은 아니다. 풀이를 보지 않고 풀 때 비로소 수학 문제를 푸는 시간이듯이 다 들리는 소리를 더 듣는 것만이 듣기 공부이다. 안 들리는 소리를 듣는 것은 들으려 애쓰는 시간에 불과하다.

누구를 알아보려면 본 것을 기억해내야 하는데 예를 들면 100명의 사람들을 한 번 잠깐만 보고 다 기억하기는 어렵다. 따라서 한 사람씩 여러 번 본 후에 그 사람이 익숙해지면 또 다른 사람을 여러 번 보는 방식으로 해야 많은 사람을 기억할 수 있다. 소리도 마찬가지이다. 한 놈만 패는 방식은 소리 자체를 빠르게 듣기 위해서 거치는 과정이고 소리를 빠르게 ③ 알아듣고 ④ 아는 소리를 듣기 위해서는 '한 놈만 패는 것'으로는 부족하고 '때린 곳을 더 때리는 방식'까지 사용해야 한다. 좀 더 구체적으로 말하자면 소리를 100% 들을 수 있을 때까지는 '한 놈만 팬다'는 생각으로 표준적인 몇 사람의 소리만 반복해서 듣고 가급적이면 그 외의 영어 소리들은 듣지 말아야 한다. 그래야 다 들리는 소리가 빨리 생긴다. 그리고 일정 분량의 소리가 다 들리면 '때린 곳만 더 때린다'는 생각으로 이미 다 들리는 그 소리를 반복해서 들어야 한다. 다양한 소리를 들으며 듣기 훈련을 하거나 다 들린다고 그 소리는 안 듣고 계속 새로운 소리만 듣는다면 아마 2만 시간이 걸려도 영어 귀뚫기에 성공할 수 없을 것이다.

듣기 위해 애쓰는 시간을 최대한 줄이고 들리는 소리를 더 들어야 100시간 정도에 100% 귀를 뚫게 된다. 따라서 빠르게 100% 귀를 뚫으려면 초급자는 ① 표준적인 몇 사람의 소리만 들어야 하고 ② 다 들리는 소리를 더 듣는 과정이 반드시 있어야 한다. 또 처음 본 사람을 보는 것은 아는 사람을 본 것과 느낌이 다르듯이 소리의 경우도 마찬가지라는 점을 잊지 말아야 한다. 즉 ③ 모르는 단어는 아는 단어에 비하여 잘 안 들리는 느낌이 들 수도 있다는 점을 명심하여야 한다. 모르는 단어에 관해서는 뒤에서 설명하기로 한다.

듣기 비법 5 : 듣기만 해서는 다 들을 수 없다

　가르치는 사람을 믿고, 100% 귀뚫기에 별 도움이 되지 않는 이론적인 질문을 많이 하지 않으며, 배운 요령을 자기 마음대로 응용하거나 변형하지 않고 배운 대로 똑같이 반복해서 학습했던 제자들은 종강 때가 되면 다 100% 귀뚫기에 성공한다. 설사 100% 귀뚫기에 성공하지 못했어도 자신의 공부 시간이 부족해서 그런 것을 스스로 잘 알기 때문에 종강 수업은 소원을 성취한 기쁨이나 공부 시간이 부족했던 아쉬움만 남는다. 그런데 기쁨과 아쉬움만 가득한 종강 수업에 가끔은 화가 난 상태로 오는 사람들도 있었다.

　어떤 사람이 종강 수업이 끝나자 거친 목소리로 나에게 항의했다. "100시간 정도면 100% 귀를 뚫을 수 있다고 하셨잖아요? 그런데 저는 시키는 그대로 300시간 넘게 진짜 열심히 들었는 데도 안 들립니다."[3] 수업에 참석만 하면 개인 학습을 안 해도 귀뚫기에 성공하는 것으로 오해하여 종강 때 "결석한 적이 한 번도 없는데 소리가 다 들리지 않는다"며 격렬하게 항의했던 초기의 무료 강의 수강생들 몇 명에게 당한 봉변이 생각나서 당황하고 약간 겁도 나서 조심스럽게 물었다. "다 들리는 소리를 300시간이나 들었는데도 100% 귀가 안 뚫렸다는 말씀이지요?"라고 나는 다시 확인해 보았다. 그러자 그 수강생은 "다 들린 것을 왜 더 들어요? 안 들리니까 더 들었지요…" 하고 말끝을 흐렸다. 그 사람은 비로소 자기가 배운 대로 하

---

[3] 어떤 사람들은 결과가 마음에 들지 않으면 무조건 가르치는 자를 탓하기도 한다. 성적이 나쁘다고 다 선생 탓은 아니다. 똑같이 가르쳤어도 누구는 명문대를 가고 누구는 재수를 하기도 한다. 공부 시간의 부족, 열심히 하는 정도, 배운 그대로 했느냐 하지 않았느냐 혹은 배우는 사람의 능력 등의 차이로 배움의 결과가 어느 정도는 다를 수 있다. 그런 사람은 배운 그대로 조금 더 하면 된다.

지 않은 것을 깨달은 것이다.

"다 들린 것만을 더 들으라"고, "다 들리지 않은 것을 무작정 반복해서 듣는다고 다 듣게 되는 것이 아니다"라고, "아직 다 들리지 않는 소리는 프로그램에 따라 들으라는 곳만 들어야 한다"고 수업 시간마다 수도 없이 강조했거늘 똑똑한 분이라서 '안 들리는 것은 더 들어야 들리지. 무슨 소리야?'라는 생각으로 나의 말을 무시했고 학습 프로그램도 제대로 하지 않고 대충 하는 시늉만 냈던 것이다. 그리고 듣기만 정말 열심히 했던 것이다. 습기 찬 안경을 끼고 백만 번을 보고 또 본다고 잘 보이는 것이 아니듯이 안 들리는 소리를 듣고 또 듣는다고 100% 들리는 것이 아니다. "안 들리는 것은 들릴 때까지 듣는 것 외에 무슨 다른 방법이 있겠느냐?"는 고정관념. 그 고정관념 때문에 나도 2,000시간 넘게 시행착오를 했다고 분명히 말했는데도 그 사람은 끝내 그 고정관념에서 벗어나지 못하고 가르치는 자의 말을 무시하며 자기 맘대로 공부한 것이다. 그 결과 남들의 세 배 이상 열심히 했는데도 귀뚫기에 실패했다. 너무 잘난 사람은 스스로 벌을 받는 법이다.

말을 못하는 장애인이 다 언어 장애인은 아니다. '아니 이게 무슨 말인가?' 하고 생각하는 독자들도 있을 것이다. 어린아이들이 말을 못해서 전문가에게 찾아가 보면 언어 장애여서 말을 못하는 아이도 있지만 청각 장애여서, 즉 듣지를 못해서 말도 할 수 없는 아이도 있다. 마찬가지로 잘 듣지 못하는 아이들 중에서 청각 장애여서 못 듣는 아이도 있지만 말할 능력이 없어서 잘 듣지 못하는 아이도 있다. 이런 사람들은 특수 교육을 받아야만 말하거나 들을 수 있다. 이런 장애인이 특수 교육을 받지 못하면 귀만 안 들려도 말까지 못 하게 되고 말만 못하는데 듣지도 못하게 된다.

말은 많은데 책을 거의 읽지 않고 남의 말도 잘 안 듣는 어린이는 글도 잘 쓰지 못하고 말만 많을 뿐, 감동적이거나 설득력 있는 말은 잘하지 못하고 발표도 잘 못한다. 그래서 학교에서 남의 말을 주의 깊게 듣는 훈련을 시키고 독서를 시키는 것이다. 한편, 책을 많이 읽어도 글쓰기를 전혀 하지 않고 말 수가 너무 적은 어린이는 엄청난 양의 독서를 하기 전에는 글을 읽고 이해하는 능력도 약하고 듣고 이해하는 능력도 약하다. 그래서 학교에서는 글을 읽은 후에 독후감을 쓰게 하고 읽은 것을 발표하게도 하는 것이다. 자! 이쯤이면 이제 알 수 있지 않은가?

이 책의 맨 앞에서부터 나는 수도 없이 듣기, 읽기, 쓰기, 말하기를 따로 따로 토막 쳐서 학습하면 안 된다고 말했다. 우리들의 상식은 엉터리인 경우가 생각보다 많다. 설득력 있고 감동적인 한국말을 잘하고 싶으면 한국어 발표 학원에 다녀야 하는가? 천만의 말씀이다. 설득력 있고 감동적인 글을 많이 읽고 그 글에 감정을 실어서 소리 내어 읽으면 된다. 그래서 유명한 연설가들은 모두 다 듣는 능력이 뛰어난 사람이자 독서광인 것이다. 말을 잘하려면 잘 듣는 능력이 있어야 한다. 그런데 거꾸로 잘 들으려면 말을 잘할 수 있어야 한다. '듣는 것과 말하는 것', 그리고 '읽는 것과 쓰는 것'은 본질적으로 언어라는 한 개의 탁자에 붙어 있는 네 개의 다리에 불과한 것이다. 다리 한 개만 튼튼해서는 그 탁자는 아무 쓸모도 없다. 따라서 무엇을 먼저 해야 하느냐는 질문은 닭이 먼저냐 달걀이 먼저냐를 따지는 것과 같다. 가능하면 동시에 같이 훈련할수록 좋다. 다만 갓난아이나 어린이 수준의 왕초보는 방법이 없기 때문에 발음 훈련을 먼저하고 말하고 듣기 그리고 읽기, 쓰기 순으로 순서를 정하는 것뿐이다.

동양의 위대한 현자가 "이것이 있으므로 저것이 있으니 이것이 없으면 저것도 없다"라는 짧은 말로 일체의 모든 것을 설명하였고, "다른 것들과 절대적으로 독립하여 홀로 존재하는 물질은 없으며 모든 물질 현상은 보는 사람의 의도에 영향을 받는다"고 현대 물리학이 밝혀냈듯이 듣는 능력은 듣는 행위 하나만으로 완성되지 않는다. 말을 잘하려면 많이 듣고 많이 읽어야 한다. 소리를 100% 들으려면 듣기만 해서는 안 되고 자신이 소리를 내는 것을 반드시 병행하여야 한다. 마치 받고 싶으면 먼저 주어야 하는 이치와 같은 것이다.

모국어를 배울 때 어린아이들은 몇 년 동안 듣기만 한 후에 결국 알아듣고 말할 수 있지 않느냐고 주장하는 정신 나간 사람들이 있는데 정말로 말을 가르치지 않고 식구들이 떠들기만 하면 저절로 아이가 말을 알아듣는지 확인해보기 바란다. 또 듣기만 하다가 스스로 알아서 말을 잘하게 되는 아이가 있는지도 확인해 보기 바란다. 정말 그렇다면 그 사람은 자식에게 말을 가르칠 필요 없이 그냥 놔두면 된다. 청각 장애인이나 언어 장애인이 아니라면 듣다가 언젠가는 스스로 알아듣고 스스로 말도 하게 될 터이니까.

---

4 此有故 彼有, 此起故 彼起, 此無故 彼無, 此滅故 彼滅. (차유고 피유, 차기고 피기, 차무고 피무, 차멸고 피멸) 이것이 있으므로 저것이 있고, 이것이 생기므로 저것이 생긴다. (따라서) 이것이 없으면 저것도 없고, 이것이 사라지면 저것도 사라진다.

아이에게 말을 가르칠 때 엄마는 아이가 엄마 말을 따라 하도록 가르친다. 그리고 소리뿐만 아니라 입모양을 따라 하도록 입술을 천천히 움직이는 모습까지 보여준다. 엄마가 "엄마"라고 말하며 보여주고 들려줘도 아이는 한동안 따라 하지 못하다가 어느 순간 "엉아"처럼 제대로 발음하지 못하는 옹알이 같은 말을 하기 시작한다. 그런 옹알이 기간을 거쳐서 드디어 "엄마"라고 발음할 때 아이는 비로소 "엄마"라는 소리를 듣는 것이다. 즉 듣기만 하는 것이 아니라 듣고 말하는 과정을 통하여 들을 수 있게 되고 말할 수 있게 되는 것이다. 그런데 아이가 "엄마"라고 처음 발음하는 소리는 옹알이는 아니지만 어른들의 "엄마" 소리와는 많이 다른 소리이다. 그래서 처음부터 생고생하며 원어민과 똑같은 발음을 익힐 필요는 없는 것이다. 아이가 많이 듣고 많이 말하면 곧 어른의 발음과 별 차이가 없는 소리를 낼 수 있듯이 원어민식 영어 발음을 익히지 않아도 많이 듣고 많이 말하면 원어민과 별 차이 없는 발음 능력이 점차 생겨난다.

살다 보면 우리가 상식이라고 하는 것 중에 엉터리들이 생각보다 많다. 그 이유는 스스로의 노력이나 경험, 혹은 엄밀한 연구를 통하여 터득한 것이 아니라 남에게 들었거나 남에게 배운 것들이 대부분이라서 그런 것이다. 일종의 세뇌나 고정관념이 섞여 있고 그런 세뇌와 고정관념으로 덕을 보는 사람들이 있기 때문이다. "안 들리는 것은 더 들어야 한다"는 말은 상식이 아니라 자연의 이치에 벗어난 엉터리 고정관념일 뿐이다. 안 들리는 것은 듣기와 소리내기가 반드시 병행되어야 100% 들리는 단계에 도달한다. 듣기만 해서는 '100% 들을 수 있는' 능력에 결코 도달하지 못한다. 듣기만 해서 100% 귀를 뚫었다고 주장하는 사람들은 뒤에서 설명하는

'100% 귀뚫기 직전의 단계'에 불과한데도 다 들린다고 스스로 착각하고 있는 것에 불과하다.

영어 귀뚫기에 성공해서 나를 찾아온 사람들이 굉장히 많았다. 이미 소리를 100% 다 듣는다고 생각하는 사람이 왜 나를 찾아왔을까? 당연히 문제가 있어서 찾아왔다. "쉬운 소리는 들리는데 어려운 소리는 안 들린다.", "느린 소리는 들리는 데 조금만 빠르면 안 들린다.", "들리기는 들리는데 한국어처럼 선명하고 또렷하게 들리지는 않는다.", "모르는 단어가 나오면 그 단어뿐만 아니라 그 주변까지 안 들린다.", "소리는 들리는 데 이해는 안 된다." "소리는 들리는 데 영어 뉴스나 드라마가 너무 빠르게 들린다. 한국어 뉴스나 한국어 드라마는 빠르게 느껴지지 않는데 상식적으로 이상하다."

그러나 그 사람들 중에 100% 귀뚫기에 성공한 사람은 단 한 사람도 없었다. 굳이 말하자면 뒤에서 언급할 90~99% 정도 귀뚫린 사람들이었다. 테스트에 응한 사람들은 테스트 결과를 보고 대부분 나의 말에 수긍하였다. 그러나 어떤 사람들은 테스트 결과를 보고도 끝까지 자신은 100% 귀를 뚫었다고 주장하였다. 나는 그들과 다투지 않았다. "그럼 제가 더 하수인가 봐요. 그러니 제가 가르칠 것이 없습니다"라고 조용히 한발 물러섰다. 이런 경험을 몇 차례 한 후에는 다 들린다고 주장하거나 100% 영어 귀를 뚫었다고 주장하는 사람들을 아예 만나지 않는다. "사실 저도 별 볼 일 없는 사람입니다"라고 말할 뿐이다. 앞의 글을 읽고서도 나는 듣기만 해서 정말로 100% 귀를 뚫었다고 주장하는 사람들이 있을 것이다. 그러나 그 사람은 듣기 훈련을 끝마친 후에 스피킹 훈련을 하는 과정에서 100% 귀뚫기에 도달한 것이다. 그 사람이 정말로 100% 귀뚫기에 도달했다면 듣기 훈련으로 90~99% 정도 들을 수 있는 능력을 가진 뒤에 스피킹이나 쉐도잉을 하는 도중에 예전에도 다 들렸던 소리가 더 진해지거나 조금 달라지거나 조금 느려진 경험을 반드시 했다.

그런 경험 없이 듣기만 해서 100% 소리를 들을 수 있었다면 그 사람은 자신의 경험을 다 기억하지 못하거나, 착각했거나, 아니면 기적적인 언어천재일 것이다. 이 3차원 세계에서 자연의 이치를 벗어나는 것은 있을 수 없으며 있다면 그것은 착각이거나 기적일 뿐이다. 안 들리는 것은 듣기와 소리내기가 반드시 병행되어야 100%에 도달한다. 이 말을 절대로 잊지 말기 바란다. 듣기만 해서는 '듣기 100%'에 절대로 가지 못한다. '다른 것들과 완벽히 독립하여 홀로 존재하는 현상은 없는 것'이 이 3차원 세계의 원리와 이치라서 그렇다.

듣기 비법 6 : 다다보 다다느

정확한 발음을 익힌 후에 잘 듣고 제대로 된 소리 내어 읽기를 하면 정상 속도로 녹음된 1시간 분량의 잘 만들어진 교재만 가지고도 100% 영어 귀를 뚫을 수 있다. 학습을 반복하다 보면 다 들리고 다 이해되고 속도는 보통이나 느리게 느껴지는 부분이 생겨나기 시작한다. '소리가 다 들리고 내용이 다 이해되고 속도가 보통이나 느리게 들리는' 단계를 나의 제자들은 줄여서 '다다보' 혹은 '다다느'라고 표현한다. 이렇게 '다다보'가 된 오디오 양이 1시간 정도 되면 마침내 곧 100% 귀가 뚫리게 된다. 나의 제자들은 첫 번째 '다다느'가 된 순간의 감격을 오랫동안 잊지 못한다. 태어나서 처음으로 영어 소리를 다 듣고 다 이해하는 경험, 더구나 처음에는 빠르게 들리던 소리가 느리게 느껴지는 그 경험을 어찌 잊을 수 있을 것인가? 그래서 맨 처음 음원 하나가 '다다보'나 '다다느'가 된 순간, 제자들은 환호성을 지르고 성취의 기쁨을 맛보면서 신나게 학습해 나가기 시작한다.

'다다보(다 들리고 다 이해되고 속도는 보통으로 들림)' 된 부분이 나오기 시작하면 소원대로 그 '다다보' 된 음원을 반복해서 들으면 된다. ① '들리는 것을 더 들어서 귀를 뚫는다(팬 곳을 더 팬다)'에서 더 나아가 ② 모든 패거리들이 겁이 나서 다 도망갈 때까지 '패서 이미 기절한 놈을 끝까지 더 패는 것.' 이것이 듣기의 마지막 비결이다. 바로 이 '다다보'가 된 음원은 '다다느(다 들리고 다 이해되고 속도는 느리게 들림)'가 될 때까지, '다다느'가 된 음원은 지겹게 느리게 들릴 때까지 반복해서 더 듣는 것이 듣기의 마지막 비결이다.

그 사람의 듣는 습관에 따라서 '다다보(다 들리고 다 이해되고 속도는 보통으로 들림)'가 되는 데 '다다느(다 들리고 다 이해되고 속도는 느리게 들림)'는 잘 안 되는 사람이 있고, 금방 다다느가 되는 사람도 있다. 다다보는 되는데 다다느가 잘 안 되는 사람은 다다보가 된 음원을 반복해서 다다느가 될 때까지 들으면 이제 끝난 것이다. 금방 다다느가 된 사람은 그 음원이 지겹게 느리게 들릴 때까지 들으면 끝이 난다.

5) 요약정리[5]

- 정확한 영어 발음을 배우고 익힌다.[6]
- 1시간 정도 분량의 좋은 교재를 구한다.
- 학습 프로그램

(1) 음원을 먼저 한 번만 듣는다.

교재를 보기 전에 먼저 한 번만 듣고 난 후에 듣고 읽기 학습 프로그램을 시작한다. 이때 교재를 미리 보거나 교재를 보면서 들으면 안 된다.

(2) [1번만 소리 내어 읽고 난 후에 '가까카'[7] 듣기로 1번만 듣는다] 이것을 세트로 삼아서 다다보가 될 때까지 이 세트를 반복한다. 소리 내어 읽는 요령과 듣는 요령은 아래와 같다.

① 처음 1~2회는 정확한 발음에만 신경 쓰며 천천히 소리 내어 읽는다. (소리 내어 한 번만 읽고 난 후에 반드시 한 번만 듣고 또 소리 내어 한 번만 읽어야 한다. 1번만 읽고 1번만 듣고, 1번만 읽고 1번만 듣고…. 꼭 이런 방식으로 학습해야 한다)

② 그다음에는 영어 그대로 음미하려 노력하면서 자신에게 편한 속도로 1~3회 소리 내어 읽는다. (소리 내어 한 번만 읽고 난 후에 반드시 한 번만 듣고, 또 소리 내어 한 번만 읽어야 한다. 1번만 읽고 1번만 듣고, 1번만 읽고 1번만 듣고…. 꼭 이런 방식으로 학습해야 한다)

---

5) 이 책에 이어서 출판될 듣기 교재에는 교재에 맞춘 프로그램이 제공되므로 그 교재로 공부할 사람들은 이 책의 내용을 정확히 이해만 하고 자세한 방법은 교재의 프로그램에 따르면 된다.
6) 반드시 발음을 제대로 배우고 익힌 다음에 이 프로그램을 시작하여야 한다.
7) 앞부분의 가까카 듣기 편을 참조.

③ 소리 내어 읽기에 익숙해지면 점점 더 빠르게 소리 내어 읽는다. (소리 내어 한 번만 읽고 난 후에 반드시 한 번만 듣고, 또 소리 내어 한 번만 읽어야 한다. 1번만 읽고 1번만 듣고, 1번만 읽고 1번만 듣고…. 꼭 이런 방식으로 학습해야 한다)

④ 들을 때는 앞에서 배운 '가까카' 듣기 방식으로 한 번만 듣는다. 이때 반드시 눈을 감고 소리에만 집중해서 들어야 하고 안 들린다고 두 번 연속해서 듣거나 교재를 보면서 들으면 안 된다. 다 안 들리면 반드시 한 번 더 소리 내어 읽은 다음에 들어야 한다. (소리 내어 한 번만 읽고 난 후에 반드시 한 번만 듣고, 또 소리 내어 한 번만 읽어야 한다. 1번만 읽고 1번만 듣고, 1번만 읽고 1번만 듣고…. 꼭 이런 방식으로 학습해야 한다)

⑤ 다 들리고 다 이해되고 속도가 보통으로 들리면(다다보) 최대한 빠르게 소리 내어 한 번 읽고 한 번 듣는다.

⑥ 다음 챕터로 진도를 나간다.

(3) 다다보가 된 음성 파일은 읽지 않고 자유롭게 듣기만 해도 된다.[8]

(4) 음성학적으로 잘 만들어진 교재라면 1시간 정도의 '다다보' 된 음원을 '다다느' 될 때까지 들으면 100% 귀뚫기가 끝난다.

---

[8] 다다보(다 들리고 다 이해되고 보통속도로 들림)나 다다느(다 들리고 다 이해되고 느리게 들림) 된 음성 파일은 계속해서 듣기만 해도 된다. 즉 소리 내어 읽고 난 후에 듣고 다시 소리 내어 읽기를 하지 않고 듣고, 또 듣고, 다시 듣고 해도 된다.

6) 10시간이면 만만해지기 시작한다

① 정확한 발음을 제대로 배우고 익힌 다음에 ② 음성학적으로 잘 제작된 제대로 된 교재로 ③ 들을 때는 오직 소리에만 집중해서 '가가카'로 듣고 ④ 정확한 발음으로 반복하여 읽되 처음에는 정확히 발음하는 데 중점을 두고 천천히 소리 내어 읽고 ⑤ 그다음에는 영어 그대로 음미하면서 편하게 소리 내어 읽고 ⑥ 어느 정도 익숙해지면 점점 빠르게 소리 내어 읽고 ⑦ 다다보(혹은 다다느)가 된 음원만 반복해서 더 들으며 10시간 동안만 듣고 읽기를 해보면 여러분 스스로도 믿기지 않는 결과가 찾아오기 시작할 것이다. 이제 영어가 슬슬 만만해지기 시작한 것이다.

3. 미칠 것 같은 세상

80%만 들려도

정확한 발음을 배우고 익힌 후에 '잘 듣고 제대로 소리 내어 읽는 학습'을 하면, 소리를 80% 이상 정확히 듣는 데 듣기 초보라 해도 듣고 읽기 30시간이면 충분하다. 시험 목적인 사람은 이 정도만 들리면 특별한 요령이 없어도 듣기 시험에서 거의 만점을 받을 수 있고 실제 원어민과 대화할 때도 전체적인 대화의 흐름 속에서 그 사람의 표정이나 제스처 등을 보며 큰 어려움 없이 대화할 수 있고 가끔 소리를 놓치는 경우에는 자신이 놓친 부분을 질문하면서 대화를 이어나가면 별문제 없이 대화를 주고받을 수 있다. 그래서 그보다 높은 수준인 90% 정도만 귀가 뚫려도 국내에서는 고수로 인정받는다. 그런데 원리에 따라서 학습하면 그런 고수 수준에 도달하는데 발음 훈련 10시간, 듣고 읽기 30시간, 합해서 40시간 정도면 된다. 원리에 따라서 제대로 하면 40시간 정도면 고수 반열에 드는 것이다.

외국인과 한국인이 대화하는 것을 지켜본 사람들은 한 번쯤은 경험하는 부러운 광경이 있다. 자신은 영어가 안 들려 답답하기 그지없는데 자주 "으흠 으흠 예스 예스" 하면서 고개를 끄덕이며 듣는 한국인들이 있다. 정말 부러운 장면이다. 그러나 대부분의 경우 그런 사람들을 부러워할 필요는 없다고 보면 된다. 그대는 한국인이 한국말을 하는데 계속 "으흠 으흠" 하면서 고개를 끄덕이며 들으시는가? 그냥 듣고 있지 않으신가? 최고 수준의 영어 고수도 원어민과 대화하며 "으흠 으흠" 하면서 고개를 끄덕이며 듣지 않는다. 진짜 고수는 그대가 한국어를 들을 때처럼 그냥 들을 뿐이다. 그런데 왜 그 한국인들은 그렇게 듣는 것일까? 독자들의 상상에 맡긴다. 굳이 더 말하자면 시험장에서 평범하지 않은 행동을 하는 사람들은 대부분 혹시라도 들키거나 의심을 받을까 봐 그렇게 행동한다는 사실과 단기 어학연수나 단기 유학을 다녀온 사람들 중에서 유독 그런 사람이 많다는 사실만 말하고 싶다. 물론 모두가 그렇다는 것은 아니고 대부분 그렇다는 것이다. 다만 너무 부러워할 필요가 없다는 점만은 이야기하고 싶다.

하늘과 땅

그러나 100% 영어 귀뚫기가 이루어진 사람과 그렇지 못한 사람은 영어 실력을 계속 향상시켜 나가는 데 있어서 기본 능력의 차이가 하늘과 땅 만큼 크다. 그리고 100% 귀가 뚫리지 않으면 영어를 조금만 접하지 않아도 다시 원점으로 돌아가 버리고 그 능력을 회복하려면 또 많은 시간이 필요하기 때문에 조금만 더 시간을 투자하여 귀가 뚫리기 전에는 상상도 하지 못했던 100% 귀뚫린 세계에 들어갈 필요가 있다.

일반적인 학습자는 발음을 제대로 배워본 적도 없으며 소리에만 집중하여 들어본 경험도 없고 소리를 들으면 그 뜻까지 이해하려는 두뇌의 무의식적이고 거의 반사적인 습관을 통제하는 능력도 약하기 때문에 100% 소리를 듣는 데 시간이 필요하다. 보통은 100% 영어 귀뚫기에 성공하는 데 100시간 정도면 되고 청각 집중력이 많이 약한 사람은 시간이 조금 더 걸린다. 나에게 직접 강의를 들은 제자들은 발음을 정확히 익힌 후에 거의 모두 100시간 이내에 100% 영어 귀뚫기에 성공했다.

들려도 들리는 것이 아니다[9]

아직 귀가 100% 뚫리지 않은 학습자가 잘 들리지 않던 소리가 들려오기 시작하면 다 들린다고 착각하는 경우가 많다. 대표적인 경우만 살펴보자. ① 가장 흔한 경우는 예전에 거의 안 들리던 소리에 비하면 상대적으로 너무 많이 들려오기 때문에 기쁜 마음에 다 들린다고 착각하는 경우이다. 이런 경우 a, an to, the, of, as, in, and, are, is, have, would 같은 단어나 약음이나 연음은 아직 못 듣는 경우가 많다. 그러나 이때부터 듣기의 참맛을 느끼고 서서히 듣기에 미칠 준비를 한다. ② 실제 소리를 듣는 것이 아니라 고정관념을 가지고 듣는 경우이다.[10] 예를 들면 실제 소리는 '코리어' 인데 고

---

[9] 여기서 말하는 사람들은 바로 앞에서 언급한 100%가 아닌 사람들이며 대부분 발음은 배우지 않고, 듣기만 하거나 혹은 쉐도잉이나 받아쓰기, 소리 내어 읽기 유사 학습법 등으로 학습한 사람들이다.
[10] 앞에서 언급한 "쉬운 소리는 들리는데 어려운 소리는 안 들린다", "느린 소리는 들리는 데 조금만 빠르면 안 들린다"라고 말하는 사람들이 여기에 해당한다. 주로 시험 목적으로 듣기 위주나 쉐도잉 혹은 받아쓰기 공부를 한 사람들에게 나타나는 현상이다.

정관념으로 '코리아'로 듣거나 cats를 '캐츠'로 듣거나 street를 '스트리트'로 듣는다.[11] ③ 완벽히 안 들리는 곳이 있는데도 예상하며 듣고 다 들린다고 착각하는 경우이다.[12]

② 혹은 ③에 해당하는 사람들은 고정관념으로 조작한 가짜 소리만 듣고 있거나 예상하며 듣기 때문에 빠른 소리나 어려운 문장에서 약점을 보이며 "쉬운 소리는 들리는데 어려운 소리는 안 들린다"는 상식 밖의 이야기를 하게 된다. 미국의 6살 아이나 한국의 6살 아이에게 한 번 물어보시라. 그 아이들이 쉬운 소리는 들리고 어려운 소리는 들리지 않는지…. 그런 질문을 하면 그 아이들은 아마 그대를 이상한 사람으로 생각할 것이다. 즉 "형"도 들리고 "이상해"도 들리고 "학교"도 들리는데, "형이상학"만 안 들린다는 말인데…. 구차하게 다른 말이 필요 없이 이런 분들은 그냥 아직 소리를 다 듣고 있지 못한 상태일 뿐이다.

이러한 사람들은 자신은 소리를 듣고 있다고 생각하니까 자신이 고정관념으로 조작된 가짜 소리를 듣고 있거나 예상하며 듣고 있다고는 상상도 하지 못한다. 한편, 조작된 가짜 소리는 들리는 소리를 이해하는 데에도 치명적인 악영향을 준다. 이런 경우에는 전문가의 정확한 지도가 없으면 100%에 영원히 도달하지 못한다. 또한 영어 문장을 예상하며 듣는 사

---

[11] '그러면 어떻게 들리냐?'고 의문이 있는 사람이 있을 것이다. 말이나 글로서 설명하기가 쉽지 않으니 100시간쯤 뒤에 본인이 직접 듣고 확인하시라. 그때도 '캐츠'나 '스트리트'로 들리는지.
[12] 시험용 듣기 공부를 많이 했거나 단어 수준이 높은 사람들에게 주로 나타나는 현상이다. 앞에서 말한 "모르는 단어가 나오면 그 단어뿐만 아니라 그 주변까지 안 들린다" 혹은 "같은 단어인데도 어떤 때는 들리고 또 다른 때는 안 들린다"라고 말하는 사람들이다.

람은 아주 쉬운 문장 외에는 처음 듣는 영어 문장의 소리는 훨씬 덜 들린 다고 느낀다. 이런 분들은 영어 소리를 듣는 연습을 하는 것이 아니라 영어 듣기 시험 공부를 하고 있는 것에 불과하다.[13]

마지막으로 소리를 다 듣고는 있지만 소리의 윙윙거림이 완전히 사라지지 않아서 선명하고 또렷한 실제 소리를 100% 듣고 있지는 못한 경우이다. 이 마지막 상태가 90% 이상 귀가 뚫린 것으로 제대로 학습하면 곧 100% 귀가 뚫리는 가장 수준 높은 단계이며 듣기에 확실히 미치기 시작하는 단계로 좀 더 듣고 싶어 안달이 나고 퇴근 후 회식이 잡혀 그날 학습이 불가능해진 직장인은 근무 중에 화장실에 몰래 숨어서라도 오디오를 들어야 조금 안심이 된다. 이 단계에 가까워지자 한 제자는 "태어나서 영어 공부하려고 미친 듯이 집으로 온 적은 처음이다"라며 공개 학습 일지에 그 상태를 생생히 묘사하기도 하였다.

안타까운 것은 이 90% 정도 들리는 단계에서 사람에 따라서는 1,000시간을 더 들어도 진전이 거의 없는 절망스러운 장벽을 만나는 것이다. 그래서 비법을 찾아 헤매게 된다. 그러나 이 단계를 넘어서는 비법은 따로 없다. 마치 김치 담그는 손맛에 특별한 비법이 없는 것과 같다. 맨 처음 소금을 간하는 것부터 차근차근 제대로 배운 사람만 시간이 흐르면 자연스럽게 손맛이 생겨나는 것과 같다. 부실하게 지은 건물을 몇 층만 헐고 다시

---

13) 토익은 문제 은행식 문제이고 수능은 문제 은행식은 아니지만 EBS의 교재를 참고하는 등 어느 정도 문제 은행의 성격을 띠기 때문에 예상 문제를 돌리고 돌려서 거의 외우는 수준으로 시험 공부를 해서 수험생은 듣기 점수를 딴다. 그래서 시험 유형이 바뀌면 그동안 공부한 것이 아무런 소용도 없어지게 된다. 시험 공부는 시험 공부일 뿐이다.

튼튼하게 짓는 법은 없고 건물 전체를 허물고 기초부터 다시 쌓는 수밖에 없다. 마찬가지로 언어 습득의 원리에 따라서 기초부터 차근차근 제대로 배우지 못하여 장벽에 가로막힌 사람은 기초부터 차근차근 제대로 다시 시작하는 수밖에 없다.

미칠 것 같은 세상

90% 정도 소리가 들리는 단계가 되면 하루라도 오디오를 듣지 않으면 진짜 미칠 것 같고 머리에 폭탄이 터진다. 회식 자리에서도 '어떻게 하면 빨리 영어 소리를 들을까?' 하는 생각뿐이다. 10년 동안 가슴앓이를 하고 수없이 밤잠을 설치며 짝사랑하던 이성에게 사랑을 고백하고 첫 데이트 약속을 받은 후의 상태. 꿈속에서도 그리던 님을 곧 볼 것 같은…. 입속에 침이 바짝바짝 마른다. 님의 얼굴이 보이고 님의 달콤한 목소리가 들리고 귓가에 님의 뜨거운 숨소리가 느껴진다. 보드라운 님의 손길이 맨몸을 살며시 스치듯이 지나가는 것만 같다. 그런데, 아직 그 님을 만나지는 못했다. "아, 미칠 것 같다!"

그러나 그는 아직 모른다. 그는 아직 님을 만나지도 못했다. 축복처럼 함박눈이 펑펑 내리고 온통 새하얀 세상에 복숭아꽃이 조각조각 흩날리는…. 100% 귀가 뚫려 그 황홀함에 완전히 미쳐버리는 그런 꿈같은 세상은 아직 상상도 하지 못한다. 한국에서는 안 된다는 '지구의 언어에 100% 귀가 뚫린 세상'에 실제로 발을 디뎌보아야만 안다. 70억 인구의 얼굴이 낱낱이 보이고 희망봉을 돌아 끝이 없는 거대한 대양이 눈앞에 순식간에 펼쳐지는 그 세상은, 모국어와 너무 비슷해서 서서히 자연스럽게 영어를 익히는 유럽인은 결코 모른다. 그 세상은 한국인에게만 존재하는 전설 속의 세상이다. 가보기 전에는 절대로 알 수 없는, 상상! 그 너머에 있는 세상이다.

4. 100% 귀뚫린 세계[14)]

100% 귀뚫기 1단계

영어 귀뚫기 100% 1단계에 성공하면, 윙윙거림이 전혀 없는 맑고 투명한 수정 같은 소리가 아주 또렷하고 선명하게 들려온다. 서점에 흔하게 꽂혀 있는 리스닝 교재에서 설명하는 "이렇게 들린다. 저렇게 들린다"라는 설명과 전혀 다른 소리가 들려온다. 연음 법칙을 배우고 연음 현상을 외우고 영어는 연음 때문에 잘 안 들린다고 하는데 그 사람의 귀에는 연음이 별로 없다. 그래서 아주 잠시 '내가 혹시 잘 못 듣고 있는 것은 아닌가?' 하는 혼란에 빠질 수도 있다.

그러나 조금만 지나면 진실을 알게 된다. 그런 책의 저자는 "한국에서 100% 귀뚫기는 없다"라고 주장하는 수많은 사람 중 한 사람이라는 사실에 잠깐 외로움을 느끼기도 하지만 이 학습 원리에 따라서 공부한 사람들이 "100% 귀가 뚫리니 정말 생각보다 영어에 연음이 별로 없네요"라고 말하는 것을 듣고 외로운 사람끼리의 경험을 공유하고 나면 그 외로움은 특

---

14) 발음을 먼저 제대로 배워서 소리 영어의 기초를 쌓고 소리 영어의 기초가 쌓인 후에는 문자와 소리를 분리시키지 않고 원리에 따라서 문자와 소리의 연결고리를 만들어야 빠르게 귀뚫기 3단계에 도달할 수 있다.

별한 사람끼리의 자부심으로 바뀐다. 그리고 cats를 "캐츠"로, stop를 "스땁"으로, landscape를 "랜드스케이프"로, street를 "스트리트"로 듣고 있는 사람들을 보면 안타까운 마음에 진짜 100% 귀 뚫린 세계에 대한 기쁜 소식을 알려주고 싶어질 것이다.

이 단계는 영어 소리의 윙윙거림이 완전히 사라져 한국어처럼 100% 또렷하고 선명하게 들리는 단계이다. 앞에서 말한 ③ '소리를 알아듣는 단계'이다. 영어를 영어 그대로 이해하는 능력을 충분히 갖추고 있는 사람은 들리는 소리를 그대로 이해할 수 있기 때문에 1단계 귀뚫기와 2단계 귀뚫기 구분이 없으므로 2단계 영어 귀뚫기를 동시에 달성할 수 있다. 그러나 아직 영어 소리도 다 듣지 못하면서 영어를 영어 그대로 이해하는 능력을 이미 갖추고 있는 학습자는 아주 드물기 때문에 일반적으로는 빠른 소리도 소리 자체는 다 들을 수 있지만 이해하는 것은 그에 미치지 못한다. 길지 않은 영어 문장 혹은 쉽게 느끼는 영어 문장들은 이해되지만 긴 문장으로 된 영어 소리 또는 쉽게 느껴지지 않은 문장들은 이해가 다 되지 않는 경우가 있다. 아직은 영어를 영어 그대로 이해하는 능력이 완전하지 않기 때문이다.

주변의 5~6세쯤 되는 아이들에게 실험해보면 똑같은 결과가 나온다. 그 아이들이 이미 다 알고 있는 단어들로 한국어 문장을 조금 길게 만들어서 성인들끼리 빠르게 말하는 속도로 발음하면 어린아이들은 잘 이해하지 못한다. 말을 할 줄 알고 소리를 듣고 이해할 수는 있다고 해도 어린아이들은 아직 언어 능력이 완성되지 않아서 언어를 이해하는 속도가 느리고 언어 논리력이 약하기 때문에 긴 문장이나 빠른 소리는 잘 이해하지 못한다. 그래서 유치원 선생님들은 평소 말보다 좀 더 크게 또박또박 발음하고 말도 천천히 하면서 유치원생들을 지도한다.

영어는 한국어와 어순이 다르기 때문에 한국어로 해석하면서 이해하는 습관이 많이 남아 있는 경우에 소리는 한 번에 휙 지나가지만 소리를 들으며 영어 단어를 한국어 단어로 바꾸고 그 한국어 단어를 다시 한국어 어순에 맞게 다시 배열하면서 이해하게 된다.[15] 따라서 아주 익숙한 문장, 반쯤 외운 문장, 짧은 문장, 쉬운 문장, 혹은 느린 소리 등은 한국어로 해석하면서 이해하는 것이 가능하다. 그러나 이런 방식으로 영어 소리를 한국어로 해석하며 이해하면 긴 문장이나 빠른 소리를 100% 이해하는 것은 사실상 불가능하다. 아주 오랜 세월 동안 훈련해야 수능이나 토익 정도의 속도나 100% 이해하는 것이 가능할 뿐, 그보다 더 빠른 뉴스나 대화는 한국어로 해석하며 이해하는 것은 사실상 불가능하다고 말할 수 있다. 그래서 "한국에서 100% 귀뚫기는 없다"라는 말이 생겨난 것이다. 영어 소리를 듣고 영어 그대로 이해하는 능력을 키워야만 이런 문제를 근본적으로 해결할 수 있다. 이것이 해결된 것이 영어 귀뚫기 2단계이다.

이 수준에서는 익숙하지 않거나 모르는 단어나 표현이 등장하는 경우 그 단어나 표현의 소리가 조금 낯설게 느껴져서 소리는 다 들리는데도 안

---

15) 소리는 100% 다 들리는데 이해가 안 되는 현상은 바로 이 때문에 생겨난다. 또 이해가 안 되는 것을 억지로 위와 같은 복잡한 과정을 통해 한국어로 해석하면서 이해하려니까 정신이 없어서 소리를 놓치는 경우도 많아 소리 자체도 안 들리는 것처럼 느끼기도 한다. 그러나 소리에만 집중해서 들어보면 분명히 안 들리는 소리는 없다.

들리는 것 같은 느낌을 받을 수도 있다. 또 모르는 단어나 표현이 많이 등장하는 경우 낯선 소리도 많고 전체적으로 이해도 되지 않기 때문에 억지로 이해하려고 노력하다 보면 소리를 놓치는 경우가 많아 안 들리는 소리가 많다고 느낄 수도 있다.

그러나 소리에만 집중해서 '가까카'로 들어보면 안 들리는 소리는 없다.

이 100% 영어 귀뚫기 1단계 수준에라도 도달하기 위하여 일반적인 영어 학습자들은 최소 1,000시간에서 수천 시간을 투자하지만 그 성공률은 굉장히 낮다. 듣기 분야에서 유명한 강사님들 중 두 분이 1,000시간 이상을 투자하여 이 단계에 도달하였다고 저서에서 밝혔는데 대부분의 영어 고수들은 기간이 너무 짧아 정말 사실인지 믿을 수 없다는 반응을 보이기도 하였다.

나를 찾아와 상담한 분들 중에서 이 단계에 거의 도달하여 찾아온 분은 딱 한 분뿐이었다. 자신은 100% 들린다고 주장하였으나 정밀 테스트 결과 그분도 100%는 아니어서 10시간 정도 특수한 음성 인식 훈련을 거치고서야 100% 1단계에 도달했고 약 40시간 정도의 추가학습으로 2단계 귀뚫기를 완성하였다. 그분은 수많은 영어 고수들을 찾아다니며 무려 6년 6,000시간 동안 정말 눈물겨운 노력으로 학습해 온 분으로서 스터디를 마치고 후배 기수와 상견례 자리에서 자신은 6,000시간 동안 피눈물이 나는 노력을 했는데 여기서는 100시간 정도에 너무 빠르게, 너무 쉽게 달성하여 정말 허탈하다고 소감을 밝히기도 하였다. 나의 강의 중 5주 기본 강의는 바로 이 영어 귀뚫기 1단계 도달을 목표로 진행되며 8주 이상의 강의는 2단계 영어 귀뚫기 도달을 목표로 진행된다.

나의 제자들 중 발음 훈련을 10시간 정도 한 후에 배운 대로 훈련한 사람들은 거의 다 100시간 이내에 1단계 귀뚫기에 성공하였다. 100시간이 넘게 걸린 사람들도 사실은 귀뚫기에 100시간이 걸린 것이 아니다. 발음도 배우지 않은 채 스피킹이나 소리 내어 읽기를 오랫동안 했거나 나이가 많은 사람들이 발음 훈련 시간이 더 걸려서 그런 것이다. 발음 훈련 시간을 듣기 연습 시간으로 자신들이 착각하고 있어서 100시간이 넘었다고 생각한 것뿐이다. 그래서 원래의 듣기 실력이 좋거나 발음 능력이 좋은 사람 혹은 어린 학생들은 훨씬 더 빠른 시간에 귀뚫기에 성공하였다. 다만 실력이 좋아도 고정관념이 너무 강해서 시키는 그대로 하지 않거나 교재가 쉽다고 투덜거리는 사람들은 오히려 시간이 더 걸렸다. 집중하지 않고 대충 했기 때문이다. 단어나 문장 혹은 발음은 어려운 것이 있지만 '듣기에 어려운 소리는 없다'는 사실을 잊지 말기 바란다.

이 100% 귀뚫기 1단계에 도달하는 것은 영어 학습에서 엄청난 의미가 있다.

첫째, 영어 그대로 이해하는 능력이 빠르게 상승한다. 이제 남은 문제는 영어 그대로 이해하는 능력이다. 영어 소리를 이해하려면 먼저 소리를 다 들을 수 있어야 한다. 글자를 다 보지 못하고 글을 이해하는 방법은 없듯이 소리를 다 듣지 못하면서 다 이해하는 방법은 없다. 건물을 지을 때 기초를 쌓는 데만 몇 달이 걸리는데 기초 공사만 끝나면 건물이 금방 쑥쑥 올라가듯이 소리를 다 들을 수 있다면 그 소리를 이해하는 것은 아주 빠르게 진행된다.

둘째, 소리를 100% 들을 수 있으면 듣기 시험에서는 단어 실력만 문제가 없다면 기출 문제를 풀어보는 수준의 짧은 학습만으로 수능 듣기는 만점, 토익 리스닝은 95% 이상의 고득점을 할 수 있다.

셋째, 이제부터는 비단 듣는 능력뿐만 아니라 듣기, 말하기, 읽기, 쓰기, 영어 시험 능력 등 영어 실력 전체가 비약적으로 상승한다. 한국인의 영어 학습에서 가장 큰 장애물이 사라졌기 때문이다. 그리고 이제 안 들리는 것을 억지로 따라 하는 엉터리 쉐도잉이 아니라 다 들리는 소리를 듣고 머릿속이나 입으로 따라 하는 '진짜 쉐도잉'을 하며 영어 그대로 이해하는 능력이나 스피킹 능력을 키우는 훈련을 MP3만 있으면 언제 어디서나 쉽게 할 수 있게 된 것이다.

넷째, 가장 중요한 것은 이 1단계 달성으로 듣는 문제는 완벽히 끝났다는 것이다. 듣는 문제가 완벽히 끝났기 때문에 듣는 연습이나 듣는 훈련을 더 이상 할 필요가 없다. 이제는 이해하는 능력만 키워 가면 된다. 영어 소리를 정복한 것이다.

그런데 나의 제자들도 끝까지 고정관념에서 벗어나지 못하고 1단계 귀 뚫기가 끝났는데도 계속 듣기 연습을 열심히 하는 사람들도 있었다. 1단계에 도달하고 나면 귀뚫기가 후퇴하지 않도록 1주일에 30분 정도 듣는 것 외에는 소리 자체에는 전혀 투자할 필요가 없다. 영어를 영어 그대로 이해하는 능력을 위하여 듣고 따라 하는 진짜 쉐도잉 훈련, 리딩 훈련, 스피킹 훈련, 혹은 발음 능력 향상 훈련을 해야 한다.

100% 귀뚫기 2단계

영어 소리를 한국어로 해석하지 않고 영어 그대로 이해하는 단계이다. 앞에서 말한 ④ '아는 소리를 알아듣는 단계'이다. 영어를 영어 그대로 이해하면 ① 영어 단어에 해당하는 한국어 단어를 떠올리고 ② 그 영어 단어들을 한국어 단어들로 바꾸고 ③ 영어 문장 순서를 한국어 순서로 바꾸고 ④ 영어에는 없는 조사[16]를 집어넣고 하는 등의 머리가 터지도록 복잡한 일을 하지 않으니 우리 두뇌는 정말 한가하게 영어 소리만 들으면 된다. 두뇌가 한가해지니 여유가 생겨나 그렇게 빠르던 영어 소리가 점점 더 느리게 느껴진다. 이 시기에는 소리가 더 들리는 것이 아니라 더 많이 이해되고 점점 더 느려진다. 앞에서 예를 든 "소리는 들리는 데 이해는 안 된다", "소리는 들리는 데 영어 뉴스나 드라마가 너무 빠르게 들린다. 한국어 뉴스나 한국어 드라마는 빠르게 느껴지지 않는데 상식적으로 이상하다" 등의 문제가 해결되는 수준이다.

그래서 듣는 문제는 이미 오래전에 끝장났다는 것을 체감하게 된다. 영어가 영어 그대로 이해되니까 방금 들은 소리가 두뇌에 영어 그대로 쌓이

---

16) 조사 : 토씨(예를 들면 ~은, ~는, ~이, ~가, ~께서, ~을, ~를, ~하니끼 등).

고 방금 읽은 문장이 머리에 영어 그대로 살포시 내려앉는 것을 느낄 수 있다. 그렇게 내 안에 쌓여가는 영어는 약간의 기술적인 훈련을 마치면 곧 영어 그대로 스피킹이나 작문으로 나올 수 있게 된다.

영어 방송을 재미있게 듣고 있는데 "다 들려? 하나하나 해석 좀 해줘 봐!"라는 말에 전체를 요약해서 말해준다. "그렇게 말고 한 문장씩 해석해 달라니까!" 하는 말에 최근에는 영어 그대로 이해했을 뿐 한국어로 해석해본 적이 없어서 조금 천천히 통역해줄 수밖에 없다. 영어 그대로로 이해하고 있기 때문에 전체 내용을 한국어로 설명하는 것은 어렵지 않으나 한 구절 한 구절을 정확히 한국어로 번역하려다 보면 그것이 쉬운 일이 아니라는 것을 알게 된다. 그때서야 비로소 영어가 어려운 것이 아니라 한국어와 달라서 어렵게 느껴졌을 뿐이라는 것을 실감하게 된다. 그리고 어려운 것은 영어가 아니라 오히려 한국어라는 것을 태어나서 처음 느끼게 된다. 영어 문법은 아주 단순한데 한국어 문법이 어려워 한국어로 정확히 해석하는 것이 더 어렵다는 것도 깨닫게 된다.

예를 하나 보자. 영어 문장을 한국어로 해석하려면 'to go'(부정사) 하나면 끝나는 영어를 ① 간다는 것은(부정사의 명사적 용법) ② 갈(부정사의 형용사적 용법) ③ 가려고(부정사의 부사적 용법 : 목적) ④ 가니까(부정사의 부사적 용법 : 원인) ⑤ 간다면(부정사의 부사적 용법 : 조건) 등으로 따져가며 바꾸어야 한다. 거꾸로 한국어를 영어로 번역하려면 이 많은 한국어를 그냥 'to go' 하나로 바꾸면 끝이다. 보라! 한국어에 비하면 영어는 얼마나 쉬운 언어인가? 영어 소리가 100% 들리고 100% 영어 그대로 이해되면, 이 쉬운 영어를 복잡하고 어려운 한국어로 힘들게 해석하고 번역해서 이해하는 사람들을 보면 불쌍하다는 생각마저 든다.

엄밀하게 말하면 귀뚫기 1단계를 달성함으로써 듣는 문제는 끝났기 때문에 2단계와 3단계는 듣는 수준을 올리는 것이 아니라 영어 실력 자체가 상승하는 단계이다. 따라서 읽어서도 어려운 문장이나 모르는 단어는 당연히 100% 이해할 수 없다. 7살 먹은 어린이가 한국어 소리를 다 들을 수 있다 하더라도 대학 강의를 이해할 수는 없는 것과 같은 이치이다. 글을 읽고도 이해할 수 없는데 그것을 듣고 이해할 수 없는 것은 당연하다. 한국어로 실험해 보아도 마찬가지 결과가 나온다. 법학 전공서적이나 철학 전공서적처럼 한 번에 쭉 읽어서 이해가 잘 안 되는 어려운 문장을 녹음해서 듣는다고 이해될 리는 없다.

이 단계를 구체적으로 설명하자면 음원의 녹음 시간 내에 한 번에 빠르게 쭉 읽어나가서 100% 이해하는 영어 문장이 늘어나고 그런 영어 문장을 소리로도 100% 이해하는 단계이다.

그래서 이 단계를 '아는 소리를 알아듣는 단계'라고 설명한 것이다. 그런데 소리만 들리면 모든 영어 소리가 다 이해되어야 한다고 생각하는 사람들이 의외로 많다. 특히 초보자들이나 영어 공부를 별로 해보지 않은 사람들일수록 더 그렇다. 이 사람들의 생각이 옳다면 유치원만 마치면 박사과정의 수업도 이해되어야 하고 읽어서 이해가 잘 안 되는 책은 오디오북으로 들으면 다 이해되어야 한다. 우리는 정말 영어만 만나면 어처구니가 없을 정도로 이상해진다. 소리를 듣는다고 모든 것이 다 이해되는 기적은 영어에서도 일어나지 않는다. 그런데도 그런 기적이 일어나는 것처럼 너무 많은 곳에서 광고하기 때문에 어처구니없는 기대를 하는 사람들이 많다.

단, 이것은 원리에 따른 듣고 읽기를 한 사람에게만 해당하는 이야기이다. 다른 방법으로 기적처럼 성공한 사람은 글을 한 번에 읽어 나갈 수 있다 하더라도 소리를 이해하는 것은 거기에 10~20% 정도 못 미친다. 문자와 소리의 연결고리가 약하기 때문이다. 소리와 문자의 연결고리는 리딩 편에서 자세히 설명한다.

이 단계에서 얼마나 많은 소리를 이해할 수 있는가는 단어 실력에 좌우된다. 그러나 귀뚫기 1단계, 2단계를 거치는 동안 자신이 듣지 못하는 소리는 없다는 것을 체험적으로 확신하고 있기 때문에

'안 들린다'와 '이해가 안 된다'를 착각하거나 혼동하는 경우는 없다.

원리를 몰라서 수많은 시간 동안 피눈물 나는 노력으로 겨우 영어 소리를 듣는 데 성공한 학습자들이 바로 이 2단계를 꿈속에서도 찾아 헤맨다. 소리는 다 들리는데 이해가 안 되는 새로운 난공불락의 장벽 앞에서 절망을 만난다. 그래서 수많은 고수들을 찾아다니며 해법을 찾지만 나는 이 장벽을 해결해주는 사람이 있다는 말을 아직 들어보지 못했다. 앞에서 소개한 제자도 6년 6,000시간 넘게 공부하여 소리를 들을 수 있게 되었는데 그 소리가 이해는 되지 않는 문제를 해결하기 위하여 1년 가까이 수많은 고

수들을 찾아다닌 끝에 우연히 나를 알게 된 것이다. 영어 소리를 다 듣고 다 이해한다는 것이 이렇게 어렵기 때문에 심지어 원어민 국가로 4~5년 이상 학위 유학을 다녀온 사람들 중에도 2단계는 고사하고 1단계 영어 귀 뚫기 100%에도 성공하지 못한 사람들이 있는 것이다. 바로 이런 이유로 '2만 시간 학습법'이나 '한국에서 100% 귀뚫기는 없다'라는 말이 생겨난 것이다.

이 장벽을 넘어서지 못하는 것은 언어 습득 원리를 이해하지 못하기 때문이다. 언어는 '듣기, 말하기, 읽기, 쓰기'의 네 가지 요소가 있으며 네 가지는 탁자의 네 개의 다리처럼 겉으로는 전혀 별개인 것처럼 보이지만 실제로는 언어라는 상판으로 서로 연결되어 있기 때문에 상호작용하며 영향을 주고받는다. 탁자의 다리 네 개가 따로인 것 같지만 하나만 없어도 책상은 쓰러지고 다리 하나가 약해지면 다른 다리들도 덩달아 약해진다. 따라서 네 개의 다리를 동시에 높여가는 학습을 해야 하는데 고정관념에 사로잡혀 집중적으로 한쪽 다리만 높여나가니 다리 사이의 균형이 맞지 않아 다른 다리도 약해지고 탁자도 엎어지는 것이다.

소리도 다 듣지 못하는 수준이면 시험 영어 실력을 빼면 실제 영어 실력은 원어민의 2살 정도에 불과하다. 듣지도 못하는 2살짜리가 글자도 알고 단어도 많이 알기 때문에 자기가 20살쯤 되는 줄 알고 듣기만 죽어라 한다든가 발음도 제대로 안 배우고 영어를 그대로 이해하려 하지도 않고 목숨 걸고 외워서 죽어라 외치기만 하니 영어 실력이 기형적으로 되어 조그만 문제만 만나도 해결 방법이 없는 것이다. 듣지도 못하는 2살짜리가 글자를 읽고 쓰면 우리는 그 아이를 '신동'이라고 부른다. 한국인은 영어에 관한 한 모두가 신동(신기한 동물?)인 것 같다. 그래서 나는 제자들에게 "아무리 시험 영어 실력이 높아도 여러분은 2살에 불과하니 겸손하게 어린이의 마음으로 기초부터 제대로 하자"고 반쯤 강요하기도 한다. 다만 "여러분은 신동이기 때문에 50시간마다 1살씩 더 먹게 될 것이다"라는 예언도 한다.

문법 실력이 약하다고 문법 지식만 달달 외운다거나, 단어 실력이 약하다고 단어장만 외운다거나, 안 들린다고 듣기에만 목숨을 건다거나, 독해 실력을 늘리려고 오로지 리딩만 한다거나, 발음도 제대로 안 배우고 소리 내어 읽거나, 스피킹을 늘리려고 계속 암기하고 외치기만 한다면…. 이런 식으로 토막 내서 공부한다면 극소수 언어 천재들을 제외하고는 정말로 2만 시간 정도 해야 할지도 모른다.

이 학습법을 믿고 집중해서 열심히 하고 멋대로 프로그램을 변경하지 않고 배운 대로 학습한 모범적인 제자들은 실습 시간이 쌓임에 따라 자연스럽게 원리 자체가 몸에 배어 발음 훈련 시간을 제외하고 150시간 정도에 어렵지 않게 2단계에 도달하였다. 단어 실력도 500개 정도는 가볍게 늘려가면서…. 그러나 어떤 제자들은 실습도 하지 않은 상태에서 먼저 머리로만 다 이해하려고 하는 경우가 많았다. 질문만 많고 머리로 이해했다고 생각하면 프로그램을 임의로 조금씩 변경해서 학습하고 '한 놈만 패라', '팬 곳만 패라'는 원칙을 어기기도 하였다. 워낙 똑똑한 분들이거나 애초의 영어 단어 실력이 우수한 분들일수록 이런 경향이 강했다. 그 결과는 여러분의 상상에 맡긴다.

원리에 따라서 2단계까지 도달하면 남을 지도할 수는 없어도 혼자 계속해서 더 높은 수준으로 학습해 나갈 수 있는 요령을 어느 정도 터득하게 된다. 이 학습법은 고기를 잡아 주는 것이 아니라 실습을 반복하는 동안 스스로 고기 잡는 법을 깨닫게 해주기 때문이다. 언어를 배우려면 시각, 청각, 근육(발음 근육과 제스처 쓰는 근육, 말할 때 표정 짓는 근육) 그리고 두뇌를 모두 사용하기 때문에 춤이나 노래 혹은 운동을 배우는 것과 비슷하며 학문을 하는 것이 아니다. 학문이 아니기에 학습 부진아들도 모국어를 할 줄 안다. 따라서 방법을 알았으면 누구나 제대로 반복해서 실습만 하면 된다. 학문이 아니기 때문에 언어 천재가 아닌 한, 그저 머리로만 이해해서는 아무런 소용이 없다. 음악 천재도 아닌 사람이 머리가 좋다고 이해만 끝내면 노래를 잘할 수 있는 것이 아니듯이 이 학습법은 실제로 실습을 해가면서 나타나는 성과를 통해 원리가 몸에 배어야 한다. 머리로만 이해할 수 있는 것이라면 대한민국의 머리 좋은 수많은 강사들이 이미 이 학습법으로 가르치고 있을 것이다.

엄청난 언어 천재가 아닌 한, 원리를 그저 머리로만 이해한다는 것은 생각처럼 쉬운 일이 아니다. 100% 정확히 이해하지 못한 약도는 오히려 길을 잃게 만들고, 지도는 지도일 뿐 영토 그 자체는 아니며, 자신의 경험과 머리만 믿고 셀파를 무시하는 등산가는 위험에 처하는 법이다. 방법만 제대로 알면 된다. 그리고 난 후에 제대로 된 반복 실습을 통해서 원리를 깨우쳐 가면 된다. 한국에는 똑똑한 분들이 워낙 많고 대충 배운 후 정확한 원리도 모르는 상태에서 남을 가르치려는 사람들도 참 많다는 것을 강의하면서 수없이 느껴왔기 때문에 긴 잔소리한 것을 독자들은 넓은 아량으로 용서해 주기 바란다.

100% 귀뚫기 3단계

　듣기를 떠나 영어 실력이 완성된 단계이다. 모르는 영어 단어나 영어 표현이 섞여 있어도 그 비율이 높지 않고, 모르는 단어나 표현이 문장 전체의 흐름과 연결될 때는 그 뜻을 유추하여 전체를 이해하는 데 어려움이 없어서 단어를 제외하고 영어가 완벽히 해결된 단계이다. 보통 이 단계에서 "영어가 한국어처럼 편안하게 들린다", "영어 책이 편안하게 읽혀진다"라고 표현한다. 이 단계는 자기가 아는 단어로 된 영어 문장에 관한 한 원어민과 거의 차이가 없어지는 수준이며 준 모국어화가 끝난 수준이다.

　영어 소리가 다 들리고, 또렷하고 선명하게 들리고, 다 이해되고 느리게 들리는 단계를 넘어 영어가 한국어처럼 "편안하게 들린다"라는 표현은 실제로 경험한 고수들만 이해할 수 있는 표현이며 "편안하게 들립니까?"라는 질문에 "글쎄요. 들리기는 다 들리는데 어떻게 들려야 편안한 것입니까?"라고 반문하면 질문한 상대방은 빙그레 웃을 뿐 말이 없다.

　영어가 한국어처럼 편안해 지면, "들을 수 있으면 말할 수 있고, 말할 수 있으면 들을 수 있다. 들은 것을 바로 말로 할 수 없다면 아직 공부가 끝난 것이 아니다"라는 국내파 영어 절정 고수들의 말이 비로소 이해된다. 이 단계는 소리 영어와 문자 영어의 구별도 없어지는 단계이다. 독자들은 책에서 눈을 떼고 방금 읽은 앞의 문장을 한국말로 해보시라. 그리고 옆 사람에게 아무 말이나 해보라고 하고 그 말을 듣고 들은 말을 한국말로 해보시라. 당연히 읽거나 들은 것을 한글로도 쓸 수 있을 것이다. 할 수 없다면 한국어 실력에 관한 문제가 아니라 기억력의 문제일 뿐이다. 바로 그와 똑같이 영어 글을 읽거나 영어 소리를 듣고 영어로 쓰거나 영어로 말할 수 있는 단계이다.

이 단계에 오면 발을 뻗었느니 팔을 뻗었느니 같은 말을 하고 나서 "내가 뭘 뻗었게?"라고 묻는 바보 같고 정말 지겹게 느린 영어 소리를 오래 들어야 하는 토익이나 수능 시험장에서 계속 하품만 나오고 너무 졸리기 때문에 커피 여러 잔을 미리 마시고 가지 않으면 졸다가 시험을 망칠 수도 있다. 이 단계까지 오면 영어 시험이라고 불리워지는 모든 것들이 다시 지옥이 된다. 실제로 테스트해 보시라. 수능이나 토익 듣기 문제의 한국어 해석을 같은 속도로 녹음하고 들어보시라. 10분 이상 집중할 수나 있는지…. 자지만 않으면 다행일 것이다. 또 수능이나 토익의 독해 문제를 한국어 해석만 보고 풀어보시라. 아마 바보들이나 집중할 수 있을 것이다. 그래서 앞에서 토익이나 수능은 바보들의 문제라고 한 것이다.

이 단계에서는 계단을 걸어 내려가다가 아래에서 들려오는 영어 소리에 무심코 "야, 누군지 영어 잘하네!"라고 한마디 했다가 "뭐야? 소리만 딱 들어도 외국인이잖아. 소리를 듣고 한국인인지 외국인인지 구분도 못해? 너 귀뚫린 것 맞아?"라는 말을 듣기도 한다. 그들은 모른다. 영어가 편안해 지면 그냥 사람의 소리일 뿐이다. 특별히 신경 쓰지 않으면 외국인의 영어 소리와 한국인의 한국어 소리가 그냥 '평범한 사람의 소리'로 똑같이 편안하게 들려온다는 사실을 그들은 모른다. 영어가 편안해 지면 특별히 신경 쓰지 않는 한 한국어를 들었는지 영어를 들었는지조차 헷갈린다는 사실도 그들은 모른다.

영어도 다 들리고 편안해지고 나면 결국 지구에 사는 사람의 소리일 뿐이다. 영어가 편안해지면 외국어라는 느낌이 사라지기 시작한다. 영어 모국어화가 진행되어가기 때문에 영어 문법에서도 점점 자유로워진다. 문법에 맞든 문법이 틀리든 한국어 원어민이 하는 말은 다 한국어이고 영어 원어민이 하는 말은 다 영어다.

"수박이 먹고 싶다. 네가 보고 싶다."

이 문장은 모두 문법적으로 틀린 표현이다. 그러나 한국어 원어민은 아무도 이 말이 틀렸다고 시비하지 않는다. ('먹고 싶다'의 대상인 수박, '보고 싶다'의 대상인 '너'는 목적어이다. 따라서 "나는 수박을 먹고 싶다. 나는 너를 보고 싶다"가 문법적으로 옳은 표현이다. 이것을 읽고 대한민국 영어 교육 관련 정책 담당자는 영어 시험에서 문법 문제가 왜 하루빨리, 완전히 없어져야 하는지 확실하게 깨달아야 한다)

이 3단계에 도달하는 데 걸리는 기간은 그 사람의 숙어 및 관용어구와 단어 실력에 달려 있다. 단어 실력이 충분히 높은 사람은 2단계에 오는 동안 이 학습 원리와 학습 지침을 이해하게 되고 원리에 따른 학습 습관이 이미 몸에 배어 있기 때문에 몇십 시간이면 도달하지만 단어 실력이 매우 낮은 사람은 단어를 익히는 시간이 별도로 필요하기 때문에 좀 더 많은 시간이 걸린다.

그러나 2단계까지 오는 동안 원리에 따른 학습 습관이 몸에 배어 있기 때문에 학습용 교재만 받쳐 준다면 5,000~10,000개 정도의 단어를 더 익히는 데 200시간 이내에 끝이 난다. 그런데 이런 목적의 학습용 교재가 현재는 아예 없는 실정이라서 2단계까지 온 사람들이 힘들이지 않고 단어 실력을 향상시켜 나갈 수 있도록 힘이 닿는 한, 계속해서 교재를 집필해 나갈 계획이다. 한국인을 위하여 최적화된 영어 발음으로 확실히 교정을 마치고 강의와 실습을 통하여 이 학습 원리를 습관화시키고 열심히 학습한 제자들은 발음 훈련 시간을 제외하고 거의 다 학습 시간 100시간 이내에 영어 귀뚫기 1단계에 성공하였고, 단어 실력과 독해 능력 그리고 스피킹 능력까지 늘리면서 발음 훈련 시간을 제외하고 150시간 정도에 2단계까지 도달하였다.

다만, 단어 실력이 높아도 부작용이 심한 오염된 학습법으로 장기간 학습해온 경우에는 가장 늦게 2단계에 도달하며, 백지에서 시작하기 때문에 오히려 초보자가 1단계까지는 시간이 더 짧은 경우가 많았고 단어 실력이 높고 부작용이 적은 듣기 위주의 학습만 해온 사람이 가장 시간이 적게 걸렸다. 이러한 결과들은 열심히 하는 것보다 제대로 하는 것이 훨씬 더 중요하다는 것을 단적으로 보여준다.

9주나 5주는 기간이 너무 짧았기 때문에 공식 강의 중에 이 단계에 도달한 사람은 당연히 없었고 3번 정도 있었던 비공식적인 소수지도로 몇 명만 이 수준에 도달했다. 원래의 단어 실력에 따라서 시간은 천차만별이었고 가장 수준이 낮았던 중학교 3학년 정도의 단어 실력으로 시작한 사람이 약 450시간 정도 걸렸고 단어 수준은 1만 단어 정도에 이르렀다. 분명히 알아야 하는 것은 이 단계는 거의 원어민화하는 단계이기 때문에 총 시간보다 집중하는 시간이 더 중요하다. 하루 1시간 정도 학습해도 2단계까지는 가능하지만 3단계까지 오기는 어렵고 최소한 하루 평균 3시간 이상 몰입해야 가능성이 있다는 점을 분명히 밝힌다. 이것은 영어에 노출되는 문제가 아니라 한국어의 간섭 때문에 그렇다. 영어에 노출되지 않는 시간에는 한국어를 보고 듣고 말하고 한국어로 생각하기 때문에 영어 모국어화가 어렵다.

단어는 1만 단어만 갖추어도 100% 이해할 수 있는 책이나 오디오 혹은 비디오가 굉장히 많기 때문에 한국에서 거주할 사람이라면 이것으로 공부는 끝내고 그 영어를 사용하는 데 시간을 보내는 것이 좋다. 다만 시간 여유가 있는 분은 자신이 알아서 더 높은 수준을 정하면 된다. 주의할 점은 우리 인생에 시간이 무한정 있는 것은 아니니까 자신의 전공이나, 직업 혹은 관심 영역에 집중하여 단어 실력을 키울 필요가 있다. 공부 영역을 너무 넓히면 3만 단어로도 확실하게 자신 있는 분야를 가지지 못하여 아는 것은 많은데 속된 말로 '영양가'는 없게 되고 잘못하면 평생 영어 공부만 하다가 인생이 끝날 수도 있다. 특히 한국어로도 모르는 영어 단어를 익히는 것은 특별한 경우가 아니면 영어만 하다가 이번 인생이 끝난다는 위험신호이다. 언어는 사용하기 위해서 배운다는 사실을 잊지 말기 바란다.

그래도 안 들리는 소리

이 부분은 '영어 귀뚫기 3단계'까지 도달한 사람에게는 대부분 해당 없는 이야기이며, 영어 귀뚫기 1단계나 2단계까지만 도달하는 사람들에게 주로 나타나는 문제이다. 또한 영어 귀뚫기 1단계도 성공하지 못한 사람들에게는 먼 나라 이야기일 뿐이다.

100% 영어 귀뚫기에 성공해도 안 들리는 것처럼 느껴지는 소리들이 있는데 이런 소리들 때문에 100% 귀를 뚫고도 자신의 능력을 의심하고 다시 또 듣기 훈련을 하는 제자들이 있어서 간단히 다루고 가도록 한다.

첫째, 실제로 듣기 어려운 소리들이다. 어린아이들의 옹알이 수준의 소리, 노인들의 소리, 사투리, 배움이 짧은 티가 너무 많이 나는 사람들의 소리, 너무 심하게 굴리는 소리 등이 있다. 이런 소리는 실제로 잘 안 들리는 소리가 맞다. 그런데 서울에서 자란 사람들은 전라도나 경상도 사람이 빠르게 이야기하면 100% 알아듣지 못하는 경우가 많다. 사투리 단어를 별로 안 써도 그러는 것을 보면 단어의 문제는 아니다. 나도 고향이 시골인데 서울 생활 30년이 넘었고 고향은 1년에 한 번 갈까 말까 하기 때문에 고향에 내려가면 첫날은 잘 알아듣지 못하는 소리들이 꽤 있다. 그런데 며칠이 지나면 다 알아듣는다. 그러나 1년 뒤에 다시 고향에 가면 또 안 들리고 며칠이 지나야 들린다. 이처럼 이런 종류의 소리는 모국어에서도 일어나는 현상이다. 영어라서 안 들리는 것이 아니다. 많이 들어보면 들린다. 그러나 한동안 안 들으면 또 안 들린다. 그리고 또 한 종류는 영화나 드라마에서 나는 작거나 불분명한 소리이다. 이것 역시 모국어에서도 일어나는 현상이다. 그대는 한국 영화를 보다가 가끔 대사가 잘 안 들린 적이 한 번도 없는가? 바로 그와 똑같은 현상이며 모국어보다는 영어를 덜 접하니까 아무래도 덜 익숙해서 영어를 들을 때 좀 더 많이 발생하는 것뿐이다.

외국에서 살 것이 아니면 이런 소리까지 다 들으려고 계속 듣기 훈련을 해야 하는지는 본인이 알아서 판단하기 바란다. 참고로 미국에는 가정 교육이 엄격한 집이 많지 않고 공교육이 무너져버렸기 때문에 교양인다운 정확한 발음 훈련을 하지 않아서 옹알이 수준의 발음을 하는 성인들이 한국보다 훨씬 많고 국토도 넓으며 다양한 국가에서 이민을 왔기 때문에 사투리도 훨씬 심하다는 점은 알아야 한다.

둘째, 모르는 단어가 많거나 문장이 너무 어렵거나 그 표현이 익숙하지 않을 때는 이해가 잘 안 되기 때문에 안 들리는 것처럼 느껴지는 소리들이 있다. 이것은 듣는 능력과 아무런 상관이 없는 소리이다. 앞에서 말한 '아는 사람을 본다'에서 그 사람이 누군지 모르거나 알기는 아는데 바로바로 기억이 떠오르지 않는 현상이다.

실제로 체험해보자. "아는 자에 아 가족의 탄파를 선언하노라." 갑자기 이런 말을 들으면 들린다고 생각하겠는가? 혹은 "그래서 피고는 죄가 없다고 아니할 바 못할 바 아니하지 않으므로…"[12] 혹은 "효과 의사, 표시 의사, 표시 행위 그리고 표시상의 효과 의사로 단계적으로 구분할 수 있는

---

12 부정+부정=긍정이다. 따라서 부정이 5개이니까 부정의 의미로 '죄가 없다'는 뜻이다. 과거에는 판사들이 이런 식으로 판결문을 썼다. 왜 그랬을까? 판사의 판결문은 하도 고귀해서 변호사를 제외한 일반인들이 이해하면 안 된다고 생각했을까?

의사 표시를 필수 불가결 요소로 하는 법률 요건인 법률 행위 중 통정 허위 표시는 유효한 법률 행위가 아니므로 원칙적으로 법률 효과가 발생하지 않지만 이 법률 효과가 발생하지 않는 사실을 가지고 이를 알지 못하는 제3자에게는 대항하지 못한다."

한국어이지만 이런 말을 들을 때 그대는 잘 들린다고 느낄 것인가? 소리가 조금 빠르기라도 하면 거의 안 들린다고 느낄 것이다. 주변 사람에게 읽어주며 실험해 보아도 좋다. 앞의 두 문장만 쉽거나 익숙한 말로 바꾸어 보자. "오등(吾等)은 자(玆)에 아(我) 조선(朝鮮)의 독립국(獨立國)임과 조선인(朝鮮人)의 자주민(自主民)임을 선언(宣言)하노라!"(30대 중반 이상만 아는 문장일 것이다. 예전의 국어 교과서에 실렸던 1919년 3.1운동 당시의 독립선언문 원문의 첫 구절이다) 어떤가? 익숙해서 이해되지 않는가? "피고는 죄가 없다고 못 하므로…" 어떤가? 아무런 문제가 없지 않은가? 여기서 언급한 종류의 소리는 듣는 능력과는 아무런 상관이 없는 소리이다. 귀를 뚫었어도 이런 종류의 소리는 아마 1,000시간 정도 반복해서 들어야 들리는 느낌이 들 것이다. 이 학습법으로 귀를 뚫었다면 이런 종류의 소리는 리딩을 통해서 간단히 해결할 수 있는 소리이다. 그러나 소리와 문자의 연결고리가 약하면 리딩으로도 해결되지 않으며 소리와 문자의 연결고리가 너무 약하면 아는 단어로 된 소리들도 다 들리지는 않는 경우도 많다. 소리 영어와 문자 영어를 분리해서 학습하는 경우에는 문자와 소리의 연결고리가 약해서 읽으면 이해되는데 들어서는 잘 이해되지 않는 경우가 너무 많다. 듣기에만 너무 의존해서 귀를 뚫은 경우는 반대로 들으면 이해가 되는데 읽으면 잘 이해가 안 되는 현상이 일어난다.

셋째, 발음 능력 때문에 안 들리는 것처럼 느껴지는 소리들이 있다. 드라마나 영화에서 원어민이 속사포처럼 아주 빠르게 쏟아내는 소리들이 그렇다. 그런 소리들을 들어서 해결하려고 하면 아마도 이번 생에는 불가능할 것이다. 그런 소리는 발음 능력이 있어야만 들리는 소리이다. 아주 빠른 소리는 정확한 발음으로 원어민이 내는 속도와 같은 속도로 발음할 수 있을 때만 알아듣는다. 어린아이들에게 모국어로 아주 빠르게 말하면 다 아는 단어로 된 어렵지 않은 문장인데도 알아듣지 못하다가 자신이 그 속도로 말할 수 있을 때 비로소 알아듣게 된다. 그 말을 수도 없이 들어서 외울 정도가 되면 들리기도 한다. 그러나 모든 빠른 말들을 그렇게 해서 듣는 것은 현실적으로 불가능하다. 아주 빠른 소리는 듣는 문제가 아니라 발음 능력의 문제이다. 그래서 앞에서 "발음 능력은 언어의 알파이자 오메가"라고 말한 것이다.

단, 여기서 언급한 모든 내용은 100% 귀뚫기 1단계라도 성공한 사람들에게나 해당하는 이야기라는 것을 다시 한번 밝힌다.

언어의 알파와 오메가

언어의 알파이자 오메가인 발음의 중요성에 관해서 몇 마디만 더하기로 한다. 첫 단추를 잘못 끼우면 결국에는 모든 단추를 다 풀고 다시 처음부터 다시 끼워야 하니까 특히 어린아이를 둔 부모들은 이 부분과 이 책의 발음에 관련된 내용을 꼭 다시 읽어보기 바란다. 기초가 부실하고 자연의 이치에 벗어난 학습은 항상 부작용이 따른다. 발음을 대충 하고 리딩에 들어가면 리딩도 잘 안 늘고 리스닝이나 스피킹을 하려면 뜻과 스펠링을 아는 단어들도 정확한 발음과 정확한 악센트를 따로 또 익혀야 한다. 그런데 이미 틀린 발음과 틀린 악센트에 익숙해졌기 때문에 그것을 고치려면 처음부터 제대로 한 것보다 몇 배나 더 시간이 들고 에너지도 훨씬 더 많이 필요하다. 나이 먹은 사람이 아니면 발음 훈련은 보통 10시간 정도면 끝나는데 앞에서 소개한 20대 제자는 단어 실력이 나쁜 편도 아니었는데 오랫동안 틀리게 발음하고 스피킹까지 많이 했던 습관 때문에 9주 강의를 두 번이나 들으며 발음 훈련에만 200시간 정도 죽어라고 해서 겨우 교정할 수 있었고 교정이 끝나고 나서야 100% 귀를 뚫을 수 있었다.

그나마 20대였으니 가능했지 만약 30대만 되었어도 나는 포기하기를 권했을 것이다. 처음부터 제대로 하면 원어민적인 파닉스 능력이 곧 생겨서 발음과 악센트도 쉽게 익힐 수 있게 되는데 급한 마음에 당장 시험에 나오는 것만 대충하던 시험 공부 습관이 영어를 더 어렵게 만든다. 그리고 발음을 모르면 그 단어를 눈으로 읽기도 거의 힘들다는 사실도 알아야 한다. 즉 엉터리 상식과는 다르게 발음은 리딩에도 치명적인 악영향을 준다는 것을 꼭 기억하기 바란다. 인류가 소리 언어를 가진 것은 적어도 5만 년은 되었지만 문자 언어를 가지기 시작한 것은 겨우 2~3천 년 전의 일이며 불과 100년 전까지 전 세계적으로 모국어도 읽을 능력이 없는 사람들이 80%를 넘었다. 따라서 인간의 두뇌는 언어에 관한 한 문자보다 소리에 더 익숙하기 때문에 발음을 모르면 리딩도 거의 불가능하다.

백 마디 말보다 직접 체험해보자. ① 瑣玄들로 가득한 匜이 하나 있었다. 어떤가? 뜻도 소리도 정확히 모르니 글자라기보다는 그림처럼 느껴질 것이다. ② 瑣玄(작자, 연대 미상의 내용을 항목별로 분류하고 주석을 붙인 책을 말한다)들로 가득한 厎(좁고 긴 네모난 箱子(나무·대·종이 등으로 만든 손그릇)을 말한다)이 하나 있었다. ③ 瑣玄(쇄현 : 작자 연대 미상의 내용을 항목별로 분류하고 주석을 붙인 책)들로 가득한 厎(협 : 좁고 긴 네모난 상자)이 하나 있었다. ②와 ③ 중에서 ③이 훨씬 더 잘 읽혀지고 더 잘 이해될 것이다. 직접 체험해보았듯이 글을 빠르게 읽고 잘 이해하려면 뜻뿐만 아니라 발음도 알고 있어야 한다. 따라서 급한 마음에 발음도 배우지 않고 단어의 발음도 대충 익히면서 공부하다가 나중에 따로 수백 시간을 들여서 다시 제대로 발음을 배우고 대충 외운 단어의 발음도 다시 새로 정확히 익히느니 처음에 10시간만 투자해서 발음을 제대로 배우고 단어를 익힐 때마다 처음부터 정확한 발음과 악센트를 익히는 것이 낫지 않겠는가? 10시간 정도만 투자해서 발음을 제대로 배우고 단어의 발음과 악센트를 처음부터 제대로 익혀나가면 원어민적인 파닉스 능력이 금방 생겨나서 별로 힘들지 않게 새로운 발음과 악센트도 익혀진다.

발음을 모르면 리딩이 잘 안 되는 이유는 독서할 때 우리가 눈으로만 읽는 것 같지만 사실은 머릿속으로 소리 내며 읽기 때문에 발음을 모르면 리딩 자체가 잘 안 되고 대충 익힌 발음은 자연스러운 발음이 아니기 때문에 머릿속에서도 빠르게 소리를 낼 수가 없어서 빠른 리딩을 가로막는 가장 큰 걸림돌이 된다. 그리고 눈으로 읽을 때도 머릿속으로 발음하기 때문에 발음과 악센트를 제대로 익히지 않으면 머릿속으로 하는 발음과 실제의 발음이 너무 달라서 리스닝도 안 되고 문자와 소리의 연결고리가 거의 생기지도 않는다. 그래서 소리 언어 능력이 약한 청각장애인이나 말을 못하는 분들은 책을 읽는 능력이 정상인보다 낮은 것이다. 모든 언어에서 '발음 능력은 알파이자 오메가'이다. 이 말을 꼭 기억하기 바란다.

5. 영어 그대로 이해하기

앞에서 수도 없이 언급했듯이 영어를 영어 그대로 이해해야만 단어 실력, 문법 감각, 듣기, 말하기, 읽기, 쓰기 실력이 빠르게 늘고, 영어 그대로 이해되어 내 안에 영어가 쌓여야 말하기와 쓰기로 내보낼 수가 있다. 영어를 영어 그대로 이해하는 능력을 키우고 내 안에 영어를 쌓는 방법은 여러 가지가 있지만 ① 영어 그대로 음미하며 소리 내어 읽거나 빠르게 소리 내어 읽기 ② 다 들리고 다 이해되는 소리를 머릿속으로 따라 하거나 소리 내어 따라 하는 방법(진짜 쉐도잉) ③ 리딩이 쉽게 할 수 있는 방법이다.

100% 영어 귀뚫기 1단계에 도달했으면 서서 이동할 때는 ②번 방법을 간편하게 사용할 수 있다. 집이나 도서관에 있을 때나 앉아서 이동할 때는 ③번 리딩을 이용하는 것이 가장 편하고 단어 실력까지 빠르게 올릴 수 있는 방법이다. 이 학습법대로 귀뚫기 1단계를 달성했다면 그 과정에서 문자와 소리의 연결고리가 이미 형성되었으므로 간편하게 리딩만으로 리스닝 능력까지 빠르게 올릴 수 있다. 다만 주의할 점은 1주일에 30분 이상은 다 들리고 다 이해되는 영어 소리를 집중해서 들어주어야 귀뚫기가 후퇴하지 않는다는 점, 그리고 1주일에 1시간 이상 소리 내어 읽지 않으면 발음 능력이 후퇴한다는 점을 꼭 기억해야 한다. 소리와 문자의 연결고리는 리딩 편에서 설명하기로 한다.

6. 영어 쏟아내기

스피킹과 작문

앞에서 이야기했듯이 우물에 물이 많을수록 물을 퍼내기 쉬우므로 스피킹과 작문을 위해서 죽어라 스피킹 연습이나 작문 연습을 할 필요는 없다. 오히려 앞에서 말한 진짜 쉐도잉(다 들리고 다 이해되는 소리를 따라 하기)이나 리딩을 통하여 내 안에 영어를 충분히 쌓는 것이 스피킹과 작문을 가장 빨리 늘리는 방법이다. 충분히 쌓인 후에 꺼내기만 하면 된다. 이 학습법으로 학습했다면 문자와 소리의 연결고리가 생겼으므로 소리와 문자 구별 없이 내 안에 쌓기만 하면 스피킹이나 작문으로 내보낼 수 있다. 내 안에 영어가 충분히 없는데 스피킹 훈련이나 작문 연습을 하면 시간도 더 들고 힘만 들 뿐이다.

상식적인 이야기 몇 가지만 하고 넘어가도록 한다. 첫째, 스펠링을 모르면 당연히 작문할 수 없다. 둘째, 한국인도 글을 잘 쓰는 사람은 따로 있다. 전문적이거나 높은 수준의 작문은 특별한 능력이다. 여기서 말하는 작문은 일상적인 글쓰기 수준을 말한다. 스피킹도 마찬가지이다. 한국인도 설득적이거나 감동적인 말을 잘하는 사람은 따로 있다. 여기서 말하는 스피킹은 일상적인 이야기나 업무 이야기 그리고 자기 생각이나 감정을 표현하는 보통 수준의 스피킹을 말한다. 그래서 당연한 이야기이지만 한국어를 잘하는 사람이 영어도 잘 말하고 잘 쓴다. 이것은 영어 이전에 기본적인 언어 능력에 관한 문제라서 그렇다.

스피킹에 관해서 언급하자면 글은 천천히 생각하면서 써도 되지만 천천히 생각하면서 말하면 상대방이 답답해하는 경우도 있으니까 영어를 입에 붙일 필요가 있다. 그리고 빠른 속도로 말하는 능력과 우수한 발음 능력은 리딩만으로는 생기지 않으니까 자신이 원하는 수준까지 영어가 내 안에 쌓이면 스피킹 연습을 별도로 할 필요가 있다. 내 안에 영어 쌓기가 원하는 수준까지 되면 듣고 읽기를 했던 교재와 추가로 자신이 필요한 분야에 맞는 적절한 교재 한 시간 분량을 준비해서 듣고 읽기 교재는 5번, 새 교재는 10번 정도 듣고 읽기 학습을 할 때와 같은 요령으로 소리 내어 읽으면 된다. 그다음에는 실제로 대화하거나 프리토킹 학원이나 전화 영어를 한 달 정도 하면 된다. 다만 아주 빠른 영어 소리를 들으려면 그 속도로 발음할 수 있을 때까지 소리 내어 읽기 연습을 해야 한다.

작문은 특별한 경우가 아니면 곧 출판될 문법 교재를 기본으로 2~3회 연습하면 충분할 것이며 더 높은 수준을 원하는 사람은 앞의 스피킹 교재 두 권을 1~2회 연습하면 한국에 사는 한 충분할 것이다. 그리고 여기까지 왔다면 언어 습득 원리를 몸으로 직접 경험했으니 이민이나 유학갈 사람은 스스로 더 높은 수준을 향해가는 길을 찾을 수 있을 것이다.

한 가지 더 부연하자면, 한국인도 오랫동안 말을 하지 않거나 글을 쓰지 않으면 한국어로 말하거나 쓰는 능력이 후퇴하듯이 영어도 마찬가지이다. 그러므로 평소에는 진짜 쉐도잉과 리딩으로 내 안에 영어를 부지런히 쌓다가 실제로 스피킹이나 작문이 필요한 때로부터 두 달 전쯤에 스피킹 연습과 작문 연습을 하는 것이 불필요한 에너지 낭비가 없는 방법이다. 다만, 앞에서 말한 것처럼 1주일에 30분 이상은 다 들리고 다 이해되는 영어 소리를 집중해서 들어주어야 귀뚫기가 후퇴하지 않는다는 점, 그리고 1주일에 1시간 이상 소리 내어 읽지 않으면 발음 능력이 후퇴한다는 점도 꼭 기억하기 바란다.

말하고 나서 쓰자

정확히 다 들리는 소리를 듣고 소리 내어 읽는 과정을 통하여 들려오는 소리와 자신의 말하는 소리를 일치시키려는 두뇌의 무의식적인 동조화 현상으로 발음도 점점 원어민과 유사해지는 진정한 '듣고 따라 하기' 진정한 '쉐도잉'이 이루어진다. 그리고 스펠링을 정확히 익혔다면 자신이 말할 수 있는 문장은 당연히 글로도 쓸 수 있게 된다. 이로써 작문도 해결이 되어 버린다.

스피킹도 안 되는데 작문만을 따로 연습하는 것은 스피킹을 먼저 해결하고 자연스럽게 작문을 해결하는 방법에 비하여 시간도 훨씬 더 걸리고 작문이 해결된 다음에는 스피킹 연습을 따로 또 해야 한다. 언어 장애인이 아닌 한 지구상의 어떤 어린이도 아직 말도 할 줄 모르는 데 쓰기를 먼저 연습하는 어린이는 없다. 그리고 말하기가 되고 스펠링을 정확히 익힌 후에 명문장은 아니더라도 실용적인 작문을 하지 못하는 어린이도 없다. 명문장이나 전문적인 작문은 언어의 영역을 벗어난 특별한 능력이다. 한국인이라고 누구나 명문장을 쓸 수 있는 것은 아니며 운전할 줄 안다고 누구나 카레이서가 될 수 있는 것은 아니다.

그리고 좀 더 스피킹 능력이 필요하거나 더 좋은 발음 능력이 필요한 사람은 듣고 읽기 교재 외에 앞에서 말한 별도의 오디오가 딸린 교재 1시간 분량으로 1회 듣고 5회 읽는 방식을 1세트 삼아 4세트 정도만 추가하면 된다. 이미 귀가 100% 뚫렸기 때문에 듣고 읽기 과정을 통해 자기도 모르게 자연스러운 '듣고 따라 하기' 혹은 '진정한 쉐도잉'이 이루어져 발음도 자연스럽게 좋아지고 부드러워지며 억양이나 톤도 비슷해진다. 서울에 사는 지방 사람은 시간이 흐르면 저절로 서울 말씨를 갖게 되듯이 원어민과 비슷한 억양이나 톤을 가지려고 인위적인 노력을 할 필요도 없다. 앞에서의 학습을 통해 발음이 정착되었을 것이니 이제는 소리 내어 읽을 때는 오직 문장을 음미하며 읽는 데에만 집중할 수 있기 때문에 스피킹 능력도 아주 빠른 속도로 늘어난다. 이 듣고 소리 내어 읽기를 할 때, 암기하려 노력하여 암기까지 되면 좋지만 반드시 필요한 것은 아니니 너무 암기에 매달리지 말기 바란다.

여기까지 왔으면 공부와 훈련은 그만하고 이제는 실제로 원어민을 만나거나 프리토킹을 하고 자신이 정한 분야의 영화나 뉴스, TED 등을 청취하고 관심 분야의 원서를 읽으며 실제로 영어를 즐겁게 사용하면서 그 실력을 점차 늘려가기 바란다.

토막 살언(殺言)은 이제 그만

스피킹이 되더라도 혼자서 떠들기만 할 것이 아니라면 상대방의 말을 듣고 이해해야 대화할 수 있고 아나운서나 관광가이드처럼 말을 많이 한다고 해도 상대방이 자신의 말을 듣고 이해할 수 있어야 의미가 있다. 따라서 시중에 오로지 입만 먼저 터트리자는 학습은 소리 영어를 또 듣기와 발음과 말하기로 토막 내는 것이다. 그래서 입을 터트려도 원어민이 나의 말을 이해하지 못한다거나 앞의 나의 사례에서도 밝혔듯이 청각 장애 영어로 동문서답만 하게 된다.

하이데거의 말처럼 '언어는 존재의 집'이다. 그 집을 산산조각내지 말기 바란다. 여기까지 공감하며 읽었다면 이제부터는 절대로 단어 따로, 문법 따로, 듣기 따로, 발음 따로, 말하기 따로, 읽기 따로 등의 토막 살언(殺言)을 하지 말기 바란다. 무언가에 낚이고 함정에 빠져서 언어를 토막 내면 언어가 죽는 것이 아니라 그대의 소중한 시간과 꿈만 죽어 나가는 것이다.

7. 리딩으로 날아오르자

리딩이 필요한 이유

100% 영어 귀가 뚫리고 입이 터지면 영어 기초가 확실하게 쌓인 것이므로 그 이후에는 리딩에 의존하여 편하게 학습하며 실력을 향상시켜 나가면 된다. 듣고 읽기는 소리 언어 능력을 키우고 언어의 기초를 확실하게 쌓을 목적으로 하는 것이다. 그런 기초가 쌓이면 영어 문장 이해력도 상당히 쌓이기 때문에 먼저 자신의 단어 실력에 맞추어 필요한 분야를 정하여 점차 수준을 높여가며 100% 이해하는 정독을 한다. 이후에 가능한 빠르게 읽으며 반복 리딩을 병행해 나가면 문장 이해력을 한층 더 강화하면서 단어 실력과 표현력 그리고 문법 실력도 빠른 속도로 상승시킬 수 있게 된

다. 시험공부까지 끝장이 나버리는 것이다.

　소리를 듣고 문자를 보고 소리 내어 읽는 과정에서 '소리 → 문자→ 소리'의 연결고리를 만들어 주는 듣고 소리 내어 읽기 학습법으로 영어 귀를 뚫은 사람만이 리딩을 통하여 힘들지 않게 스피킹과 리스닝 실력도 함께 향상시켜 나갈 수 있다. 귀가 뚫렸다고 읽어서도 모르는 문장을 듣기만 해서 이해할 수는 없으며 그런 문장을 말로 표현할 수도 없다. 듣고 소리 내어 읽기가 언어를 배우고 익히는 데 가장 강력한 방법이자 원리이지만 아무래도 에너지가 많이 들고 학습 장소의 제약도 받는다. 그래서 귀가 뚫리고 나면 독서에 많은 부분을 의존하여 간편하게 그 실력을 높여나갈 수 있으므로 독서를 통하여 그 실력을 빠르고 깊게 향상시키는 것이 좋다. 이 단계에서 리딩에 시간을 많이 투자하는 것은 토막 내기가 아니라 기초공사가 튼튼히 끝나서 건물을 쌓아가는 것이다. 그리고 그것이 원어민이 모국어를 익히고 모국어를 다듬어 가는 순서이다. 고등교육을 받은 사람들의 모국어 능력 대부분은 독서에 의한 것이다. 그래서 책을 많이 읽은 사람은 그렇지 않은 사람과 말이나 글에서 수준 차이가 난다.

　독자 중에서 공부머리가 있는 사람은 이미 알아챘을 것이다. 그렇다. '모든 언어에 공통된 습득 원리'는 당연히 언어인 모국어 습득에도 통용되는 원리이다. 그러므로 한국의 어린이나 언어 학습 부진아를 지도할 때도 이 원리는 유용하다. 그리고 이 책에서 주장하는 학습법은 한국어를 배울 때 우리가 이미 거쳤던 과정을 한국어와 다른 외국어인 영어의 특성과 한국에서 한국어를 주로 사용하면서 영어를 배우는 상황에 맞게 조금 변형하고 보완한 것에 불과하다.

　초등학생이 한국어가 완성되었다고, 모르는 단어가 없다고 대학 강의를 듣고 다 이해할 수는 없는 것처럼 오디오의 속도보다 약간 빠르게 눈으로 읽어서 한 번에 100% 이해할 수 없는 문장은 당연히 소리로도 100% 이해되지 않아 다 들리지 않는 것처럼 느껴진다. 그리고 그런 수준의 문장을 말로 표현하는 것도 당연히 불가능하다.

　또한 모르는 단어가 많이 포함된 소리는 당연히 잘 들리지 않는 느낌이 들고 모르는 단어를 사용해서 말하는 것은 불가능하다. 따라서 스피킹과 리스닝 실력을 더 늘리기 위해서라도 리딩은 반드시 필요하다. 독서를 통해서 단어나 표현 실력을 늘리지 않고 오직 소리를 통해서만 실력을 늘리려면 아주 오랜 기간 소리 내어 읽어 나가야 한다. 그러면 영원히 끝나지 않는 영어 훈련을 계속해야 한다. 이제는 가볍게 즐기면서 리딩하면 된다. 그러면 곧 리딩에 미치는 때가 찾아온다.

　영어 귀가 100% 뚫렸고 모르는 단어도 없는데 원어민의 빠른 소리나 빠른 뉴스가 들리지 않는 것은 영어 그대로 이해하는 문장 이해력이 약하기 때문이다. 따라서 그런 오디오는 원고를 보며 읽어도 그 소리 속도에 맞추어 빠르게 읽으면 100% 이해가 되지 않는다. 앞에서 언급한 '문장 이해력이 약하면 소리가 다 들려도 뜻은 이해되지 않는 현상'이 발생하는 것이다. 즉, 소리는 다 들을 수 있는 영어 귀뚫기 1단계에는 성공하였으나 들려오는 소리를 다 이해하는 영어 귀뚫기 2단계에는 아직 도달하지 못한 것이다. 이런 경우에는 들리는 데 이해가 안 되는 소리를 아무리 열심히 들어도 듣기 능력은 상승하지 않고 오히려 한국어로 해석하는 습관만 되살아나서 소리에 집중해서 듣는 능력이 후퇴하고 결국에는 1단계 귀뚫기마저 후퇴한다.

영어 그대로 이해하는 능력을 키우는 데는 듣고 읽기가 가장 탁월한 방법이지만 듣고 소리 내어 읽기를 통하여 소리 영어의 기초가 확실히 쌓였으며 '소리와 문자의 연결고리'도 생겼으니 편하게 리딩으로 학습해 나가면 된다.

고수들의 숨겨진 리딩 비법 (秘法)

독서하는 목적은 영어 그대로 원어민 수준으로 빠르고 정확하게 이해하는 능력을 키우고 단어 실력과 문법 실력 그리고 표현 능력을 키우기 위함이다. 독서의 목적은 모국어나 외국어나 차이가 없다. 따라서 영어 그대로 이해하는 문장 이해력이 원어민 수준으로 완성된 사람은 별도의 리딩 기법이 필요 없고 한국어 책을 읽듯이 자신의 평소 한국어 독서 습관대로 정독이나 숙독, 혹은 통독이나 속독을 선택해서 독서하면 된다.

그러나 그렇지 못한 사람은 문장 이해력을 빠르게 높이는 영어 리딩 기법을 익힐 필요가 있다. 그런 사람들을 위해서 국내과 영어 고수들 중 아주 극소수에게만 계보를 타고 비전(秘典)처럼 전해져 오는 영어 리딩 기법을 소개한다. 고수들 사이에서만 사용되는 기법이라 상당히 섬세하기 때문에 주의 깊게 읽기를 바란다. 여기에 소개하는 방법은 스터디에서 지도를 통하여 초보자들에게도 완벽히 검증이 끝난 방법이다. 전체적인 기법을 소개하기 전에 먼저 각각의 리딩 방법을 정확히 이해하도록 하자.

정독

먼저 '정독'이다. 말 그대로 뜻을 이해하며 자세히 정확히 읽는 것이다. 여기에서 중요한 것은 오직 정확히 이해하는 것뿐이다. 따라서 이해가 잘 안 되면 몇 번을 보아도 상관없고 이해가 잘 안 될 때는 문법적으로 분석해도 상관없으며 한국어로 해석해도 상관없다. 오직 뜻을 최대한 정확히 이해하면 되고 읽는 속도도 전혀 상관없다.

가능한 빠르게 읽기

두 번째, '가능한 빠르게 읽기'이다. 나의 제자들은 이 말을 줄여서 보통 '가빠'라는 용어로 사용한다. 빠르게 읽기는 속독의 순수 한글 말이다. 그런데 현재 시중에 유행하는 속독은 고수들 사이에서 전해져 내려왔던 속독과 달라서 용어의 혼동을 막기 위하여 이 책에서는 속독이란 표현을 쓰지 않는다. 빠르게 읽기는 말 그대로 문장의 이해보다 속도에 더 중점을 두는 리딩 방식이다. 그런데 영어 실력이 완성되지 않은 사람의 경우 반복 리딩과 정독이 받쳐주지 않으면 이 '빠르게 읽기' 자체만으로는 앞에서 언급하였듯이 시험 능력을 조금 키워주는 것 외에 실제 언어 능력을 키워주는 학습 효과는 별로 없다. 그 점이 주로 속독만 강조하는 시중의 속독과는 근본적으로 다른 점이다. 그리고 시중의 일부 속독은 글자를 다 보지 않고 읽는데 여기서 말하는 빠르게 읽기는 글자는 반드시 다 보아야 하는 방법이다.

또한 이 '가능한 빠르게 읽기'는 리딩 시간과 리딩 이해도의 목표를 미리 정해놓은 상태에서 그 목표에 도달하도록 목표 의식을 가지고 최대한 노력하며 읽는 리딩 방식이다. 그래서 '가능한' 빠르게 읽기이다. 이해도도 목표로 정하고 빠르게 읽기 때문에 무작정 속도만 신경 써서 읽거나 뚜렷한 목표 없이 읽지는 않는다는 점이 시중의 속독과 두 번째 다른 점이다.

그리고 이 이해도 목표와 속도 목표는 학습자의 실력 증가에 따라서 계속 변화를 주어 설정한다. 이 점이 시중의 속독과 세 번째 다른 점이다.

이 '가능한 빠르게 읽기'는 정독과 달리 절대로 읽다가 멈추거나 다시 문장 앞으로 돌아가거나 하지 않고 말 그대로 한 번에 가능한 빠르게 멈추지 않고 쭉 읽어나가야 한다. 이런 방식으로 읽는데 익숙하지 않아서 너무 답답한 기분이 들면 학습 초기에만 중간중간 멈춰가며 읽어도 되나 절대로 앞으로 되돌아가서 읽으면 안 된다. 그리고 어느 정도 익숙해지면 중간에 멈추지 않고 읽어야 한다.

한 번에 가능한 빠르게 멈추지 않고 영어 그 자체로 이해하려 노력하며 쭉 읽어나가야만 여기서 말하는 '가능한 빠르게 읽기'이다. 한국어로 해석하거나 멈추거나 후퇴하면 시중에 유행하는 속독일 뿐이다. 그러나 처음에는 한국어로 해석이 되도 크게 신경 쓸 필요는 없다. 뒤에서 설명할 프로그램적인 방법을 통해서 시간이 흐르면 자연스럽게 해석하는 습관이 서서히 사라져 간다. 그리고 빠르게 읽어서 이해도가 떨어지는 것은 정독과 빠르게 읽기를 반복함으로써 해결되어 간다. 다만, 이해도가 너무 떨어지면 읽어 나가는 것이 고역이 되니까 이해도는 50~80% 사이를 유지하며 읽어 나간다. 이해도가 80%를 넘으면 읽는 속도를 더 내야 하고 이해도가 50%도 안 되면 읽는 속도를 더 줄여야 한다.

펜에 의지하여

한 번에 멈추지 않고 쭉 읽어나가는 습관을 들이기 위해서는 펜을 사용하여 펜으로 문장을 먼저 쭉 그어가면서 눈으로 그 펜을 따라가며 읽어나가는 것이 좋다. 이때 시각적인 편안함과 글자에 집중도를 높이기에는 시중에서 쉽게 구할 수 있는 모나미 153볼펜 청색이나 플러스펜 청색을 사용하면 다른 펜을 사용하는 것보다 조금 더 효율이 좋다. 미세한 차이지만 시간이 누적될수록 그 차이도 누적되어 상당한 차이가 나기 때문에 추천하는 펜과 추천하는 색깔을 사용하기를 권장한다. "신은 디테일에 있다(God is in the detail.)"거나 "악마는 디테일에 있다(The devil is in the detail.)"라는 말처럼 수준이 올라가면 세세한 것이 모든 것을 결정한다. 신도 악마도 모두 세세한 것에 있다는 것을 잊지 말기 바란다.

단어 암기법

단어는 정독할 때만 암기한다. 맨 처음 정독할 때는 한 챕터를 정독한 후에 그 챕터의 단어를 한 번 익히고, 두 번째 이후 정독할 때는 정독하기 전에 한 번, 정독한 후로 또 한 번 익힌다. 즉 첫 번째 정독할 때는 정독 후 한 번만, 두 번째 이후 정독할 때는 정독 전후로 한 번씩 챕터별로 두 번 단어를 암기한다. 단어를 익힐 때는 2~3번만 써보고 정확한 발음과 악센트를 익히고 한국어로 뜻을 새긴다. 단어를 익힐 때는 반드시 본문에서 그 단어가 등장하는 문장을 예문 삼아 같이 보아 주어야 기억이 오래간다. 이런 방식으로 학습하면 교재가 영영사전의 역할을 하게 된다. 완벽히 암기되지 않아도 반복을 통하여 문장 속에서 저절로 살아있는 단어로서 암기가 되기 때문에 단어 암기에 목숨 걸 필요는 전혀 없다. 그대는 한국어 단어 암기에 목숨을 건 적이 있는가? 한국어 단어처럼 문장 속에서 보고 또 보고 하면서 자연스럽게 익히면 된다. 영어 그대로 이해하는 능력이 커지면 영어 단어 암기 능력도 따라서 급상승하니까 초기에는 가볍게 익히며 가면 된다. 그러므로 리딩 전용으로 원리에 따라서 잘 기획된 교재가 아니면 모르는 단어가 많은 교재는 리딩이 완성되기 전에는 보지 않는 것이 좋다.

그리고 여전히 암기가 안 된 단어는 리딩하는 중에는 마치 커닝하듯이 뜻만 살짝 참조하고 리딩을 계속해 나가야 한다. 그리고 정독이 끝나면 앞에서 말한 방법으로 단어 암기를 가볍게 한다. 다만, 빠르게 읽기를 할 때는 모르는 단어가 나오면 살짝 커닝만 하며 읽을 뿐 별도의 단어 암기 시간을 절대로 갖지 않는다. 그렇게 해도 반복 속에서 문장 속에서 자연스럽게 단어가 익혀진다. 그러나 책 한 권의 진도를 다 끝낸 후에도 모르는 단어가 많으면 그때는 빠르게 단어만 몇 차례 익힌다. 책에 있는 단어를 100% 익힐 필요는 없고 70~80% 정도의 단어만 익히면 다음 책으로 진도를 나간다. 미처 익히지 못한 단어는 또 만날 때 다시 익히면 되고 영원히 다시 안 만난다면 굳이 그 단어를 외워야 할 필요가 어디에 있는가?

고수들의 비전(秘典) : 프로그램적 리딩 기법[18]

다음으로 프로그램적인 리딩 기법을 살펴보자. 이 기법을 완벽히 이해하고 이미 문장 이해력이 상당한 수준에 있는 사람들은 다양한 프로그램적인 방법을 사용하지만 초급자나 중급자는 아래의 두 가지 방법 중 자신에게 편한 방법 하나를 선택하면 된다. 그러나 특별한 어려움이 없으면 '방법 1'이 문장 이해력을 높이는 데 더 효과적이므로 '방법 1'을 선택하는 것이 좋다.

(1) 진도 나가기

① 방법 1 : 한 챕터를 3회씩 읽으며 진도 나가기 세트
[정독 → 가빠 가능한 빠르게 읽기 → 가빠]

② 방법 2 : 한 챕터를 4회씩 읽으며 진도 나가기 세트
[정독 → 가빠 → 정독 → 가빠]

(2) 1차 복습 세트 (30분 분량)

한 챕터를 2회씩 반복해서 다시 읽기 (정독 가빠)

(3) 2차 복습 세트 (1시간 분량)

전체를 한 번만 빠르게 다시 읽기 (가빠)

---

[18] 리딩 교재도 듣고 읽기처럼 처음에는 쉬운 교재를 선택해서 점차 수준을 높여 나가야 한다. 그리고 이 프로그램은 범용 프로그램이며 리딩 교재들도 곧 출판될 예정이고 그 교재들에도 그 교재에 맞춘 프로그램이 제공될 것이다.

방법 1이 더 효율적이나 계속해서 빠르게 읽는 것에서 오는 부담이 강하거나 빠르게 읽어서 오는 스트레스가 크면 방법 2를 선택한다. 또 한국어로 해석하는 습관이 강한 사람은 한국어로 해석이 불가능한 빠르게 읽기가 계속되는 방법 1이 답답하게 느껴질 수 있는데 그런 경우에는 방법 2를 선택하면 된다. 아무리 좋아도 내가 힘들면 그것은 고역이 된다. 본인에게 편해야 재미있게 장기적인 학습을 해나갈 수 있는 것이다. 방법 하나를 선택하여 리딩하다가 이미 세트를 마친 분량이 30분 분량 정도 되면 그 분량을 '정독→가빠'로 반복한 후 다음 진도를 나간다. 듣고 읽기를 통하여 1단계 귀뚫기에 성공한 사람은 소리 언어의 기초가 확실히 쌓였고 '소리→문자→소리'의 연결고리가 생겼기 때문에 이 리딩 기법을 사용하면 10시간 정도만 지나도 점차 영어 그대로 이해되는 느낌이 오기 시작하고 리딩 능력이 듣기 능력까지 끌어올려 지기 시작한다. 바로 이때가 리딩의 맛을 알기 시작하는 단계이다.

세트는 끝내야 한다

앞의 듣고 읽기 교재처럼 세트는 반드시 한 번에 끝내야 한다. 따라서 읽어나가는 단위는 자신의 학습 시간에 따라서 세트를 하루에 모두 마치도록 5~10분 정도로 나누어서 읽어나가면 된다. 만약 챕터 구분이 이와 비슷하면 그 교재의 챕터 단위로 읽어나가되 10분이 넘어가면 효율이 많이 떨어지기 때문에 읽어 나가는 단위를 10분을 넘기지 않는 것이 좋다. 그리고 연속 리딩 시간은 최소 30분 이상은 되어야 효과가 있으며 가능한 1시간 정도 계속해야 효과가 크니까 짬짬이 공부하는 방식으로 틈나는 대로 리딩하면 안 된다. 그런 방식은 오히려 해석하는 습관만 강화시킬 수도 있다.

이 리딩 기법은 주로 고수들이 사용하는 기법이라서 두뇌와 눈의 집중도가 높다. 그러므로 10분, 20분 단위로 잠깐잠깐 휴식을 취하며 하는 것이 좋고 리딩의 맛을 완전히 느끼기 전에는 1시간이 지나면 5~10분 정도는 휴식을 취해줘야 효율이 유지된다. 그리고 이 책에서 등장하는 모든 세트는 멈추지 않고 한 번에 마쳐야 가장 효과가 좋다. 그리고 세트를 이틀에 나누어서 하면 프로그램적인 효율이 거의 없으므로 진도를 잘 설정하여야 한다. 그래서 세트인 것이다.

이해가 안 되면 힘들다

  우리 두뇌는 이해가 안 되는 것을 병적으로 싫어하기 때문에 이 학습법의 입문자는 반드시 정독을 먼저 하여야 한다. 초기의 정독 때는 한국어로 이해해도 상관없지만 시간이 갈수록 정독 때도 가능한 영어로 이해하려 노력하여야 한다. 정독 때는 실제로 한국어로 이해하느냐 영어로 이해하느냐는 그렇게 중요한 문제가 아니다. 다만, 영어로 이해하려 노력하는 뚜렷한 목표 의식을 갖고 읽음으로써 해석하려는 두뇌의 습관적인 행위에 계속해서 자극을 주는 것이 중요하다.

  모든 리딩은 시간을 초 단위로 기록하고 이해도는 50%, 60%, 70%, … 100%처럼 10% 단위로 기록하면 된다. 이때 시간은 실제 리딩하는데 소요된 시간을 초 단위로 정확히 기록해야 하고 이해도는 읽고 난 후에 자신의 느낌대로 10% 단위로 기록하면 된다.

목표가 없는 삶은 고달프다

가능한 빠르게 읽을 때는 이해도 목표는 50~80% 정도만 설정하고 목표 시간은 앞의 리딩보다 5% 이상 빠르게 설정하여 그 기록을 단축하며 가능한 빠르게 읽어 나간다. 마찬가지로 읽고 나서 실제 리딩 시간과 자신이 느낀 이해도 수준을 계속 기록해 간다. 실제 리딩 시간과 목표 이해도를 달성하지 않아도 큰 상관은 없고 그 목표를 달성하려는 목표 의식을 가지고 읽는 것이 중요할 뿐이다. 그래서 '반드시'가 아니라 '가능한' 빠르게 읽기이다. 목표와 방향이 있는 삶은 과녁을 향해 곧장 날아가 꽂히는 화살과 같고, 목표와 방향이 없는 삶은 허공에 쏘아진 화살처럼 허망하고 무의미하며 때로는 애처롭고 고달프다. 그것은 학습에서도 마찬가지이다. 시간과 이해도를 기록하고 기록을 경신하려는 분명한 목표를 갖고 읽는 리딩만이 이 책에서 말하는 리딩 기법이다. 자신을 잘 알기 위하여 기록하고 뚜렷한 목표를 가지고 하는 학습. 절정 고수들의 기법이라 단순히 테크니컬하기만 한 것은 아니다.

자신의 실력을 기록하면서 구체적이고 분명한 목표를 설정하고, 또 그 목표를 달성하고 자신의 기록을 경신하면서 학습하다 보면 어느 순간 공부하는 것인지 오락하는 것인지 구분이 모호해질 때도 있다.

빛의 속도로 달려보자

이제는 속도보다 이해도를 잡을 때다. 앞의 '(3) 2차 복습 세트(1시간 분량)'의 '가능한 빠르게 읽기(가빠)' 때는 시간을 단축하면서 이해도 목표도 70% 이상으로 설정하고 달려야 한다. 두 차례 세트를 마친 그 분량을 빠르게 읽을 때면 드디어 영어 리딩의 맛을 느끼게 된다. 이제는 신나게 달려서 날아오르면 된다. 산뜻하게 새로 깔린 아스팔트를 고속으로 질주하다 보면 차창 밖으로 경치가 빠르게 스쳐 지나가는 것처럼 빛의 속도로 영어 문장들이 안구를 뚫고 두뇌에 파고들어 자기 자리를 찾아 차례차례, 차곡차곡 쌓여가는 것을 느낄 수도 있다. 만약 밤에 학습한다면 중간에 멈춰야 할 시간을 반드시 정해 놓아야 한다. 아무 생각 없이 높은 속도와 이해도를 즐기다 보면 떠오르는 아침 해를 맞이할 수도 있다. 떠오르는 아침 해를 바라보며 자신이 신이 되어가는 것 같은 황홀한 망상과 착각에 잠시 사로잡힐 수도 있다.

영어 귀뚫기를 끝내고 리딩 훈련 시간이 20시간을 넘어갔다면 여러분의 눈은 반짝반짝 빛나고 얼굴은 미소로 환하게 밝아오며 자신감이 넘치고 리딩 교재를 펴는 순간 먹고 싶은 음식을 보듯 맛있게 입맛을 다실 것이다. 안 봐도 눈에 선하다. 직접 지도하는 제자들에게서 수도 없이 보았던 표정이다. 여기까지 끌어들여서 참으로 미안하다. 그대는 드디어 조금씩 영어 리딩에 미쳐가기 시작했다. 후회할 것 같으면 여기서 멈추는 것은 그대의 자유이다. 그런데 멈추는 게 잘 안 될 것이다. 왜냐고? 그러니까 미친 것이다.

경차냐 명차냐?

여기서 확실하게 언급하고 싶은 것은 리딩 교재에 관한 것이다. 처음 리딩은 반드시 모르는 단어가 거의 없는 수준으로 시작하여야 한다. 처음에는 단어 실력을 늘리기보다 영어 그대로 이해하는 문장 이해력을 먼저 강화해야 하기 때문에 모르는 단어가 한 페이지에 평균 1개 이하여야 한다. 모르는 단어는 암기가 끝날 때까지 한국어로 이해할 수밖에 없기 때문에 해석하는 습관을 없애는 데 장애가 되므로 모르는 단어가 많은 교재를 사용하면 무의미한 리딩 훈련이 되기 쉽다.

이때 단어 실력에 맞추다 보니 문장이 너무 쉬워도 기초를 다지는 확실한 효과가 있으니 처음에는 욕심을 내려놓고 기본에 충실하기 바란다. 여러분이 기초를 우습게 여기지 않는다면 평소 실력으로 토익 900점을 넘지 못하거나 영어 시험의 독해 시간이 절반 이상 남지 않는 모든 영어 학습자는 문장 이해력이 약한 것이므로 사실 중학교 1학년 수준부터 시작하라고 권하고 싶다. 경차든 명차든 출발은 모두 기어 1단에서 시작한다. 1단으로도 무리 없이 얼마나 빨리 달릴 수 있는가. 똑같이 1단으로 시작에서 몇 초 만에 시속 100킬로를 넘어서는가의 차이가 품질 차이, 진짜 실력 차이인 것이다. 똑같이 시속 100킬로로 달릴 수 있어도 1단으로는 시속 10킬로도 달릴 수 없는 경차는 곧 경차의 한계에 부딪힌다. 명차가 되려면 기초부터 달라야 한다. 기초가 부실한 물건은 결코 명품이 될 수 없다.

그리고 점차 단어 수준과 문장 수준을 높여가면 된다. 아직 리딩이 완성되기 전에는 모르는 단어가 한 페이지 평균 5개 미만인 교재를 선택해야 한다. 모르는 단어가 한 페이지 평균 5개 이상이 되면 힘만 들고 단어도 잘 익혀지지 않고 문장 이해력도 아주 느리게 늘어난다.[19] 경차에 짐을 잔뜩 싣고 빌빌대며 가는 격이다. 따라서 그런 교재는 반드시 피해야 한다.

---

[19] 다만, 리딩 전용으로 잘 기획된 교재는 모르는 단어가 조금 있어도 큰 문제는 없다.

상식적으로 생각해보라. 모르는 단어가 많은 한국어 책을 그대는 얼마 동안이나 인내하며 읽을 수 있겠는가? 그런 책으로 독서하는 재미를 언제쯤이나 느낄 수 있겠는가? 그런 책으로 공부하니 영원히 공부가 끝나지 않는다. 한 페이지에 모르는 단어가 평균 5개 이상이면 리딩 전용으로 잘 기획되어 만들어진 책이나 혹은 이 기법을 이론적으로 경험적으로 완벽히 이해하는 전문가의 프로그램적인 지도를 받기 전에는 힘만 들고 효과는 낮은 경우가 대부분이다. 물론 인내력이 아주 강한 불굴의 영웅은 예외이다. 그래서 책 서두에서 그런 사람은 이 책을 읽을 필요가 없다고 분명히 밝히고 시작한 것이다.

독해로 듣기를 테스트한다?

이 책에서 설명한 듣고 소리 내어 읽기를 정확히 익히고 실천하여 '소리→문자→소리'의 연결고리를 확실하게 만든 다음 이 기법으로 리딩하면 보통 40~60시간 정도면 문장 이해력에 관한 한 끝장이 나버린다. 이쯤 되면 리딩 능력이 리스닝 능력이 되고 리딩 능력이 스피킹 능력이 되어 문자와 소리의 구별도 점점 모호해지기 시작한다. 속도가 빨라지고 수준이 올라가면 모든 것은 하나의 점으로 귀결되어 간다.

만약 나의 제자들이 이 글을 읽는다면 옛날 기억이 떠올라서 아주 크게 웃을 것이다. 팀 전체적으로 거의 귀가 뚫려가자 "리스닝 능력을 좀 더 정밀하게 점검하겠다"면서 독해 지문으로 리딩 속도와 이해도를 테스트한 적이 있다. 그런 테스트를 처음 받을 때에 "선생님, 리스닝 테스트라고 하지 않았나요?"라고 질문하던 것이 생각날 것이다. 실제로 어떤 제자는 "듣기 테스트를 리딩으로 받는 사람은 아마 전 세계에서 우리밖에 없을 것이다. 선생님! 크레이지! 우리도 크레이지!"라고 일지에 적기도 하였다. 그러나 듣기 능력을 독해로 간단하게 테스트한 후에 단체 프로그램을 대폭 변경하여 리스닝 능력을 급상승시키자 '크레이지(crazy : 정상이 아닌)'해진 사람들이 잠시나마 진지해졌다. 물론 그다음에는 모두가 완전히 '크레이지'해져서 "듣고, 말하고, 읽고, 쓰기는 결국 하나"라는 말을 당연히 여겼다.

독해로 스피킹을 테스트한다?

리딩 훈련 시간이 60시간 정도를 넘었다면 거의 원어민의 정독 능력이 생겨나 대한민국 모든 독해 시험에서 시간이 남아 좀 자고 나와야 하며 남은 것은 단어와 표현 실력뿐이다. 이 단계까지 오면 한 페이지에 모르는 단어가 5개가 넘어도 별 부담 없이 재미있게 읽어 나갈 수 있다. 그리고 좀 더 달려보면 단어 실력을 단기에 급속도로 향상시킬 목적으로 아예 모르는 단어가 잔뜩 있지만 그런 단어가 자주 반복되는 교재를 골라 2~3독함으로써 1주일 안에 1~3천 개 정도의 단어를 가볍게 익힐 수 있다. 바로 평범한 원어민의 독서능력을 뛰어넘는 국내파 절정 고수들의 최상승 비전(秘典) 내공을 실제로 체험할 수 있는 것이다. 조금만 더 달려가 보면 모든 영어 문장들이 하나의 거대한 영영사전이 되어버린다. 책 내용이 그대로 영어로 저장되고 기억되어 어제 읽은 책에 관하여 밤새도록 영어로 떠들 수 있다. 이때쯤이면 그 사람의 스피킹 능력도 리딩 테스트만 하여 판단할 수도 있다.

한국어 실력이 영어 실력이다

다만, 그 사람의 한국어 실력이 받쳐 주어야만 이 모든 것이 가능하다. 민주주의라는 말을 모르면 democracy라는 단어를 금방 익힐 수 없다. 그러나 한국어 정치학 원론을 쉽게 읽어나갈 수 있다면 정치학 원론을 영어 원서로 2번만 읽어도 그 책에서 10번 이상 반복되는 최소한 2,000개 이상의 정치와 사회, 역사 분야의 단어들을 문장 속에서 팔딱거리며 살아 있는 채로 생생하게 익힐 수 있다. 이것이 모국어 실력을 기반으로 한 외국어 습득 비법인 것이다. 그래서 책 처음에 한국어도 제대로 익히지 못한 사람은 이 책을 읽을 필요가 없다고 밝히고 시작한 것이다.

앞에서 잠깐 소개한 것처럼 영어 정복 수준인 귀뚫기 3단계를 목표로 지도한 비공식 강의에서 실력 증가가 늦은 사람들은 영어 실력이 아니라 한국어 실력이 낮은 것이 가장 큰 원인이었다. 고등학생 때부터 독서를 별로 하지 않고 대학 때도 전공과 토익 시험 공부만 열심히 한 대학생들이나 독서량도 많지 않고 사회에 나와서 읽은 책이 가벼운 책들뿐인 직장인들은 단어 수준이 높아지고 교재 수준이 높아지자 한국어로도 어려운 단어가 등장하고 한국어로 번역되어 있다고 해도 만만치 않은 수준의 문장들이 등장하자 어려움을 느끼기 시작한 것이다. 영어 실력이 아니라 한국어 실력 때문에 영어 고급 수준에 쉽게 가지 못한 것이다. 영어 귀뚫기 2단계와 리딩 완성은 교재만 받쳐주면 왕초보라 해도 200시간 정도면 가능하다. 그 수준이 되면 그 이전의 영어 실력 차이는 몇십 시간이면 따라잡을 수 있다. 그때부터 고급 실력자가 되기까지 필요한 시간은 기존의 영어 실력이 아니라 그 사람의 한국어 실력이 결정한다.

한국어를 바탕으로 한 영어 습득 비법

한국어와 영어가 아무리 달라도 지구를 벗어나서 내려다보면 언어라는 작은 틀 속의 조그만 알갱이들에 불과하다. 방법을 몰라서 그렇지 방법만 올바르면 한국어를 잘하는 사람이 영어도 잘한다. 그러니 어린 자식이 영어를 잘하기 바란다면 영어가 문제가 아니라 한국어 책이라도 많이 읽도록 해야 한다. 모국어가 받쳐주지 않으면 외국어는 기초가 부실한 고층 빌딩에 불과하다. 한국어 실력이 탄탄하면 원리에 따른 듣고 읽기 학습으로 초등학교 6학년 1년 동안에 준 원어민 수준이 될 수 있다. 막대한 비용을 들여서 가족이 생이별하고 아이의 인생을 걸고 엄청난 도박을 해야 하는 조기유학을 갈 필요도 없다.

한국어 실력만 탄탄하다면, 중학교 1학년의 영어 실력으로도 듣고 읽기 학습법으로 6개월 이내에 영어를 정복할 수도 있다. 아무리 실력이 낮은 고등학교 1학년 학생도 한국어 실력만 받쳐주면 겨울 방학 두 달만 미쳐보면 수능이 끝장나고, 아무리 영어 실력이 낮은 대학생이라도 한국어 실력만 받쳐주면 어학연수를 갔다고 생각하고 한 학기만 휴학하고 미쳐보면 영어 정복자가 될 수 있다. 토익? 소이부답심자한(笑而不答心自閑 : 말없이 웃지요)일 뿐이다.[20] 다만 직장인들은 시간이 별로 없으니 50시간만 투자해 보시라. 그러면 곧 스스로 미쳐가기 시작하여 눈이 펄펄 내리는 겨울을 아는 여름철의 매미가 될 것이다. 50시간만 집중하면 영어에 재미를 느끼기 시

---

[20] 問余何事棲碧山(문여하사서벽산) 笑而不答心自閑(소이부답심자한) 桃花流水杳然去(도화유수묘연거) 別有天地非人間(별유천지비인간) : 왜 산에 사느냐고 물으면, 말없이 싱긋 웃지요. 복숭아꽃 둥둥 뜬 시냇물 신비로이 흐르는 곳, 그대가 아는 그런 세상 아니라네.

작해서 서서히 미쳐가고 100시간만 지나면 상상도 하지 못했던 세계가 눈앞에 펼쳐질 것이다.

   이것이 국내에서 영어를 정복한 세계이고 영어의 준 모국어화가 끝난 세계이다. 영어 정복자가 되기까지 대학생은 300시간 정도, 거기까지 가는데 누구라도 500시간 내외면 된다. 그대여 예전에 놀던 그런 세상이 아닌 별천지에 한 번 들어와 보지 않으려나? 나는 그대를 그 미친 세계에 끌어들이고 싶은, 과거에 미쳤었던 사람이다. 한 번 미치고 나니 세상이 달라 보여서 말이지….

8. 부작용 : 영어 폐인을 조심하자

왜 인간은 언어에 미쳐가며 배우는 것일까?

   한 번 눈을 감고 빨간 벽돌을 떠올려 보자. 그런데 '빨간 벽돌'이라는 단어를 떠 올리지 말고 빨간 벽돌의 이미지를 떠올려 보자. 그것은 불가능하다. 당신이 외계인이 아니라면 '빨간 벽돌'이라는 언어를 사용하지 않고 빨간 벽돌이라는 이미지를 떠올리는 것은 불가능하다. 이번에는 단어나 언어를 전혀 사용하지 않고 어제 있었던 일을 떠올려보자. 역시 불가능하다. 호모 로쿠엔스(Homo Loquens : 언어를 사용하는 인간)이자 고등 동물인 지구의 인간은 언어를 사용하지 않고서는 이미지를 떠올릴 수도, 생각할 수도, 말할 수도, 들을 수도, 서로 소통할 수도 없다.

생각도 할 수 없고, 이미지를 떠올릴 수도 없고, 소통할 수도 없는 그 답답해 미칠 것 같은 세계에서 탈출하는 유일한 길은 언어를 익히는 것뿐이다. 그리고 언어가 가능해야 비로소 동물과 다른 인간이라고 할 수 있다. 인간의 소리를 듣고 이해하지도 못하고 컹컹 울부짖기만 하는 늑대인간은 인간이 아니다. 그런 까닭에 인간은 언어를 본능적으로 미친 듯이 배우고 싶은 것이다. 그래서 그런 언어를 쉽게 익힐 수만 있다면 본능적으로 미친 듯이 학습하는 것이다.

우리가 모국어를 익혔을 때 비로소 인간 노릇을 하는 것처럼 지구의 언어가 되어버린 영어를 익혔을 때 비로소 지구인이 된다. 한국인에게만 그에 걸맞은 권리와 국가적 혜택이 주어지듯이 지구인에게만 전 지구적인 권리와 혜택이 주어진다. 그리고 그 권리와 혜택은 인류 공동체적인 일체감 같은 정신적인 것에서부터 정보와 부, 명예, 권력 등 당신의 상식을 뛰어넘어 훨씬 다양하다. 로마에 가보지 않은 사람만 로마를 모를 뿐이다. 로마에 사는 로마 시민과 로마 밖에서 사는 사람은 계급부터 다르다.

원리에 따라서 쉽게 언어를 배우는 이 방법으로 학습하면 세 번 미치는 경험을 한다. 귀가 뚫려 가면 듣기에 미쳐가고 문장 이해력이 높아지면 리딩에 미쳐가고 입이 터져 가면 영어로 말하고 싶어서 안달이 난다.

나의 제자들의 공개 학습일지를 보면 "태어나서 영어 공부하려고 미친 듯이 집으로 온 적은 처음이다"(닉네임 : 글라스 맨), "오늘 리딩 2차 지도를 받고 리딩에 미침. 지금 리딩하고 싶어 죽겠다"(닉네임 : 왕제로), "앞 기수 선배들이 왜 리딩에 미치는 때가 온다고 하였는지 나도 이제 알 것 같다. 쌤의 리딩… 중독성이 강하다. 읽어도 읽어도 질리지 않고 바로 다음 교재가 기다려진다"(닉네임 : 파파야), "어느덧 한 달이라는 시간이 지났다. 와이프도 결혼 후 이런 모습을 본 적이 없다고 할 만큼 집중한 한 달이었다. 하루의 양을 못 채우면 잠을 설치고 새벽에도 책상에 앉게 만드는 힘. 그 힘으로 한 달을 보냈다"(닉네임 : 오늘도 웃자) 등의 글로 영어에 미쳐가는 상태를 생생하게 드러내고 있다.

　영어 임계점 마지막 단계를 완벽히 돌파하여 영어에 중독되고 영어에 완전히 미쳐 버렸던 나처럼 제자들도 개인 학습 시간이 50~100시간 정도에 이르면 재미를 넘어 영어에 서서히 미치기 시작했다. 천재와 영웅도 가볍게 추월하는 사람이 재미를 가지고 하는 사람인데 그 사람도 도저히 쫓아갈 수 없는 사람은 무언가에 미친 사람이다. 바로 그 미친 사람, 영어 폐인이 되어 가는 것이다. 만약 제자들이 이 글을 읽고 있다면 옛날 생각이 나서 감회가 새로울 것이다.

　이 영어 폐인의 가장 큰 부작용은 일정 기간 영어 외에는 아무것에도 관심이 없어지는 것이다. 그래서 이제 막 연애를 시작한 사람, 신혼 부부, 갓 입사한 사람 그리고 영어 외에 다른 과목도 있는 중요한 시험을 앞둔 사람 등은 이 학습법으로 공부를 시작할 시기를 신중하게 선택하기 바란다. 이 학습법의 부작용을 분명히 말씀드렸기 때문에 그 부작용으로 인한 피해를 나는 절대로 책임지지 않을 것이며 연인들이나 부모들은 사랑하는 애인과 자식을 영어에 빼앗기지 않도록 각별히 주의하기 바란다. 나는 분명히 말씀드렸다.

나가며

5년 전, 한 번의 무료스터디만 마치고 원래 계획한 편안한 꽃길을 걸어가려 했다. 그러나 강의용 교재를 준비하면서 효율적인 영어 교재를 단 한 권도 구할 수 없을 정도로 열악한 한국 영어의 현주소를 구체적으로 확인했다. 그러자 한국인의 한 사람으로서 울분이 터져 나와 원래 예정한 길을 벗어나 두 달, 석 달을 힘들게 버티며 걸어오다 보니 마침내 영어 학습법에 관한 책과 영어 학습 교재를 집필하는 단계까지 와버렸다. 여기까지 오는 동안 많이 힘들었고 앞이 뻔히 보이는 험한 길을 가고 싶지 않아서 수도 없이 마음이 흔들렸었다.

얼마나 더 갈 수 있을지는 모르나 한국의 영어 상황을 개선하는 데 조금이라도 기여한다면 특별히 내세울 것 없는 평범한 한 사람으로서 이 길을 걸어온 것 자체가 영광스럽게 느껴질 것이다. 끝까지 갈 수 있기를 조용히 기도해 본다.

독자 여러분 모두가 이 학습법을 만난 인연으로 단순히 영어 실력이 늘어나는데 그치는 것이 아니라 한 제자의 말처럼 인생 자체가 바뀌기를 바란다.

이제 영어는 단순히 영국이나 미국의 언어가 아니며 그저 하나의 시험과목도 아니다. 인터넷을 통하여 정보가 빛의 속도로 유통되고 있는 지식 정보화 세상에서 정보화 인프라가 지구상에서 가장 완벽히 갖추어져 있고 정보화 마인드가 세계에서 가장 강하며 '빨리빨리' 문화가 지배하고 있는 한반도 사람들이 영어를 정복하면 인터넷상의 정보마저 손에 쥐게 될 것이다. 그날이 온다면 한국인에게 영어는 세계를 꿰뚫어 보는 눈이 될 것이다. 세계적인 정보 인프라를 갖춘 대한민국이 인터넷상의 영어 정보마저 장악하여 진정한 지식정보 강국으로 웅비하기를 진심으로 바란다.

 절망과 한숨, 피와 눈물로 얼룩진 두 번의 영어 정복 경험과 20년에 걸친 이론 연구와 중년의 나이에 밑바닥에서부터 진창을 헤치며 여기까지 오느라 글로 다 표현할 수 없는 힘든 세월을 지나 마침내 하늘의 불을 훔쳐 여러분에게 드렸다. 그 불을 어떻게 사용하느냐는 전적으로 여러분에게 달렸다.

 이 땅의 모든 영어 학습자들이여!
 그대들의 노고에 맞는 보답이 반드시 오기를….

초판 1쇄 발행 2019년 1월 24일

+ 지은이 **JHO**
+ 펴낸이 **이동하** + 디자인 **조종완**

+ 펴낸곳 **새잎** + 등록 2010년 1월 26일 제25100-2010-0001호
+ 서울시 중구 서울중앙우체국 사서함 3243호
+ 전화 0505-987-4221 + 팩스 0505-987-4222

ISBN: 979-11-85600-24-6(13740)

책값은 뒤표지에 있습니다.
잘못된 도서는 구입하신 서점에서 교환해 드립니다.